음택양택

장산(長山) 전항수(田恒秀)

충남 홍성 출생

풍수지리 전문연구가

한국풍수지리연구원 원장

휴대폰 011-268-0770

가산(佳山) 주장관(周長官)

충남 공주 출생

고려대학교 화공학과 졸업

명당컨설턴트 대표

www.myungdang4989.net

휴대폰 011-9581-9948

한국풍수지리연구원

대표전화 (02) 762-3330

팩시밀리 (02) 762-0077

www.poongsoo.net

음택양택

1판 1쇄 발행일 | 2005년 5월 16일

발행처 | 삼한출판사

발행인 | 김충호

지은이 | 전항수·주장관

등록일 | 1975년 10월 18일

등록번호 | 제13-47호

서울·동대문구 신설동 103-6호

아세아빌딩 201호

대표전화 (02) 2231-4460

팩시밀리 (02) 2231-4461

값 29,000원

ISBN 89-7460-103-6   03180

신비한 동양철학 · 63

음택양택

전항수 · 주장관 지음

삼한

 창조주께서 우주를 만드실 때 음택명당(陰宅名堂)과 양택명당(陽宅名堂)을 같이 만드셨다. 크나큰 보배이건만 사람들은 대부분은 여기에는 관심이 없고, 눈 앞의 돈에만 집착하여 개발이라는 구실로 음양택명당(陰陽宅名堂)을 마구 파손한다. 심산유곡이나 개발이 힘든 곳의 음택명당(陰宅名堂)은 아직 많이 남아 있으나, 양택명당(陽宅名堂)은 과수원이나 개발제한구역의 임야 등으로 약간 남아 있다.

 약간 남아 있는 양택명당(陽宅名堂)도 경제활동과는 거리가 먼 곳에 있어 사용하기가 별로 좋지 않다. 이에 우리는 전기를 이용하여 태양이 없는 밤도 낮처럼 밝게 만들어 일을 하거나 운동경기를 하는 것처럼, 명당(名堂)의 조건을 최대한 만들어 양택명당(陽宅名堂)의 기운을 이용하여 행복이 가득한 집을 만들 수 있다고 본다.

 이 책에서는 음양택명당(陰陽宅名堂)의 조건이나 기타 여러 가지를 설명하여 산 자와 죽은 자의 행복한 집을 만들 수 있도록 했다. 특히 죽은 자의 집인 음택명당(陰宅名堂)은 자리를 옳게 잡으면 꾸준히 생기를 발하여 흥하나, 그렇지 않으면 큰 피해를 당하니 돈보다도 행·불행의 근원인 음양택명당(陰陽宅名堂)에 관심을 기울여야 한다.

차례

3장. 양택론(陽宅論) — 107

4장. 용론(龍論) — 211

4

1장. 명당론(名堂論)

1. 명당(名堂)과 명당(明堂)

  명당(名堂 : 穴)은 산의 열매인 글자 그대로 명당(名堂)을 말하고, 명당(明堂)은 혈(穴) 앞의 평평한 곳을 말하니 구분하여 사용하는 것이 마땅하다. 지구의 모든 산은 중국의 곤륜산에서 발원하여 마치 칡넝쿨처럼 퍼져나가, 세계 도처에 산의 열매를 무수히 결실했는데 이를 명당(名堂 : 穴)이라고 한다. 또 지상의 산은 곤륜산과 연결되지 않은 것이 없고, 산줄기가 끊긴 것도 없다. 이 산줄기에 맺은 열매가 명당(名堂)이며, 이 산의 열매를 찾아낼 수 있는 학문이 풍수지리학이다.

  명당(名堂), 즉 혈(穴)은 문자 그대로 일사분란한 창조의 법칙에 의하여 일호의 차이도 없이 만고부동의 법칙에 따라 생성된다. 이것은 한 그루의 과일나무와도 같다. 밑뿌리가 근본이 되어 나뭇가지가 무성하고, 여기서 자라난 새 가지에 열매를 맺는다.

이와 같이 산맥의 발원처, 즉 태조산(太祖山)은 과일나무에 비유하면 뿌리에 해당한다. 여기서 산맥이 흐르고 흘러 많은 가지를 만들면서 천리 혹은 백리를 행진하여 혈(穴)을 만든다. 과일이 외피가 있고 내피 안에 씨가 있듯이, 혈(穴)에도 표토가 있고 그 안에 오색이 찬란한 오색토가 있다. 이것이 혈심(穴心)이다. 혈(穴)이 결실된 장소는 불과 1~2평 밖에 안 된다. 혈토(穴土)는 오색이 찬연하고, 부드럽고 습기가 적당하며, 주변의 토질과는 완연히 다르다. 이 혈심(穴心)에 인골을 묻으면 그 인골은 생기를 얻어 인간의 부귀영화를 관장한다. 이것은 아직까지 과학으로 증명하지 못하는 풍수지리학의 조화의 극치이며 자연의 비밀이다.

그런데도 사람들은 풍수지리가 얼마나 우수한 학문인지 모르고 무조건 미신이라고 한다. 현대인들이 미신처럼 믿는 과학은 형이하학으로 물질적인 면만 다루기 때문에, 형이상학으로 정신적인 면을 다루는 풍수지리와는 비교할 수 없는데도 과학적이지 못하다고 한다. 다만 혈(穴)의 생성이나 발음(發蔭)의 원리를 과학적으로 설명할 수 있는 방법을 찾지 못했을 뿐이다.

닐스 보어(N. Bohr)와 베르너 하이젠베르그(W. Heisenberg)는 20세기 초 양자역학이론을 발견하고, 처음에는 그것을 설명할 수 있는 언어를 찾지 못하여 제대로 설명하지 못했다. 그 후 많은 고생 끝에 유명한 불확정성원리를 완성했는데, 원자세계의 반쪽을 알면 알수록 나머지 반쪽은 더 모르겠다는 것이다. 현대물리학의 두 기반인 양자이론과 상대성이론은 그 실체가 고전적인 논리를 초월하고, 이것은 일상의 언어로는 설명이 안 된다는 점을 분명히 했다.

하이젠베르그는 "우리는 원자의 구조에 관해 어떤 식으로든 말하려 하지만 일상의 언어로는 아무래도 이야기할 수가 없다"고 했다. 자칭 풍수전문가라는 사람들도 혈(穴)을 알지 못하고, 명당(名堂, 穴)이 과연 있는가 하는 의문을 갖는다. 또 천여 년간 명당(名堂)을 찾아 산천이 황폐해지도록 많은 묘를 썼으니, 명당(名堂)이 남아 있겠냐고 한다. 이것이 우리나라 풍수지리의 현실이다.

역량이 작은 명당(名堂)들은 많은 복인이 점유했지만 대명당(大名堂), 즉 대혈(大穴)은 천여 년간 찾아 썼지만 아직도 99% 이상이 생생하게 남아 있다. 전라북도 옥구 임피의 술산(戌山) 복구형(伏狗形)은 호남 제일 승지로, 풍수지리에 관심이 있는 사람이라면 누구나 아는 우리나라의 최대 명당(名堂) 중의 하나다. 이를 찾으려는 사람이 수없이 많아 근처에는 크고 작은 묘가 꽉 들어차 있다. 심지어는 왕릉만한 묘도 있다. 그러나 복구형(伏狗形)은 묘 사이에 아직도 남아 있다. 대부분의 대명당(大名堂) 대혈(大穴)은 이렇게 남아 있으나 욕심만으로 얻어지지는 않는다.

2 명당(名堂)

풍수지리에서는 양택명당(陽宅名堂)과 음택명당(陰宅名堂)을 구분하나, 원리에는 차이가 없다. 양택명당(陽宅名堂)은 명당(名堂)

의 정기가 지표면에 평평하게 널리 퍼져 있다. 보통 100~200평이나 경복궁처럼 넓은 곳도 있다. 음택명당(陰宅名堂)은 땅 속에 묻혀 있고 작다. 보통 1~2평이지만 20~30평 되는 곳도 있다. 양택명당(陽宅名堂)은 거주하던 사람이 이사를 가면 영향력이 중단되나, 음택명당(陰宅名堂)은 유골을 파내지 않는 한 영원하다.

음택(陰宅)이나 음택명당(陰宅名堂)은 잘못되면 자손이 소리소문 없이 큰 피해를 당하나, 양택(陽宅)이나 양택명당(陽宅名堂)은 전설이나 괴상한 이야기로 확인할 수 있다. 이는 음택(陰宅)은 입향(立向) 등 자연법칙에 어긋나거나, 양택(陽宅)은 입향(立向)은 물론 대문의 방향도 잘못되면 나쁜 일만 계속되다 결국은 패망한다.

음택명당(陰宅名堂)은 자연적으로 된 그대로를 사용해야 한다. 음양택명당(陰陽宅名堂)은 주위의 모든 것이 산천의 정기를 받도록 형성되어 있기 때문에 인위적인 것이 필요없다. 그러나 경우에 따라서는 약간의 흠이 있는 음택명당(陰宅名堂)도 있는데, 이 때는 결점을 보강하면 된다. 이런 것을 풍수지리에서는 괴혈(怪穴)이라 하는데, 역량이 매우 크다. 또 인위적으로 훼손한 음택명당(陰宅名堂)은 정도에 따라 보강해 사용할 수 있으면 사용하는 것이 좋다.

주위에는 개발로 파손된 음택명당(陰宅名堂)이 많다. 이런 경우에는 입향(立向)과 출입문의 방향을 옳게 잡아 공장 등을 지으면 하루가 다르게 발전할 수 있다. 죽은 자의 터전인 음택명당(陰宅名堂)은 사용할 수 없으나, 산천의 정기를 넣어주는 주위의 여러 조건의 영향을 변함없이 받으니 흥할 수밖에 없는 것이다. 그러나 만일 증축할 때는 조건들이 변하여 쇠퇴할 수 있으니 주의해야 한다. 양택명당(陽宅名堂)은 현재로써는 매우 드물어 찾기가 힘들다. 그러나 조건을 만들면 어느 정도 양택명당(陽宅名堂)의 효과를 누릴 수도 있다고 본다.

다음 페이지에 있는 사진은 경기도 광주 초월면 무갑산 아래에 있는 해공 신익희의 조부 묘 근처에 있는 음택명당(陰宅名堂)의 파괴된 모습이다. 그러나 입향(立向)과 다른 조건에 맞게 공장 같은 것을 지으면 주위의 사격(砂格)들의 양명한 정기가 계속 비춰 크게 흥할 수 있다.

윤보선 전 대통령의 선산은 충남 아산시 음봉면 동천2리에 있다. 윤보선의 집안은 증조부 때까지는 평범했는데, 어느날 할아버지가 길에 쓰러져 신음하는 노스님을 간호하여 완쾌시켜 드렸는데, 그 스님이 이 자리를 잡아주었다고 한다. 당시 이 산은 이충무공의 사패지지(賜牌之地)였으나, 그 후 집안이 일어나 이 땅을 사게 되었다. 근처에 이것보다 큰 대명당(大名堂)이 그대로 남아 있고, 가까운 거리에 또 하나의 명당(名堂)이 있다.

해공 조부묘 근처의 대혈(大穴)이 파괴된 모습(경기도 광주 초월면)

혈처(穴處)로 추정하는 곳에서 본 사격(砂格)

여흥 민씨의 묘(전남 장성군 북이면 명정마을)

인촌의 생가(전남 고창군 부안면 봉암리). 앞의 사진에 있는 음택명당(陰宅名堂 : 여
흥 민씨의 묘)과 양택명당(陽宅名堂, 인촌의 생가)이 인촌가를 이룬 뿌리이다.

해평 윤씨 명당(名堂)의 정낭(精囊), 윤 전 대통령 선영(충남 아산시 음봉면 동천2리)

또 다른 대혈(大穴)의 출맥(出脈) 모습

비룡상천형(飛龍上天形)의 혈처(穴處), 명당(名堂)

충남 홍성군 서부면 궁리 비룡망해형(飛龍望海形)

부여 외산면 양택혈(陽宅穴)

충남 홍성군 청룡산 아래의 박주형(泊舟形)

부여 미산 왕비지지(王妃之地) 대혈(大穴)

도비산 근처 평사낙안(平沙落雁)

충남 홍성군 형산(衡山) 아래의 평사낙안(平沙落雁)

충남 홍성군 형산(衡山) 아래의 금반형(金盤形)

충남 홍성군의 평사낙안(平沙落雁) 혈처(穴處)

충남 공주 유규읍 금계산 아래 금계포란형(金鷄抱卵形)

충남 공주 마곡사 근처의 목단만발형(牧丹滿發形)

충남 청양읍 유두혈(乳頭穴)

충남 예산 반룡형(盤龍形)

충남 온양 학가조천형(鶴駕朝天形)

충남 공주 동해동 오룡쟁주형(五龍爭珠形)

충남 예산 해복혈(蟹腹形)

충남 천안 태조산 아래의 금계포란형(金鷄抱卵形)

수구(水口)가 중중관쇄(重重關鎖)이다.

경기도 파주 봉서산 비봉형(飛鳳形) 숫봉새(鳳)

암황(凰)새

경기도 파주 광탄면 마장2리의 대혈(大穴), 청송 심씨의 선산. 안산(案山) 및
사격(砂格), 사좌해향(巳坐亥向) 임자파(壬子破)

혈처(穴處) 및 현무

경기도 양평군 양서면 청학포란형(靑鶴抱卵形)의 주산(主山),

청학포란형(靑鶴抱卵形)은 장고혈(杖鼓形)이라고도 한다.

경기도 화성시 송산면 장군대좌형(將軍大坐形)

경기도 남양주 국사봉 근처 장군대좌형(將軍大坐形)

경기도 화성시 비봉면 노서하전형(老鼠下田形)의 주산(主山)

노서하전형(老鼠下田形)

경기도 화성시 사강 구봉산 아래 극귀혈(極貴穴)

안산(案山) 및 명당(名堂), 의관리(衣冠吏) 원봉(圓峰)이 영접한다.

남포 목단형(牧丹形)

주산(主山)인 갑묘봉(甲卯峰)

강릉시 성산면 강릉 최씨 선영. 안산(案山)의 무례함을 청룡이 막았다.
16대손 최안린의 묘가 혈(穴)을 적중했다.

혈(穴) 뒤의 입수처(入首處)

조순 씨의 선영, 3대가 3점 혈(穴)에 적중했다.

주위의 사격(砂格). 상운봉일형(祥雲奉日形)의 모습.

경북 봉화 일월산 상운봉일형(祥雲奉日形) 1

경북 봉화 일월산 상운봉일형(祥雲奉日形) 2

경남 밀양 종남산

경남 밀양 종남산 아래의 비봉포란형(飛鳳抱卵形)

전남 영광 법성포 아룡도강형(兒龍渡江形)의 혈처(穴處)

쌍접안(雙蝶案)

경기도 광주 해협산 아래의 군신봉조(君臣奉朝) 혈처(穴處)

사격(砂格)

신립 장군의 묘, 와혈(窩穴)

사격(砂格)

경기도 용인 모현면 장군패두형(將軍佩兜形)

사격(砂格)

충남 서천 비인 월명산 복종형(覆鐘形)

3. 행정복합도시 예정지 근처의 명당(名堂)

전국민의 관심을 끌고 있는 행정복합도시 예정지 근처의 명당(名堂)을 알아본다.

(1) 충남 공주 장기면 장군산(將軍山) 아래 천마등공형(天馬騰空形)

공주시 장기면 금강변에 위치한 장군산(354m)은 공주 의당면 천태산(392m)에서 낙맥(落脈), 수십리를 행룡(行龍)하여 밭을 건너고 물을 건너 금강변에 우뚝 솟은 수려한 봉우리이다. 그 아래에는 속리산을 태조(太祖), 천태산을 중조(中祖), 장군산을 소조(小祖)

로 한 천마등공형(天馬騰空形)을 맺었다. 대지 중에서도 갑지(甲地)이다. 서북쪽에는 천태산, 서남쪽에는 계룡산, 동북쪽에는 원수봉, 동남쪽에는 우산봉의 4대 명산이 높이 솟아 있고, 수백리를 흐른 금강은 동북쪽에서 구곡조당(九曲朝堂)한다. 혈성(穴星)이 풍후하고 혈면(穴面)이 평탄하다. 부귀불가형언(富貴不可形言)이며 대대손손 영화를 누릴 것이다.

(2) 충남 연기군 동면 합강리 장군영병도강형(將軍領兵渡江形)

청원군 남이분기점 근처에 있는 팔봉산에서 백리 내진(來盡)하여 금강과 미호천이 합류하는 곳인 연기군 동면 합강리에 장군영병도강형(將軍領兵渡江形)을 결혈(結穴)했으나 알아보기가 매우 힘들

장군대좌형(將軍大坐形)

장군대좌형(將軍大坐形)의 혈처(穴處)

혈(穴) 앞의 명당(名堂)

다. 강 건너의 계룡산이 조산(朝山)이고, 기고병장삼립(旗鼓兵帳森立)하며 산진수회(山盡水會)했다. 부귀가 무궁하며 장상공후(將相公侯)가 계속 나타날 것이다.

(3) 충남 연기군 남면 원수봉(元帥峰) 아래 장군대좌형(將軍大坐形)

연기군에서 남쪽으로 십리 쯤에 위치한 원수봉(元帥峰) 아래에 장군대좌형(將軍大坐形)이 있다. 속리산이 태조(太祖), 천안의 성거산이 중조(中祖), 국사봉이 소조(小祖)가 되어 수백리에 이르는 큰 용(龍)이 금강변에 이르러 행진을 멈추었다.

원수봉(元帥峰)은 여러 산을 압도하는 목성(木星)으로 매우 수려하니, 쉽게 대혈(大穴)이 비장되어 있음을 알 수 있다. 충남에서 보기 드문 대혈(大穴)이다. 임감(壬坎) 계(癸)로 낙맥(落脈)하여 장군대좌형(將軍大坐形)을 맺었으니 유두혈(乳頭穴)로 괴이하다. 항상 창조주의 대혈(大穴) 작법은 괴이하듯 이 혈(穴) 역시 알아보기가 매우 어렵다. 간을(艮乙) 득수(得水)에 정미파(丁未破)이고, 자좌오향(子坐午向)이다. 대대손손 부귀영화를 누릴 것이다.

연기군 남면 진의리에 있는 원수봉(元帥峰)은 지도나 다른 문헌에는 원사봉(元師峰)으로 되어 있어 혼란스러우나, 진의리 마을의 유래비에는 원수봉(元帥峰)으로 기록되어 있다. 그리고 유래비에 계룡산이 안산(案山)이라 했으나 서울의 관악산과 같이 조산(朝山)으로 보는 것이 옳다. 행정복합도시를 만든다면 제일 중심기관 자리는 당연히 여기다. 우연인지는 몰라도 마을의 주산(主山) 이름이 국가원수를 뜻하는지 원수봉(元帥峰)이다. 거기에다 장군대좌형(將軍大坐形)의 대혈(大穴)이 있으니 국세가 대단하다.

4. 샹그리라(shangrila)

젊었을 때 '잃어버린 지평선(Lost Horizon)'이라는 영화를 보고 깊은 감명을 받았다. 지리학을 공부하게 된 동기 중의 하나가 되기도 했다. 주위에서 외국여행을 권하거나 이야기할 때마다 우리나라도 다 돌아보지 못했는데 무슨 외국여행이냐 하면서도, 티베트 쪽이나 한 번 가보고 싶다고 생각했다. '잃어버린 지평선'에 나오는 샹그리라에 대한 동경 때문이다.

동아일보 글로벌 프로젝트의 샹그리라에 대한 글을 보는 순간 감추었던 마음을 들킨 아가씨마냥 가슴이 두근거리기까지 했다. 오대산 적멸보궁이나 계룡산 신도안 같은 명당(名堂) 대혈(大穴)에 서 있는 것조차도 과분한 나 같은 평범한 사람에게 샹그리라는 도저히 경험해 볼 수 없는 곳이기에 마음 속으로만 간직하고 있었다. 나뭇꾼이 산에 나무하러 갔다가 신선들이 바둑두는 것을 구경하다 내려오니 몇백 년이 지났더라는 전설이나, 아인슈타인의 상대성원리를 들먹이며 샹그리라라는 곳이 있다 없다 논쟁을 하기 전에, 마음 속에 우리 자신의 샹그리라를 만들면 생활이 아름다워 술취할 시간조차도 없을 것만 같다. 다음은 동아일보의 기사 내용이다.

샹그리라는 마음 속의 해와 달이라는 뜻. 1503~1545m의 고지대. 티베트 언어학자들은 샹그리라를 두 가지로 풀이한다. 샹(香)은 마음, 그(格)는 의, 리(里)는 태양, 라(拉 : 랍)는 달로, 마음 속의 해와 달 이라는 뜻이다. 또 다른 해석에 따르면 샹그는 흰 달빛, 리라는 태양, 중뎬(中甸 :현 샹그리라)현의 옛성 이름인 일월성(日月城)을 가리킨다는 것. 또 샹그리라를 티베트의 불교경전에 나오는 샹바라(香巴拉)의 중뎬지방의 방언이라고 하는 학자도 있다. 샹바라는 불국정토·피안의 세계·이상향을 뜻한다. 윈난성 서북부 디칭 장족(티베트족) 자치주의 해발 1503~1545m 고원지대에 위치한 중뎬현을 샹그리라현이라 부른다.

1. 잃어버린 지평선

1930년대 초 인도의 바스쿨(현 파키스탄)에서 폭동이 일어난다. 영국 영사 콘웨이와 부영사 멜린슨, 천주교 동방 전도사 브링클로, 미국인 바너드는 소형 비행기를 타고 현지를 탈출한다. 그러나 비행기는 티베트 젊은이에게 납치되어 히말라야 산맥을 넘어 티베트인이 사는 푸른달 계곡이라는 거대한 협곡에 불시착한다. 푸른달 계곡은 주변을 둘러싼 설산과는 달리 푸른초원과 갖가지 꽃과 풀, 비옥한 토양, 무한대의 금광이 있는 세외도원(世外桃園).

비행기를 조종한 젊은이는 불시착 직후 샹그리라라는 한마디를 남기고 숨을 거둔다. 이들은 영어를 하는 장이라는 한족 노인에게 인근 라마사원으로 안내된다. 콘웨이는 이곳에서 페로라는 프랑스 국적의 천주교 수도사와 만주국 공주 로센을 만난다. 샹그리라는 천주교·불교·도교·유교 등 여러 종교가 공존하며, 사람들 사이에 갈등과 분쟁이 없고, 중용의 미덕을 숭상하며 장수하는 곳.

콘웨이는 80대 노인 페로가 실제는 300세에 가깝고, 18세로 보이는 로센은 90세가 넘는다는 말을 듣는다. 납치된 3명 모두 샹그리라에서 자신의 꿈을 발견하지만 멜린슨만이 이곳을 벗어나려 한다. 콘웨이는 멜린슨의 간청에 못 이겨 멜린슨과 그와 사랑에 빠진 로센과 함께 샹그리라를 탈출한다. 로센은 현실세계에 나온 뒤 본래의 나이인 90세로 돌아가 숨진다. 뒤늦게 콘웨이는 잃어버린 낙원으로 돌아가려 하지만 끝내 찾지 못한다.

2. 샹그리라(shangrila)

이상향을 꿈꾸지 않는 사람이 있을까. 에베레스트산 동쪽으로 끝없는 설산을 넘어 칭장고원 끝자락에 자리한 중국 운남성 디칭 장족 자치주. 해발 6,740m의 메이리 설산의 장엄한 자태를 배경으로 누·란창·진사 세 강이 나란히 흐르는 천년절경의 비지.

유네스코는 일찍이 불국정토, 즉 샹그리라로 불려온 이곳을 세계자연유산으로 지정했다. 샹그리라가 베일을 벗고 외부에 처음 알려진 것은 1933년 영국인 소설가 제임스 힐턴(1900~1954)의 소설 『잃어버린 지평선(Lost Horizon)』에 의해서다. 창세기신화의 무대인에덴동산과 달리 현세에 존재하는 인류의 낙원. 온갖 종교가 화합 공존하고, 인간의 갈등과 탐욕이 없는 곳. 샹그리라는 제1차세계대전과 대공황으로 찌든 서양인들에게 낙원의 꿈을 불러일으켰다.

소설은 1937년 미 컬럼비아 영화사에서 영화로 제작했다. 제2차 세계대전의 전운이 무르익던 시기에 서양인들은 구원의 빛을 샹그리라에서 찾았다. 1942년 전쟁에 지친 프랭클린 루스벨트 미국 대통령은 메릴랜드주에 지은 대통령 별장을 샹그리라라고 명명하기도 했다. 오늘날의 캠프 데이비드 별장이다.

서양인들에게 이상향을 소개한 힐턴은 정작 샹그리라에 가본 적이 없다. 그는 소설의 소재를 운남성의 중뎬 더친 등 디칭 장족 자치주를 여행했던 유럽과 미국 러시아 탐험가들의 기록에서 찾았다. 1942년 일본군이 미얀마를 점령하고 중경의 장제스군을 압박하면서 미군은 버마루트 대신 인도에서 티베트를 거쳐 윈난으로 군수물자를 수송하는 항공로를 개척했고, 수많은 군용기를 이름모를 계곡에서 잃어버렸다. 해발 4000~5000m의 험난한 설산을 통과하는 이 항로는 소설 『잃어버린 지평선』 속의 주인공들이 납치됐던 항로였다. 그러나 샹그리라는 냉전시대 중국이 서구와 격리되면서 사람들의 뇌리에서 잊혀졌다.

1990년대 세기말 풍조가 일면서 사람들은 다시 샹그리라를 떠올렸다. 과학발전의 부작용으로 나타난 환경파괴와 미래의 불안감이 만년설과 시리도록 푸른 하늘, 드넓은 초원, 자연과 신과 인간이 공존하는 평화로운 세계에 대한 열망을 부추겼다. 하지만 중국은 디칭 장족 자치주를 1992년까지 개방하지 않았다. 변경의 소수민족에 대한 고려 때문이었다. 그 사이 인도·네팔·부탄은 저마다 히말라야산록의 한 마을을 샹그리라라는 이름을 붙였다.

마침내 중국도 샹그리라를 찾아나섰다. 1996년 중국정부는 민속학자·종교학자·언어학자·지리학자·역사학자 50여 명의 국내외 전문가들로 탐사대를 구성하여 운남성·사천성·티베트 자치구를 샅샅이 조사했다. 힐턴의 소설에 나오는 설산과 대초원, 강과 협곡, 원시삼림, 다양한 동식물, 티베트불교가 대상이었다. 마침내 이들은 디칭 장족 자치주의 중뎬현이 소설의 무대라는 결론을 내렸다.

그리고 중국정부는 2001년 12월 중뎬현을 샹그리라현으로 바꿨다. 원시삼림과 다양한 생물, 대협곡이 산재해 있는 디칭 장족 자치주와 주변 지역을 샹그리라권으로 지정해 자연과 문물을 보존하는 방법을 강구했다. 티베트족의 전통예술, 민속과 종교를 보존하려는 노력도 병행했다. 그러나 외부인이 몰려오자 샹그리라의 순박했던 풍속과 아름다운 자연은 오염되었다. 상업성에 물들어 꿈 속에 그렸던 이상향과 다르다면서 실망을 안고 돌아가는 관광객도 있다. 지금 중국은 관광객 쿼터제를 도입하는 방안을 검토한다.

현실 속의 이상향은 없다. 이곳을 인류의 낙원으로 생각하고 찾아온다면 실망할 수밖에 없다. 샹그리라는 마음 속의 해와 달이라는 뜻이다. 마음 속에서 이상과 행복을 추구해야 한다. 여러 소수민족이 화합하고, 불교·도교·유교·천주교가 공존하며, 대자연을 숭배하는 이곳에서 사람들은 깨달음을 얻을 수 있을 것이다.

5. 속리산 동쪽 산기슭의 우복동(牛腹洞)

옛 중국인들은 조선에는 삼신산이 있다고 부러워했다. 거기에는 신선과 불로장생의 영약이 있다고 믿었다. 그러나 우리나라에서는 청학동과 만수동을 더 쳤다. 지리산 어느 골짜기에 푸른학이 산다는 청학동이 있어 속세를 피해온 고결한 인사들이 모여 조용하고 평화롭게 산다고 했다. 그리고 가야산에는 만수동이 있는데 도인들이 그곳에서 도를 완성하여 신선이 된다고 했다.

이중환은 『택리지』에서 만수동은 지금(1700년대) 구품대(九品臺)

이고, 청학동은 지금의 매계(梅溪)로 근래에 비로소 인적이 조금씩 통한다. 가야산 동북편에 만수동이 있는데 깊고 긴 골짜기로 복지라 하며 세상을 피해서 살만하다고 했다.

그런데 세기말(19세기)에 갑자기 들어와서 오랫동안 감추어지고 숨겨져 왔던 천하무쌍의 대복지(大福地)를 발견했다는 소문이 났다. 소문을 들은 사람들이 전국에서 달려갔으나, 좋은 자리는 먼저 들어간 사람들이 모두 잡아놓아 허탕을 친 경우가 많았다. 그래도

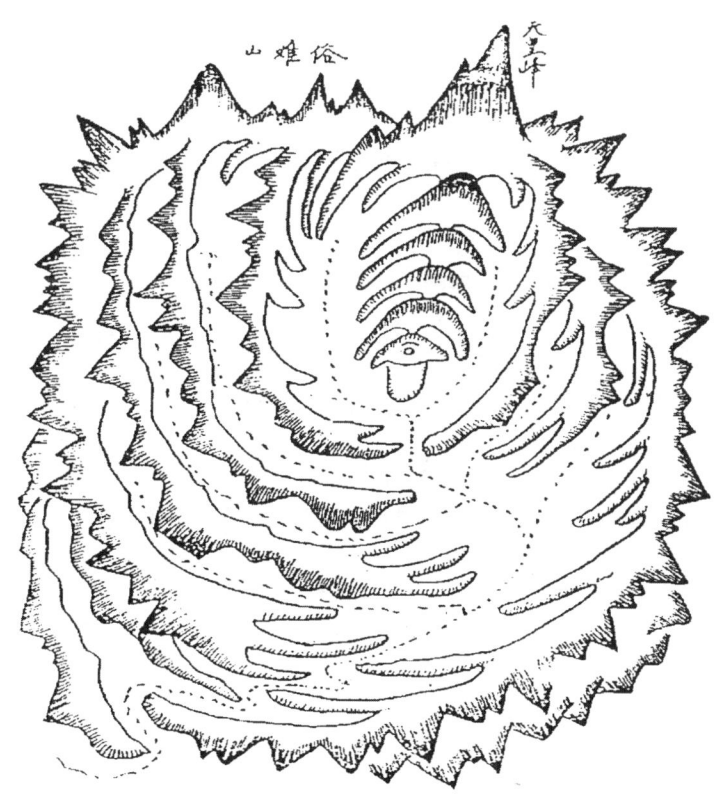

속리산 천황봉 아래 제왕지지(帝王之地)

들어간 사람들이 상당히 많아, 농토라고는 한 뼘도 없는 두메산골에 졸지에 마을이 많이 생겼다. 그곳이 바로 경북 상주군 화북면 용유리·장암리·상오리로 세칭 우복동이다. 우복동에 관한 기록을 살펴보면 다음과 같다.

우복동을 답사한 일이승(一耳僧)의 진결(眞訣)에는 "그곳에는 천하에 둘도 없는 복지가 있는데, 덕을 쌓은 사람 중에 신안을 가진 자만이 차지할 수 있다. 호남 한사 십여 명이 처자를 데리고 들어가 만세에 복을 누릴 것이다. 그리고 그곳은 하원갑자(下元甲子 : 1984년-2043년)가 되어야 운이 열린다"는 글이 있다.

옥룡자(玉龍子) 비기(秘記)에는 "청화산 남쪽에 매화꽃 같은 좋은 국(局), 명당(名堂)이 열려 있다", 비결(秘訣)에는 "운이 되면 벼락이 석문을 쳐 우복동에 들어가는 길이 열린다"는 기록이 있다.

두사충(杜師忠)의 산도(山圖)에는 "그 혈(穴)에서 장군과 장상이 속출하고, 그 자손은 천지와 함께 부귀영화를 누릴 것이다. 그리고 8명의 판서가 나오므로 팔판동이라고도 한다"는 기록이 있다. 그래서인지 도장산 서쪽에는 육판동이라는 골짜기가 있다.

이중환은 『택리지』에서 "시내와 산, 샘과 돌이 기이하고, 논이 기름지며, 감과 밤을 가꾸기에 알맞은 땅이다. 주위 백리가 모두 난리를 피할만한 복지이니, 참으로 은자(隱者)가 살만한 곳이다. 그러나 자리는 궁벽한데 산이 살기를 벗지 못했으니, 속세를 피해 도를 닦기에는 알맞으나 평소에 살만한 곳은 아니다" 라고 했다.

6. 내포(內浦) 자미원국(紫微垣局)

다음은 『택리지』에서 언급한 충남 내포 지역과 근처의 설명이다.

내포는 충청도에서 가장 좋은 곳이다. 공주에서 서북쪽으로 이백리쯤 되는 곳에 가야산이 있다. 서쪽은 큰 바다이고, 북쪽은 경기도 바닷가 고을과 큰 못 하나를 사이에 두고 마주했는데, 서해가 쑥 들어온 곳이다. 동쪽은 큰 들판이고, 들 가운데 또 큰 개(浦)가 하나 있다. 개(浦)는 유궁진(由宮津)이라 하는데, 밀물이 아니면 배를 이용할 수 없다. 남쪽은 오서산이 막아 산 동남쪽으로 공주와 통할 뿐인데, 가야산은 오서산에서 온 맥이다.

가야산의 앞뒤에 있는 열 고을을 모두 내포라 한다. 지세가 한 모퉁이에 멀리 떨어져 있고, 또 큰 골목이 아니므로 임진년과 병자년 두 차례 난리에도 적군이 들어오지 않았다. 땅이 기름지며 평평하고, 생선과 소금이 매우 흔하여 부자와 대를 이은 사대부가 많다. 최대의 역량을 지닌 혈(穴) 중의 하나인 자미원국(紫微垣局)은 중국의 낙양과 장안 등 3~4개 처에 있다. 다행히 우리나라에도 백두대간의 금북정맥(錦北正脈)이 끝나는 곳에 유일하게 결혈(結穴)되어 있다. 금북정맥(錦北正脈)의 출발지는 속리산의 천황봉이다.

여기서 서남으로 낙맥(落脈)하여 동서남북으로 천태만상을 이루며 행룡(行龍)하여, 경기도 안성군·진천군·천원군의 경계인 칠현산을 거쳐, 천안의 성거산·흑성산·연기군 남면의 국사봉을 만들고, 이어 보령의 성주산을 거쳐 홍성 일월산에서 파군(破軍) 삼태(三台)의 하태(下台)를 만들고, 오서산 용봉산을 거쳐 덕산 가야산에 이르러 육부요성(六府曜星)을 만들었다.

그 아래 가야산 석문봉이 파군대성(破軍大星)이 되어 중조산(中祖山)이 된다. 여기서 서쪽으로 낙맥(落脈)하여 서산군 운산면 문수동 500m 지점에 박환(剝換) 보성(輔星)을 만들고, 이어 당진군 정미면에 이르러 자미원국(紫微垣局)을 결혈(結穴)했다.

다음의 산도는 파군성(破軍星) 행룡(行龍)에 있어서 속리산 천황봉을 상태로 하여 중태(中台)·하태(下台)의 삼태(三台)를 만들고 육부요성을 만든 다음 청계산에 이르러 옥녀등공형을 만든 것을 그림으로 나타낸 것이다.

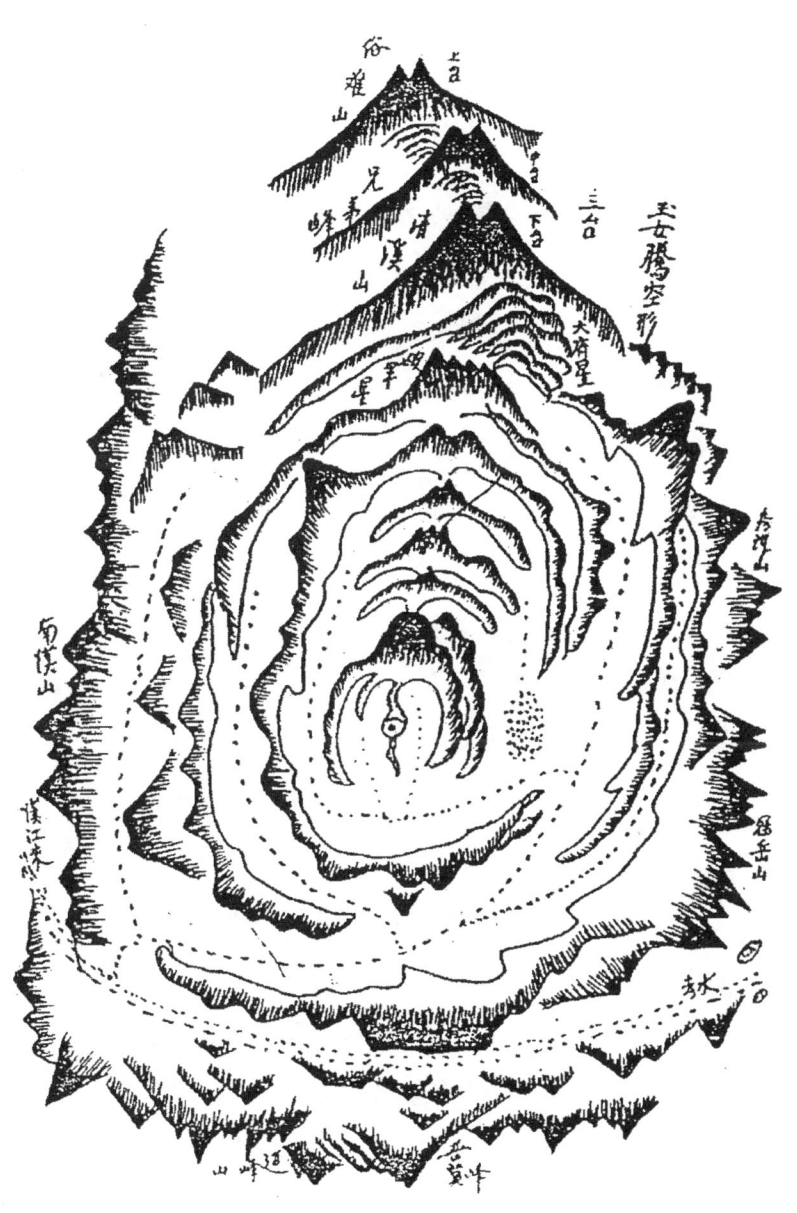

파군(破軍) 행룡(行龍)의 결혈(結穴) 모습. 청계산 옥녀등공형.

지리학에서는 왕후장상지지(王侯將相之地) 이상의 최대혈을 원국(垣局)이라고 한다. 원국(垣局)은 대개 양택(陽宅)으로 결혈(結穴)되어 고대의 왕도처가 되었다. 지리학은 하늘의 별과는 항상 불가분의 관계다. 4대 원국(垣局)은 하늘의 성좌 이름으로 천상의 자미성좌(紫微星座)·천시성좌(天市星座)·태미성좌(太微星座)·천원성좌(天苑星座)를 말하는데, 성좌 대신에 원국(垣局)이라고 한다.

자미원국(紫微垣局)·천시원국(天市垣局)·태미원국(太微垣局)·천원원국(天苑垣局)을 말하며, 이와 같이 지구상에도 최대혈이 형성될 때는 천상과 서로 호응하여 4대 원국(垣局)의 형태로 결혈(結穴)된다. 북방 임해방(壬亥方)에는 자미원국(紫微垣局)이 있으므로 지상에 자미원국(紫微垣局)이 결혈(結穴) 될 때는 천상의 자미성좌(紫微星座)에 분포한 성군(星群)과 같은 분포로 자미원국(紫微垣局) 등 원국(垣局) 내에 성봉(成峰)들이 포진한다.

원국(垣局)은 글자의 뜻처럼 산줄기가 겹겹이 둘러싸 마치 큰 집의 울타리와 같다는 뜻이다. 그러므로 난공불락의 요새로 고대에는 도성을 이루기에는 알맞은 지형이었다. 하나의 큰 간맥(幹脈)이 흘러가 머물 때는 반드시 하나의 큰 명당(名堂)을 결혈(結穴)한다. 따라서 하나의 큰 간룡(幹龍)이면 원국(垣局) 양택(陽宅)을 결혈(結穴)하고, 소간룡(小幹龍)이면 음택(陰宅)이나 양택(陽宅)의 대부귀 혈(穴)을 맺는다. 원국(垣局)은 나라의 수도가 되어 큰 도시를 이루거나 원국(垣局)의 양택(陽宅)에 주택을 지으면 나라를 통치할 귀인이 나온다.

원국(垣局)을 이루려면 용혈(龍穴)의 근본인 태조산(太祖山 : 염정이 70%, 파군이 30%), 즉 용루(龍樓) 보전(寶殿)이나 삼태육부(三台六府)의 파군(破軍) 조산(祖山) 행룡(行龍)이어야 한다. 용루(龍樓) 보전(寶殿)의 염정(廉貞) 행룡(行龍)일 때는 태조(太祖) 낙맥(落脈) 후 백리 천리 행룡(行龍) 후 결혈(結穴)할 때 홀연 염정(廉貞) 응성(應星)이 흘립하고, 앞면에 화개삼태(華蓋三台)가 출현하여 최귀룡(貴龍)을 형성한다. 이를 천문룡(天門龍)이라 한다. 이 화개삼성(華蓋三星 : 도봉산 앞면)의 품(品)자봉에서 중심 출맥(出脈)하여 좌보자행룡(左輔自行龍)일 때 구성(九星) 전변(轉變)하여 평지에 떨어져 원국(垣局), 즉 자미원국(紫微垣局 : 서울)을 만들었다.

금북정맥(錦北正脈)은 속리산에서 역류하여 북행하다, 진천군·안성군·천원군의 경계인 엽돈재(칠현산)에서 서쪽으로 대전신(大轉身)하여 천안 성거산을 거쳐, 보령군과 청양군 경계인 백월산(白月山)에서 일대 전신(轉身)하여 북방으로 흘러, 홍성군의 일월산과 예산군의 가야산에 이르러 파군대성(破軍大星)이 되었고, 여기서 낙맥(落脈)하여 내포지역(당진 이남 홍성 이북)으로 흘러갔다.

이 대룡(大龍)은 내포지역으로 행진하여 홀연 좌보대성진(左輔大星辰)이 출현했으니, 입원(入垣) 대좌보성(大左輔星)이다. 혈(穴)은 은은하게 떨어져 보필(輔弼) 입수(入首)하여 좌보(左輔) 결혈(結穴)했다. 남북으로 결혈(結穴)했으니 연소형(半窩形)과 괘등형(掛燈形)이다. 이것이 내포지역의 자미원국(紫微垣局)이다. 완도의

산상연소형(山上燕巢形) 천자지지(天子之地)는 자미원격(紫微垣格
: 下元甲子運, 1984~2043년, 이 기간에 운이 있다)으로, 역량은 내
포지역의 자미원국(紫微垣局 : 上元甲子運, 2044~)보다 약 두 배
정도 크다.

또한 전남 해남에 천시원격(天市垣格)이 있으니 갑묘입수(甲卯入
首)에 병오득(丙午得) 신술파(辛戌破)이다. 나머지 태미원국(太微
垣局)과 천원원국(天苑垣局)도 같은 격으로 우리나라 어딘가에 있
을 것으로 추정한다. 내포 자미원국(紫微垣局)은 상원갑자운(上元
甲子運 : 2044년~)이라 하나, 도로 등의 개설과 개발로 훼손되어
그때까지 견딜지 의문이다.

7. 허가혈(虛假穴)

오산시 남쪽에 있는 무봉산(舞鳳山) 정상에 올라 주위를 살펴보
면, 주봉(主峰)이 건해(乾亥 : 서북)로 기봉(起峰)하여 손사(巽巳
: 동남)로 낙맥(落脈)했고, 좌우의 맥이 회포(回抱)했으니 결혈처
(結穴處)가 분명하다. 그러나 맥을 따라 혈(穴)을 찾아보니 기이하
게도 허가맥(虛假脈)이다. 자세히 살펴보니 주봉(主峰)에서 중심
낙맥(落脈)하여 박환(剝換) 탐랑성(貪狼星)을 재기했으니 우아하
기 그지없다. 그런데 결혈(結穴)하지 않았으니 무슨 일인가.

창조주께서는 간간이 겉으로는 아름답게 만들어 현혹시키니 섭리
를 헤아릴 수 없다. 국세(局勢)가 하도 좋아 묘를 많이 썼으나 빛

좋은 개살구다. 좌우 호위산을 자세히 살펴보니 겉으로는 회포(回抱)한 듯하나 배반했음이 완연하다. 다시 정상에 올라 대세를 세밀하게 살피니 창조주의 용심처(用心處)가 의외로 다른 곳에 있다. 현현기묘(玄玄奇妙)하게 본혈(本穴)을 은장(隱藏)하며 허가처(虛假處)를 만들었으니 신기한 일이다.

대지대혈(大地大穴)은 대개가 은은하게 비장하여 인간의 시선이 닿지 않는 곳이나 허술한 곳에 숨겨 놓았으니, 신안이 아니고는 어떻게 찾겠는가. 이것도 역시 심히 은장(隱藏)되어 혈처(穴處)에서 관망하니 무봉형(舞鳳形)으로 곤좌간향(坤坐艮向 : 동북향)이 되었는데, 백리의 산천이 매우 아름답고 서기가 충천한다. 이 혈(穴)을 얻어 쓰면 시조산(始祖山)이 될 것이다. 이처럼 대혈(大穴) 곁에는 흔히 허가혈(虛假穴)을 두어 이목을 현혹시키니 창조주의 섭리에 감탄할 뿐이다. 진혈(眞穴)과 가혈(假穴)을 놓고 볼 때, 속사나 일반인은 반드시 허가혈(虛假穴)을 고른다. 적덕(積德)을 멀리하는 사악함에 대한 보답인가.

허가혈(虛假穴), 즉 열매를 맺지 못하는 헛꽃같이, 혈(穴)에도 허가혈(虛假穴)이 도처에 있는데, 진혈(眞穴)보다 아름답게 보여 사람들의 마음을 끄니 잘 분별해야 한다. 여기에 묘를 쓰면 자손이 점차 패망한다. 미혈가작(美穴佳作)이 강산 도처에 있으나 천여 년 동안 1~2%도 쓰지 못했으니 안타까운 일이다. 선조들은 물론 지금도 많은 사람이 애써 찾아 헤매고, 산천이 황폐해지도록 묘를 많이 썼으나 적중한 것은 1~2% 미만이다.

8. 구세제민(救世濟民)과 음양택(陰陽宅)의 묘리
— 무학대사 지리전도서 —

지리는 음양택(陰陽宅)을 활용하여 옛것을 고치고 새로운 것을 개발하는 원천으로, 돈으로만 얻을 수 있는 것이 아니다. 참으로 소중한 만세의 경법이니, 어찌 장님이 볼 수 있고 절름발이가 걸을 수 있는 것에 그치겠는가. 단명한 자가 장수하고, 화가 복으로 바뀌며, 가난한 자가 부자가 되고, 천한 자가 귀해지고, 기울어가는 나라를 바로 세우는 것이 모두 명사가 이끄는 지팡이 밑에 달렸다. 작게는 개인과 한 집안, 크게는 한 나라와 천하의 흥망성쇠가 이 법의 묘리에 있으니 구세제민에 이보다 더한 것이 있겠는가.

길한 땅을 얻으려면 스스로 지으려 하지 말고 지성을 다하여 명사를 찾아 진가에 대한 의혹을 풀어야 한다. 그래도 의심이 풀리지 않거든 평소에 평상심으로 범연하게 지내면서 사람됨과 주장하는 학설이 무엇인가를 들어보고 확인해야 한다. 그렇지 않고 하루아침에 갑자기 친해져 온갖 진미를 제공하면서 길지를 얻으려는 것은, 돼지 발톱을 놓고 격양가를 부를 대운을 달라고 기원하는 것과 같다. 차라리 이런 사람은 대혈(大穴)을 찾는 것보다 양지바르고 토후수심(土厚水深)한 곳에 깊이 묻고 유해나 편하게 하는 것이 옳다. 명사가 정법으로 점지한 하나의 혈(穴)은 만 관의 금은보석으로도 부족할진대, 어찌 음식과 물건으로 될 일이겠는가.

그러나 오늘날의 속사들도 문제다. 정성의 유무는 관계 없이 목전의 금품에만 집착하여 아는 척하며 흉한 것을 길한 것으로 꾸며대기에만 능하다. 이들의 잘못으로 환과(鰥寡)가 속출하며 패가멸족하니, 사람을 칼로 찔러죽이는 것과 무엇이 다르겠는가. 어리석은 의사가 오진하면 한 사람만 죽이지만, 속사가 오점하면 백 인을 죽이는 것이나 다름없다고 한 말은 이를 두고 한 말이다. 내가 바라는 것은 진법(眞法)이 이들이 발을 못붙이게 하는 것이나, 불행하게도 정법은 아예 볼 수도 없다는 것이다.

9. 내세의 보상

중학교 때 친구를 따라 교회에 갔는데, 벽에 한 여자가 식물줄기 같은 것을 붙잡고 천사에게 들리는 그림이 걸려 있어 유심히 본 적이 있다. 도스또예프스키(Dostoevski : 1822~1881)의 단편소설을 그려놓은 것이라는 것을 안 것은 한참 후의 일이다.

상당히 넉넉한 농가의 부인 하나가 있었는데, 매우 인색하여 거지에게도 동냥 한 푼 주지 않고 쫓아버렸다. 어느날 앞뜰 채소밭에서 뭔가를 따는데, 지나가던 여자 거지가 매우 배가 고파 기운을 차리지 못하면서 한 개만 달라고 사정했다. 그 밭에는 토마토뿐만 아니라 가지와 오이 등 여러 가지가 많았다.
부인은 이것을 주자니 이것도 아깝고, 저것을 주자니 저것도 아까워 줄 만한 것이 없었다. 이리저리 그다지 아깝지 않은 것을 찾아

보다가, 언덕 위에 뿌리가 드러나 잎이 노랗게 마른 마늘 한 뿌리가 눈에 띄어, 그것을 잡아빼 내던져 주었다. 거지는 그것을 주워 입맛을 다셨다.

후에 그 부인이 죽어 음부(陰府)에 들어갔는데, 늘 자기를 맡아 보아주던 천사가 위로 지나가는 것을 보고 소리를 질러 사정 이야기를 했다. 세상에 있을 때 선심으로 불쌍한 거지에게 시제한 일도 있었다고 말했다. 그러자 천사는 부인의 일생 행위를 적어둔 책을 펴보았다. 나쁜 일을 한 마이너스 편에는 기록이 많았으나, 착한 일을 한 플러스 편에는 단 한 줄만이 씌여 있었다. 걸인에게 마늘 한 뿌리를 내던져 준 바로 그 일이었다.

그 부인의 행위대로 적혀 있는 창고에 가보니, 과연 잎이 노랗게 마른 마늘 한 뿌리가 있었다. 천사가 그것을 들고 부인에게 가니, 부인은 그것보다 더 큰 마늘을 주었다고 우기는 것이다. 그러나 천사는 이것이 틀림없이 그 마늘이라고 말하고, 이것으로 구원을 받을 수 있는지 없는지를 시험하게 했다.

부인은 그 마늘 뿌리를 붙잡고 천사에게 들려 음부(陰府)를 떠나 낙원으로 올라갔다. 부인은 얼마를 올라가면서 기분이 좋아 흥이 났는데, 곁에 마침 다른 한 여자가 뭔가를 붙들고 다른 천사에게 들려 올라가는 것이 보였다. 저런 여자가 낙원에 올라간다는 것을 생각하니 배가 아파 견딜 수가 없어 발로 힘껏 걷어찼다. 그런데 자기가 더 흔들려 오월 단오에 춘향이 그네 뛰듯하다 마늘 줄기가 끊어져 그만 음부로 떨어져 다시 내려가고 말았다는 이야기이다.

선한 사람은 선한 보상을 받고, 악한 사람은 악한 보상을 받는다는 사상은 인류 공통의 도덕관념일 것이다. 그러나 세상에는 종종 의심을 일으키는 일도 없지 않고, 또 잊어버리기도 한다. 중국의 유명한 말로, 주공(周公) 같은 성인이 의심을 받아 유배되었을 때, 만약 죽었다면 반역자로 끝을 맺었을 것이요, 왕망(王莽)이 반역하기 전에 죽었다면 충신이란 칭찬을 받았을 것이다. 공자의 수제자인 안연(顏淵)은 가난하게 살다가 젊어서 죽었고, 도척(盜蹠)과 같은 악인은 부를 누리며 장수했다고 해서 천도가 공변되지 않는다고 나무랄 수 없는 것이다.

살다보면 오해를 받기도 하고 억울하게 고생하는 일도 있지만, 자연의 섭리는 모든 것이 사필귀정으로 꼭꼭 제자리에 들어가 맞도록 되어 있다. 마치 목수일을 잘 하는 목공이 재목을 길거나 짧게 자르기도 하고, 두껍거나 엷게 깎기도 하고, 크거나 작은 구멍을 뚫었으나, 들보를 얹고 서까래를 걸며 문짝을 달아보면 꼭꼭 들어가 맞는 것과 같다.

세상에는 모를 일도 많고 옳지 않은 일도 많지만, 천도섭리는 결코 잘못되지 않는다. 부산에서 서울로 향하는 기차를 타면 북행열차이나, 어떤 때는 동향이기도 하고 어떤 때는 서향이기도 하고 심지어는 남향일 경우도 있다. 그렇다고 해서 이것을 동행차나 서행차라고 하지는 않는다. 이와 같이 선한 사람이 잘못할 수도 있고, 악한 사람이 선행하는 경우도 있지만 전체적으로 보아 보상이 결정된다.

2장. 음양오행론(陰陽五行論)

1. 풍수지리의 도(道)

동양인, 특히 중국과 우리나라 사람들은 삼라만상의 배후에는 그것을 통일시켜주는 실재가 있다고 믿었다. 이 실재를 도(道)라고 불렀는데, 원래 '길'을 의미한다. 우주의 길이요, 자연의 질서이다. 도(道)의 중요한 특성은 끊임없는 운동과 변화의 순환성이다. 돌아옴이 도(道)의 움직임이다. 멀리 가는 것은 돌아오는 것을 의미한다(反者道之動, 遠曰反).

자연계의 모든 발전은, 인간생활은 물론 물질계의 발전까지를 포함해 오고감과 확장과 수축의 순환에 있다고 보았다. 이것은 태양과 달의 운동이나 계절의 변화에서 얻은 지식이었으나 그때부터 생(生)의 법칙으로 받아들였다. 어떤 상황이 극한에 이르면 반드시 되돌아 그 반대가 된다고 믿었다.

동쪽으로 멀리 가려는 사람이 마침내는 서쪽에 당도하게 되는 것처럼, 부(富)를 증가시키려고 돈을 더 축적하는 사람은 결국은 가난해진다. 생활수준을 높이려고 끝도 없이 발버둥치는 오늘날의 산업사회가 바로 그것 때문에 삶의 질을 떨어뜨리고 있다는 사실이 이를 뒷받침한다.

양(陽)이 그 절정에 도달하면 음(陰)을 위해 물러나고, 음(陰)이 그 절정에 이르면 양(陽)을 위해 물러난다(陽卦多陰, 陰卦多陽).

도(道)의 모든 현상은 이러한 음양(陰陽) 두 극의 역동적인 상호작용에 의하여 생겨난다. 즉 일음일양(一陰一陽), 이것이 도(道)이다(一陰一陽謂道).

오랜 옛적부터 자연의 원형인 두 극은 명암에 의해서만이 아니라 남녀·강약·상하로도 나타냈다. 양(陽), 즉 강하고 남성적이며 창조적인 힘은 하늘과 연결되어 있고, 음(陰), 즉 어둡고 수동적이며 여성적이고 모성적인 요소는 땅으로 대표되었다.

하늘은 위에 있으며 움직임으로 충만되어 있다. 옛사람의 지구 중심적 관점에서 볼 때 땅은 아래에 있으며 정지해 있다고 보았다. 따라서 양(陽)은 움직임을, 음(陰)은 정지 상태를 상징하게 되었다. 양(陽)은 냉철하며 합리적이고 남성적인 지성을, 음(陰)은 복합적이며 여성적이고 직관적인 마음을 나타낸다. 또한 음(陰)은 고요하며 정적이고, 양(陽)은 강하며 창조적인 동적이다.

음양(陰陽)의 역학적인 특징은 태극도(太極圖)로 잘 설명하고 있다. 유명한 선가(禪家)는 다음과 같은 말을 했다. "선을 공부하기 전에는 산은 산이고 강은 강이다. 선을 공부하는 동안에는 산은 더 이상 산이 아니고 강은 더 이상 강이 아니다. 그러나 일단 깨달음을 얻으면 산은 다시 산이고 강은 다시 강이다."

불성을 찾는데 관한 질문을 받은 어느 대선사가 "그것은 황소 등에 타고 황소를 찾는 것과 같다"고 말한 것처럼, 몸과 마음과 주위 환경이 개선이 필요없는 조화된 통일체 속에 융합되어 있을 때 봄이 오면 꽃이 저절로 피듯이 모든 것이 저절로 이루어진다. 그러나 그것은 자연의 질서에 따른 기술(Artless Art)의 정도에 따라 완성도가 달라진다.

행복은 자연의 질서에 순응해서 자발적으로 행동하며 자신의 직관적 지혜를 믿을 때, 즉 자연에 어긋나는 행동을 삼가고 자연의 질서를 따를 때 비로소 얻어진다. 행복한 삶을 위해 자연적으로 생성된 명당(名堂)을 찾아 사용하면 좋겠지만, 그렇지 못하더라도 인위적인 것을 최대한으로 줄이면서 명당(名堂)의 조건을 만드는 것이 바람직하다.

무위이무불이(無爲而無不爲). 인위적인 것이 없을 때 모든 것이 성취된다. 즉 자연의 질서를 따르는 자는 도(道)의 물결을 타고 흐를 수 있다는 말이다. 몸과 마음을 바르게 하고, 사람과 자연 그리고 하늘을 존중하는 마음을 간직할 때 명당(名堂)은 저절로 나타난다. 명당(名堂)은 이웃을 사랑하며 베푸는 사람에게 주어지는 자연의 선물이다.

2 기(氣)

하늘과 인간과 자연은 한 가지의 기(氣)로 구성되어 있고, 인간을 비롯한 만물이 이 생기의 발로를 받아 생장 번창할 수 있다. 기(氣)를 태극(太極)이라 하는데 다시 음양(陰陽)으로 나누어진다. 풍수지리에서는 천지 음양오행(陰陽五行)의 기(氣)를 일원적, 즉 혼일적인 일기(一氣)로 보아 천기(天氣)가 하강한 것을 지기(地氣), 지기(地氣)가 상승한 것을 천기(天氣), 음양(陰陽)의 기(氣)가 지(地) 중에 있을 때는 생기(生氣) 혹은 내기(內氣)라 한다. 인간을 비롯한 만물이 이 생기의 발로를 받아 생장 번창할 수 있다.

그런데 우주의 생성 및 모든 생명체의 근원적인 힘을 이루는 기(氣)는 항상 운동을 함으로써 유동적으로 변한다. 이러한 기(氣)의 이합집산이 사물의 유무형을 좌우하고, 기(氣)의 청탁이 사물의 부상하강(浮上下降)을 좌우한다. 산도 물도 인간도 기(氣)의 소산이다. 그러므로 기(氣)의 작용으로 형성된 산이나 물을 보고 기(氣)의 소재와 상태를 추정할 수 있다. 특히 기(氣)의 공간적 분포 즉 지기(地氣)의 흐름을 공간적으로 파악하여 인간의 복리를 도모하는 것이 풍수지리학이다.

음양오행(陰陽五行)에서는 우주만물은 일원기(一元氣)에서 이기(二氣) 오기(五氣)로 발전한다. 이기(二氣)는 변해서 만물을 이룬다고 하므로 만물은 기(氣)의 소산이다. 그런데 만물은 같은 것이 없고, 만물의 차별은 주로 형상의 차이다. 이 차별상은 기(氣)의 작용에 따르기 때문에 기(氣)의 상(象)은 형태이고, 어떤 사물이 어떤 기(氣)의 소산인가는 그 사물의 형태에 따라 표현된다.

목기(木氣)가 흐르는 목산(木山)은 직립한 나무줄기와 같은 형상을 이루고, 금산(金山)은 복종(覆鐘)처럼 금기(金氣)가 흐르며, 화염의 형태를 이루는 산에는 화기(火氣)가 흐르기 때문에 화산(火山)을 이룬다. 이 음양오행(陰陽五行)의 발전이론을 밝혀 나가보면 같은 형상을 이루는 두 사물은 같은 기(氣)의 소산이이기 때문에, 이 두 사물 사이에는 그 사물의 속성인 작용, 즉 힘에 있어서도 유사점이 있다. 즉 그것은 기(氣)의 감응원리이며, 상생상극(相生相

剋)의 법칙이다. 만물은 기(氣)의 소산이다. 그 기(氣)가 극에 달하면 오행(五行)의 오기(五氣), 음양(陰陽)의 이기(二氣)가 마침내 태극(太極)인 하나의 원기(元氣)에 포섭된다.

봄이 되면 산과 들에는 갖가지 아름다운 꽃이 다투어 피는 이 백화천초(百花千草)의 만발도 생각해보면 봄의 기운 때문이고 땅의 기운 때문이다. 이미 기(氣)를 같이 하고 있기 때문에 만물 사이에는 감응이 있다. 상생(相生)과 상극(相剋)의 작용이 있어서 우주만물의 증진과 감퇴는 모두 이 두 작용의 범주에 속한다. 기(氣)의 감응이 있고, 두 작용이 있으며, 이 기(氣)의 소산인 만물 사이에는 교섭이 있고 영향이 있다. 직접이든 간접이든 그것은 그리 문제가 되지 않는다.

기(氣)는 바람같이 손에 잡히지도 않고, 눈에 보이지도 않으며, 무게도 없으면서 우주만물을 움직이는 어떤 근원적인 힘이다. 기(氣)는 알게 모르게 우리 생활 속에서 여러 작용을 하며, 생사에 직간접으로 깊이 관여한다. 또한 우리가 숨쉬는 공기, 우리가 생활하는 땅의 지기(地氣), 날씨의 천기·전기·생기·습기·온기·냉기·한기·향기·분위기 등 수없이 많고, 기가 막힌다, 기가 살았다, 기가 죽었다, 기가 세다, 기가 약하다, 기운이 넘친다, 기운이 없다 등 수많은 말이 있고, 또 아무런 거부감도 없이 사용한다.

우리가 자주 사용하는 기분이 좋다는 말을 볼 때, 이는 우리 몸속에 기(氣)가 골고루 나누어 있다는 표현이다. 기(氣)가 체내에 골고루 퍼져 있으면 평온한 기분이 되는 것은 당연하다. 기(氣)가 어느 한쪽으로 쏠리면 절대로 좋은 기분이 될 수 없다. 또한 기가 막힌다는 말은 기(氣)는 흐름인데 이것이 막히면 어찌할 바를 모르게 된다. 이와 같이 우리의 일상생활에서 부딪치는 모든 것들이 기(氣)와 관련된 것들이고, 기(氣)로 시작해서 기(氣)로 끝난다.

　기(氣)는 시간이나 공간을 초월해서 느낄 수 있다. 떠올리기 싫은 추억을 생각만 해도 그 기(氣) 때문에 온 몸에 전율을 느끼며, 예전에 경험했던 기쁜 일을 생각만 해도 가슴이 벅차오르는 느낌을 가진다. 사진이나 동상을 보면 그 사람이 풍기는 느낌을 그대로 느낄 수 있다. 이것도 바로 기(氣)의 흐름이다.

　기(氣)는 기분을 좋게도 할 수 있고 나쁘게도 할 수 있다. 즉 다른 사람에게 무시하는 태도로 손가락질을 하거나, 손으로 머리를 툭툭 친다면 상대방은 무척 기분이 상하여 손을 치우라고 할 것이다. 이는 좋은 마음으로 하는 행위가 아니기 때문에 손가락질 하는 사람의 나쁜 기운이 손가락이나 손바닥을 통해 상대에게 전달되면서 거기에서 나오는 기(氣)가 상대방을 자극하여 손가락질을 받는 사람의 기분은 매우 나쁘게 만든다. 그러나 오래간만에 보고 싶었던 사람을 만나서 악수를 하거나 손을 잡으면 기분이 매우 좋아진다. 이 역시 손을 통하여 그 사람의 따뜻한 마음의 기(氣)가 전달되기 때문이다.

　사람에게 있어서 기(氣)의 원동력을 크게 나누면 세 가지이다. 첫째는 음식인 곡기(穀氣)이고, 둘째는 천기(天氣)이며, 셋째는 지기(地氣)이다. 사람은 먹어야 살기 때문에 음식물을 통해 기운을 직간접적으로 받는다. 식물을 재료로 만든 음식물을 먹으면 지상의 기운을 받고, 생선이나 해산물을 먹으면 바다의 기운을 받는다.

천기(天氣)는 바로 우리가 숨쉬는 데 없어서는 안 되는 공기와 만물이 소생하는데 필요한 태양빛 등이다. 사람은 잠시라도 숨을 쉬지 않으면 죽는다. 또한 이 천기(天氣)가 나쁘면 건강도 나빠진다. 맑은 공기는 좋은 천기(天氣)이고, 오염된 공기나 공해는 나쁜 천기(天氣)라 할 수 있다. 그래서 이 천기(天氣)가 어떠하냐에 따라 거기서 생활하는 사람의 건강이 좌우된다.

또한 사람은 땅 위에서 생활하는 동안에 알게 모르게 지기(地氣)의 영향을 많이 받는다. 활동을 할 때나 잠을 잘 때를 막론하고 우리는 땅의 기운을 받아들인다. 우리는 특히 잠잘 때 집의 지기(地氣)가 좋다면 그 기운을 여과없이 받아들이고, 또한 나쁜 지기(地氣)를 가지고 있더라도 역시 우리는 그 기운을 여과없이 그대로 받아들일 수밖에 없다. 피곤하더라도 명당(名堂)에 자리잡은 집에서 조금만 자도 개운하고 피로가 풀리지만, 나쁜터의 집에서는 아무리 잠을 많이 자도 잔 것 같지 않고 피곤하다.

좋은 명당(名堂)의 집은 피곤하여 쌓인 몸 속의 나쁜 기운을 생활하거나 잠자는 동안에 땅의 좋은 기운이 지속적으로 그 사람의 몸 속으로 유입되면서 나쁜 기운을 없애주기 때문이며, 나쁜터의 집은 피곤해져 있는 몸 속의 나쁜 기운에 또 다시 땅의 나쁜 기운이 계속 들어와 더 피곤하게 된다. 이 지기(地氣)는 양택(陽宅)과 음택(陰宅) 모두에 대단히 중요한 기운이다. 천기(天氣)는 상당히 넓은 범위가 대부분 같은 기운이지만 지기(地氣)는 그렇지 않다. 같은 건물 내에서도 위치에 따라 지기(地氣)가 각기 다르고, 같은 집에서도 방마다 다르다. 그래서 어떤 방에서 생활하느냐에 따라 같은 집에서 생활하는 가족들간에도 희비가 엇갈린다.

우리의 생활에 밀접한 영향을 주는 기(氣)의 특성은 다음과 같다. 모든 사물은 각각의 모양과 구성 성분·색·무게·기체·액체·고체 등에 따라 그 고유의 기(氣)를 발산한다. 같은 물질로 구성되고 모양이 같다고 하여도 크기에 따라 발산하는 기(氣)는 다르다. 비슷하지만 같지는 않다. 모든 물질은 그 구성 성분이 있기 마련이다. 원자핵의 주위에서 끊임없이 생성소멸하는 아원자적 소립자들이 고유의 파장을 발생시키고, 이러한 파장이 그 물질의 고유한 기(氣)이며, 그 물질 나름의 기(氣)를 발산하고 있는 것이다. 그 발산하는 기(氣)가 좋은 기(氣)일 수도 있고, 나쁜 기(氣)일 수도 있지만 각각의 형태에 따라 기운이 다르다.

어떤 사물에는 고유의 형상과 냄새나 색깔이 있으므로 고유의 기(氣)를 발산한다. 청색은 차가운 기운을, 적색은 따뜻한 기운을, 녹색은 생동적인 기운을, 뾰족한 물체는 날카로운 기운을, 둥근 물체는 원만한 기운을 발산한다. 뾰족한 물체를 보고 원만한 기운을 느끼는 사람은 없을 것이다.

개개의 기(氣)는 나름대로의 좋은 기(氣)나 나쁜 기(氣)를 강하게 또는 약하게도 발산한다. 항상 온화한 마음을 품으면 온화한 기(氣)가 발산되어 상대방이 온화함을 느끼게 하고, 나쁜 마음을 품으면 나쁜 기(氣)가 흘러 상대방이 접근하기를 꺼려한다. 또한 살기를 품으면 금방 살기를 느끼는 것이고, 성공한다고 생각하고 열심히 하다 보면 성공할 수 있는 방향으로 기(氣)가 작용하여 잘될 수 있는 것이다.

무생물은 고유의 기(氣) 외에는 어떤 인위적인 변화를 주기 전에는 항상 일정한 기(氣)를 발산하지만, 사람은 생각의 여하에 따라 기(氣)의 흐름을 변화시킬 수 있고, 그 결과는 다양하게 나타난다. 만물은 형태에 따라 나름대로의 기(氣)를 발산하고, 사람도 눈·귀·코·입을 가지고 있지만 사람마다 느끼는 기운이 다르므로 관상을 잘 보는 사람이 그 사람의 성격이나 품성까지도 알아보는 것은 바로 그 사람이 지닌 얼굴의 형태가 그 나름대로의 기운을 나타내고 있기 때문이다.

사람은 살아가는 동안 수많은 색깔을 접한다. 갓 태어난 아이도 자신이 좋아하는 색깔을 선호하며 색깔이 없는 장난감보다도 색깔이 있는 장남감을 먼저 잡는 것은 색깔이 주는 기운이 다르기 때문이다. 자연은 수많은 색깔을 만들어 낸다. 같은 장소라도 계절마다 그 색깔이 다르다. 겨울이 생동적이지 못하고 침울하며 침체된 듯한 느낌을 주는 것은 추운 날씨가 활동을 상당히 제한하고 있지만 앙상한 가지에 메마른 대지의 색상이 단순하고 그 느낌마저 생동감이 없는 색깔이기 때문이다.

같은 장소에서도 봄은 겨울과 전혀 다른 색상을 만들어 낸다. 화사한 꽃이 있고 나무도 벚나무와 같은 것은 봄을 대표할 정도로 화사함을 가져다주는 색상으로 사람의 기분도 화사하게 만든다. 도로가의 개나리 역시 짙은 노랑색으로 사람들의 마음을 자극할 정도로 강렬하게 다가온다. 같은 장소에서의 여름은 봄과 같이 화사한 색깔을 만들어 내지 못하지만 싱그럽고 생동감이 있고 성장해 가는 느낌을 주는 녹색을 오랫동안 보여 준다. 가을이 오면 자연은 또다시 인간의 마음을 사로잡는 색상을 만들어 낸다. 단풍은 봄에서 느낄 수 없는 다양한 색깔로 가을에 만들어진다. 자연은 동일한 장소에서도 끊임없이 다양한 색깔을 만들어 내면서 계절마다 서로 다른 기운을 발산한다.

만물에는 음양(陰陽)이 있고, 목화토금수(木火土金水)의 오행(五行)이 있다. 목(木)은 녹색이며, 화(火)는 적색, 토(土)는 황색이나 갈색, 금(金)은 흰색, 수(水)는 검은색을 나타낸다. 색깔은 우리의 정서와 느낌에 영향을 미친다. 원색과 밝은색은 기분을 들뜨게 하고, 어두운 색은 차분히 가라앉게 만든다. 또 다른 색들은 사람이 생활하면서 경험하는 문화적인 차이에 따라 영향이 다르다.

흰색은 서양에서는 순수함을 상징한다고 생각하여 결혼식을 치르는 신부는 흰색 드레스를 입는다. 그러나 동양에서는 겨울·죽음·휴식을 상징한다고 생각하여 상복이나 시체를 덮는 천을 주로 흰색을 쓴다. 잠자리에서 흰색 담요를 덮는 것조차도 꺼려한다.

초록색은 오행(五行) 중에서 목(木)에 해당하고, 봄·신선함·평온함·희망을 상징한다. 자연에서 가장 많은 색으로 눈의 피로를 덜어 주기도 한다. 대부분이 좋아하는 색이며 좋은 기(氣)를 발산한다. 초목이 짙은 초록색을 띠고 잎에 윤기가 있으면 또한 흙이 좋은 기운을 가지고 있다는 증거이기도 하다.

파란색은 맑고 청아한 기운이 있다. 차거움의 색상으로 생기·발랄·젊음을 상징하는 색상이기도 하다. 청녹색은 자연과 봄의 색깔과 가깝기 때문에 남색보다 더 상서로운 색이다. 일반적으로 신록의 푸르름을 상징한다.

빨간색은 행복이나 따뜻함·불·원기를 상징한다. 적색은 중국사람들이 가장 상서롭게 생각하는 색이다. 지금도 중국에서는 전통 결혼식을 치르는 신부는 온통 빨간색으로 치장한다. 적색은 태양과 같은 색상이라고 해서 우주의 근원으로 생각하기도 한다. 강렬한 기운을 내뿜는 적색은 에너지의 근원이고 자극의 주체이다. 각 나라마다 차이는 있지만 흥분을 유발하기도 하며 힘을 상징하는 색이다. 투우사가 빨간천을 흔드는 것은 소를 흥분시키기도 하지만 관람객을 흥분시키는 것이 더 큰 목적이다.

보라색·짙은 빨간색·자주색은 모두 상서로운 색으로 존경을 의미한다. 보라색이 잘 어울리면 옷을 잘 입는 사람이라는 말이 있듯이, 보라색은 쉽게 접근할 수 없는 색으로, 우아하고 신비로운 기운을 발산한다.

노란색과 황금색은 권력을 상징한다. 그래서 황제는 황금빛을 수놓은 옷을 입었다. 노란색은 관용과 인내, 그리고 과거의 경험을 통해서 얻은 지혜를 상징하는 색이다. 특히 황금색은 황금을 상상하게 되어 가치 있는 의미를 가져온다. 그래서 황금색으로 포장을 하거나, 상품의 가치를 높이는 색으로 많이 선호하며 gold라는 글씨만으로도 황금색을 느끼게 된다.

갈색은 무거운 느낌을 주기 때문에 안정감이 필요할 때 사용한다. 또한 우아한 색이기 때문에 나이든 사람들이 좋아한다. 갈색은 나뭇잎이 갈색으로 물들어 땅에 떨어지는 가을을 연상시키기 때문에 시간의 경과를 의미하기도 한다. 황갈색이나 담갈색은 성공적인 새로운 출발을 의미한다. 희망이 없는 곳에서 새로운 가능성이 싹터 오르게 하는 색상이다.

빨간색과 노란색을 섞은 주황색은 행복과 권력을 상징하고, 분홍색은 사랑과 순수한 감정·기쁨·행복·낭만을 상징한다. 흔히 사랑을 분홍빛으로 표현한다. 우리는 애인을 갖고 싶은 여성에게는 핑크 계열의 화장법을 권하기도 한다. 오렌지색은 창조적이고 예술적인 색상이다. 오렌지는 자극적이고 활동적이며 재미있고 즐거움을 상징한다.

회색은 경계가 모호한 색으로 해석에 따라 의미가 달라진다. 어떤 사람에게는 음울하고 흐린 날씨처럼 좌절·희망 없음을 의미하기도 하고, 어떤 사람에게는 상반된 색인 흑과 백이 긍정적으로 결합되어 갈등을 해소하고 균형을 잡아준다는 의미를 가지기도 한다.

어두운 색이나 검은색은 원근감을 더해 준다. 먹물로 그린 수묵화의 아름다운 풍경은 보는 이에게 더 깊은 분위기를 만들어 준다. 검은색은 희망없음을 의미하기도 한다. 검은색은 기분을 우울하게 하거나 좌절감에 빠지게 하기도 하나 가장 무난한 색이기도 하다. 옷도 검은색 옷은 대부분의 사람들이 무난하게 어울리는 색이다.

방위에도 그 방위가 주는 고유의 기(氣)가 있다. 동쪽은 만물의 생육을 관장하고, 오행(五行)의 목(木)에 해당한다. 인체로는 간과 쓸개에 해당하고, 색상으로는 진녹색이며, 진출·기회·재능·발전 등을 의미한다.

남동쪽은 만물의 완성과 정리의 기운이 작용한다. 오행(五行)으로는 목(木), 색상으로는 녹색, 인체로는 허리나 고관절 부위에 해당한다. 신뢰·결혼·팀워크 등의 의미가 있다.

서쪽은 만물의 기(氣)를 거둬들이는 기운이다. 오행(五行)으로는 금(金), 인체로는 폐와 대장, 색상으로는 약간 붉은색이 도는 흰색에 해당하고, 금전·기쁨·놀이·사랑 등의 의미가 있다.

남서쪽은 만물의 기(氣)를 축적하는 기운으로 오행(五行)으로는 토(土), 인체로는 배, 색상으로는 진한 황토색에 해당한다. 축적·수용의 기운이 있는 방위이다.

남쪽은 만물의 숙성과 팽창을 관장하는 기운이 있다. 오행(五行)으로는 화(火), 인체로는 심장과 소장, 색상으로는 붉은색에 해당한다. 아름답고 정열적이며 화려함과 이별·명예·소송 등의 의미가 있다.

북쪽은 차분하고 이지적이며 축소적인 기운이 작용한다. 오행(五行)으로는 수(水), 인체로는 신장과 방광, 색상으로는 검은색에 해당한다. 죽음·어둠·고난·질병과 같은 부정적인 의미가 있다.

북동쪽은 만물의 변화와 혁신을 관장한다. 오행(五行)으로는 토(土), 인체로는 코나 손, 색상으로는 밝은 황토색에 해당한다. 개발과 성숙·마감 등의 의미가 있다.

북서쪽은 만물의 수습과 통제력을 관장한다. 오행(五行)으로는 금(金), 인체로는 머리, 색상으로는 순백색에 해당한다. 건강·주인·협력자 등의 의미가 있다.

계절도 사람에게 상당한 영향을 미친다. 봄이 가면 여름이 오고 여름이 아무리 무더워도 가을이 오면 더위는 식기 마련이다. 그리고 가을이 가면 겨울이 오고, 겨울이 아무리 추워도 봄이 오면 추위는 물러간다. 이러한 계절의 기(氣)는 일반적인 기(氣)보다 더 강렬하다.

봄은 오행(五行)으로는 목(木), 색상으로는 녹색, 방위로는 동쪽에 해당한다. 해가 동쪽에서 뜨듯이 계절의 시작은 봄에서 시작한다. 봄의 기운이 대지에 퍼지면 만물은 생동감을 가지고 겨우내 움추렸던 곳에서 활기를 찾는다. 그 기운으로 씨앗은 싹이 트고 식물은 꽃망울을 터뜨린다. 겨울내내 닫아두었던 창문도 열려 봄의 기운을 마음껏 맞이한다. 그 기운이 집안으로 들어오면 집을 꾸미고 싶어진다. 봄이 오면 나른해지는 것은 겨울에 맞춰졌던 인체 시스템이 봄으로 맞추는 과정에서 생기는 자연스런 현상이다.

여름은 오행(五行)으로는 화(火), 색상으로는 붉은색, 방위로는 남쪽에 해당한다. 해가 동쪽에서 떠서 정남쪽에 이르면 정오가 되는데 이는 화(火)의 기운이 가장 강한 시간이다. 여름이 오면 불의 기운이 강한 관계로 자연은 그 더위를 식히기 위해 상당한 양의 물을 비로 뿌려준다. 고온 다습의 기운이 여름이라는 계절이 주는 기운이다. 이 기운은 식물을 성장시키고, 사람들을 물가로 가게 만든다. 더위라는 불의 기운을 식힐 때는 상극(相剋)인 물이 가장 좋기 때문이다. 여름의 기운은 너무 강한 불의 기운으로 인해 사람들을 지치게 만들어 일의 능률이 떨어지지만 또한 태양이 떠있는 시간이 다른 계절보다 길기 때문에 현명한 사람은 이에 구애를 받지 않는다.

가을은 오행(五行)으로는 금(金)으로 금속을 뜻하기도 하지만 결실을 뜻한다. 색상으로는 흰색, 방위로는 서쪽에 해당한다. 해가 남쪽으로 해서 서쪽으로 지듯이 가을은 여름의 작렬하던 태양은 화(火)의 기운이 약화되고 금(金)의 기운으로 바뀐다. 가을은 마무리의 기운을 가져다 준다. 해질 무렵이면 그 날의 일을 마무리하고 연장을 챙기듯이 마무리하는 기운이 작용하여 수확을 하게 한다. 그래서 가을은 어딘지 모르게 다가올 겨울을 위해 준비하고 저장하는 기운이 있다.

겨울은 오행(五行)으로는 수(水), 색상으로는 흑색, 방위로는 북쪽에 해당한다. 해는 동에서 떠서 남으로 이동하고 또 서쪽으로 이동하면서 진다. 그러나 해는 사라질 뿐 없어지는 것은 아니다. 그 해는 밤사이에 북쪽에 머문다. 그래서 겨울은 휴식의 기운이 있으며 풍성한 수확을 통해 거둔 곡식을 창고에 보관하고 겨울에는 그 곡식을 소비하면서 겨울을 난다. 삼라만상이 성장을 멈추고 움추린다. 싸늘한 기운은 아무리 활기차게 행동하려고 해도 그렇게 할 수 없게 만들며 모든 것을 소극적으로 변하게 한다.

이러한 것들이 계절이 주는 대체적인 본래의 기운이지만 현대에 와서는 문명의 발달로 모든 것이 그러하듯이 계절도 본래의 기운을 잃어가고 있다. 하지만 그 본성은 영원히 남아 사람들에게 작든 크든 영향을 줄 것이다. 냄새 역시 기(氣)가 있다. 향기와 악취가 바로 좋은 기(氣)와 나쁜 기(氣)의 대표적인 예이다.

소리 역시 상당한 기(氣)를 발산한다. 규칙적인 소리라고 좋은 기운이고, 불규칙적인 소리라고 꼭 나쁜 기운은 아니다. 일반적으로 말하는 소음은 나쁜 기운이고, 음악이나 계곡 물흐르는 소리, 새소리 등은 좋은 기(氣)이기는 하나, 수면이나 때에 따라서는 나쁜 기운이 되기도 한다. 그래서 소리의 기(氣)는 상황에 따라 때로는 좋은 기(氣)로, 때로는 나쁜 기(氣)로 작용한다.

3. 음양오행(陰陽五行)

음양오행(陰陽五行) 사상은 우리나라와 중국을 비롯한 동양철학의 기본 이론이다. 한의학이나 사주·침술·관상 등 각종 동양철학들이 대부분 음양오행(陰陽五行)을 바탕으로 하고, 풍수지리 역시 이 사상에 근원을 두고 있다.

음양(陰陽)이나 오행(五行)의 핵심개념은 기(氣)이다. 기(氣)는 자연에 분산된 에너지를 말한다. 분산된 기(氣)가 모이면 생명체를 이루고, 생명체가 죽으면 기(氣)는 다시 분산된다. 기(氣)가 모이는 과정에서 사람의 형태로 모이면 사람이 되고, 나무의 형태로 모이면 나무가 되고, 짐승의 형태로 모이면 짐승이 된다.

앞에서도 말했지만 기(氣)에는 양기(陽氣)와 음기(陰氣)가 있다. 양기(陽氣)는 하늘에서 발생하는 기(氣)이고, 음기(陰氣)는 땅에서 발생하는 기(氣)이다. 양기(陽氣)와 음기(陰氣)가 결합되면 하나의 생명체가 된다. 또한 기(氣)는 기(氣)의 분포와 강약에 따라 생명체를 이루지 못하면 여러 생명체에 좋고 나쁜 영향을 미친다. 음양오행(陰陽五行)의 음(陰)과 양(陽), 목화토금수(木火土金水) 각각의 특유한 기(氣)는 우주만물의 존재와 작용의 원천을 이루며 또한 자연이나 인간을 포함한 모든 생명체의 근본은 기(氣)에 있다.

여기에 한 가지 유의할 점은 음양(陰陽)의 이원(二元)이나 오행(五行)의 다원(多元)은 각기 배타적으로 독립해 있는 실재가 아니라 상보적 입장에서 하나의 통일체를 위한 불가분리의 존재들이다. 이것이 동양의 음양(陰陽) 이원론(二元論)이 서양의 이원론(二元論)과 다른점이다. 즉 서양인은 우주의 통일체로부터 정신과 물질을 분리시키는 이분론을 발전시켰으나, 동양에서는 음양(陰陽)의 중간자로 상존하는 도(道)·태극(太極)·색즉시공(色卽是空) 등을 밝혀 이분론을 극복했다. 이것은 이기론에서도 마찬가지다.

태극(太極)은 양의(兩儀)로 형성되었는데 음양(陰陽) 그 자체는 기(氣)이지만 그 전체의 태극(太極)은 이(理)인 것이라 기(氣)가 비록 천변만화를 해도 그것은 모두가 이(理)의 일정한 궤도를 벗어나지 않는다. 음양(陰陽)의 기(氣)가 작용하는 것은 바로 태극(太極)의 이(理)를 구현하는 것이니, 기(氣)는 형이하학적임에 반해 이(理)는 형이상학적인 것이나 양자는 동전의 양면에 불과하다.

또한 일상생활의 경험에서 나왔다고 볼 수 있는 오행(五行)의 상생상극(相生相剋)의 원리에서 먼저 상생(相生)은 목생화(木生火 : 나무를 태우면 불이 일어남), 화생토(火生土 : 불에 탄 재는 흙이 됨), 토생금(土生金 : 흙 속에서 광물이 나옴), 금생수(金生水 : 금속이 불에 녹아 수분을 내놓음), 수생목(水生木 : 물이 나무를 자라게 함) 등 목(木) → 화(火) → 토(土) → 금(金) → 수(水) → 목(木)의 순으로 순환한다.

상극(相剋)은 수극화(水剋火 : 물로 불을 끔), 화극금(火剋金 : 불로 광물을 녹임), 금극목(金剋木 : 금속으로 나무를 자름), 목극토(木剋土 : 나무로 땅을 팔 수 있음), 토극수(土剋水 : 흙으로 제방을 쌓아 물의 흐름을 막음) 등 수(水) → 화(火) → 금(金) → 목(木) → 토(土) → 수(水)의 순으로 순환한다.

여기서 유의할 것은 오행(五行)이 모두 상생(相生)과 상극(相剋)에 관여한다는 것이다. 예를 들면 목(木)은 목생화(木生火)·수생목(水生木)의 상생(相生)에 관여하기도 하지만 금극목(金剋木)·목극토(木剋土)의 상극(相剋)에도 관여한다. 이는 오행(五行)의 상생(相生) 중에 상극(相剋)이 포함되어 있고, 상극(相剋) 중에 상생

(相生)이 포함되어 있다는 뜻이다. 이것은 자연계의 생성변화의 일반적인 원리이다. 만약 상생(相生)만 있고 상극(相剋)이 없다면 만물은 화생(化生)할 수 없다. 그러므로 상생상극(相生相剋)은 모든 사물이 상대평형을 유지하기 위해서는 불가결한 상호관계이다.

1. 오행(五行)의 성정

(1) 목(木)

목(木)이라면 단순히 나무로만 생각하기 쉬우나, 오행(五行)은 세상만물을 다섯 가지로 구분한 우주의 근본으로 넓은 의미를 지니닌다. 평평한 땅 위에 뾰족하게 나타나는 하나의 싹과 그 밑에 세 가닥의 뿌리가 뻗어 있는 모양으로, 지상에 한 점을 차지하는 모든 생물을 가리키는 생물의 대명사이다. 여러 가지 생물을 보편적으로 대변하는 상징적인 문자로 목(木)을 택한 것으로, 단순한 목(木)이라고 생각하면 안 된다.

생물에는 동물과 식물이 있고, 날으는 새와 물고기가 있으며 맹수와 가축도 있고, 거목과 화초 등 다양하다. 움직이고 크고 밝고 강하고 높고 뜨거운 것은 양(陽)으로 움직이는 동물이나 큰 동물, 나는 큰새, 강한 짐승, 둥근 잎, 밝은 꽃 등은 양(陽)인 갑목(甲木)에 속하고, 움직이지 않는 식물과 약한 동물을 비롯하여 작은 새, 모난 잎, 차가운 물고기 등은 모두가 음(陰)인 을목(乙木)에 속한다.

목(木)은 막 싹이 트고 자라는 어린시절의 나무요, 생물이며 인생이기 때문에 천진난만하고 애정이 풍부하며 희망과 포부가 푸른 하늘처럼 부풀고 착하고 어진 반면 강한 자나 방해자를 만나면 싸우고 극복할 힘이 없으므로 그대로 굴복하고 순종하는 약점이 있다. 목(木)은 동쪽에 속하고 봄의 계절이며 아침에 해당한다. 나무는 평소에는 거침없이 뻗어나가지만 바위나 어떤 장애에 부딪치면 그대로 방향을 바꾸고 굽어 버린다. 소년은 꿈이 많고 아직 미성년이기 때문에 기분과 감정에 치우치고 무엇이든지 힘이 들면 그대로 포기하고 다른 것을 선택한다.

만사가 시작은 있어도 끝이 없고, 꿈은 크나 행동과 실천력이 부족하다. 따라서 남에게 의지하려는 경향이 강하여 성공의 여부는 자신의 능력을 떠나서 부모나 아는 사람들의 후광에 달려있게 된다. 부모를 잘 만나면 장애자도 부귀영화를 누릴 수 있는 반면에 부모덕이 없으면 아무리 똑똑해도 학교에 다니기 어렵고, 가난과 천대 속에 몸부림을 쳐야 한다.

(2) 화(火)

나무가 자라나면 화려한 꽃이 피고 소년이 자라서 청년이 되며 아침 해가 떠오르면 남방의 중천에 이르고 봄이 지나면 뜨거운 여름이 되며 미성년이 배우고 단련하면 현명하고 체격이 강한 성년으로 발전한다. 그 화려한 꽃과 정열적인 청년, 뜨거운 정오의 해와 무성한 여름, 그리고 문명이 발달하고 사리에 밝은 문화인 등을 상징하는 오행(五行)이 바로 화(火)이다.

뜨거운 불, 밝은 태양과 한낮은 대표적인 화(火)의 상징이지만 그것이 화(火)의 전부는 아니다. 화(火)는 방위로는 남쪽에 속한다. 그래서 인류문명은 남방에서 싹트고 꽃이 피었다. 화(火)는 양(陽)이요, 양(陽)은 정신이며 정신은 태양의 정기로서 태양과 가까우면 정기와 정신이 왕성하고 정신문명과 정신세계의 개발이 자연적으로 발생하고 촉진된다.

그와 반대로 태양에서 버림받은 북방은 정기와 정신이 한랭함으로써 정신문명과 정신세계의 개발이 늦다. 청년기는 정열적이면서 과감하고 무엇이든 확대하고 전진하며 진실을 밝히고 발견하려든다. 그래서 남방인은 어느 인종보다도 정열적이고 양기(陽氣)가 왕성하며 과감하고 과격한 것은 토질 때문이 아니고 오행(五行) 때문이다. 여름의 불길은 뜨겁고 과격하다. 참고 견디는 것이 거의 불가능하다. 이와 같이 남방인인 브라질은 정열의 나라로 불리우고 아랍인은 성격이 급하고 과격하다.

(3) 토(土)

청년이 되면 아기를 낳듯이 만물은 여름의 무성한 열기 속에 제3의 생명을 생산한다. 아이를 낳는 것은 어머니뿐이다. 어머니를 팔괘에서는 곤(坤)이라 하고 이는 토(土)이다. 여름 다음에는 가을의 금(金)이 오는 것이 상식인데 화(火)와 금(金) 사이에 토(土)가 자리를 잡은 것은 생산과정을 구체화한 것이다.

토(土)는 동서남북 방방곡곡 어디에나 있으므로 팔괘와 사행과 달리 일정한 계절이나 방위가 없다. 중앙토라 한 것은 땅을 목화금수(木火金水)의 사행에 의해 동남서북으로 나누다 보니 중앙에 공터가 생기게 되었고 토(土)를 배치할 곳이 없다보니 중앙에 배치한 것이다. 따라서 목화금수(木火金水)는 저마다 일정한 방위가 있는데에 반하여 토(土)는 일정한 방위가 없는 것이 된다.

토(土)는 만물의 어머니요, 보금자리로서는 위대한 존재로 작용하지만 그 자체는 아무런 힘이 없다. 모든 것이 피동적이다. 나무를 심으면 산이 되고, 집을 지으면 집터가 되고, 공원을 만들면 공원이 된다. 무엇이든 점유하는 것이 주인이다. 목화금수(木火金水)는 성격이나 기질이 명백한데 토(土)는 그것이 없다. 환경에 따라 순응하고 동화할 뿐이다. 봄이 되면 따뜻한 난토(暖土)가 되고 여름이면 뜨거운 조토(燥土)가 되며 가을이면 신선한 건토(乾土)가 되고 겨울이면 차가운 동토(凍土)가 된다.

(4) 금(金)

봄에 뿌린 씨가 여름 내내 성장하거나 여름에 생긴 열매가 뜨거운 폭염 속에서 무럭무럭 자라면 결실의 계절인 가을이 온다. 가을은 오곡과 백과가 무르익는 결실의 계절이다. 추수한 곡식과 과실은 상품으로 시장에 방출하고 돈으로 교환되니 재물이 생기는 것이다. 그 돈을 금(金)이라고 한다. 즉 황금을 말한다. 황금은 경제의 핵이다.

이와 같이 금(金)은 오행(五行) 중에서 경제를 관장한다. 하루의

해가 서산에 기울어지는 석양과 한 해가 무르익어가는 가을과 인생을 알차게 구가하는 장년이 금(金)에 해당한다. 아들 딸이 주렁주렁 매달린 중년기에는 기분이나 감정을 떠나서 생활과 실리와 경제와 현실에 치중하듯 금(金)은 속이 알차고 빈틈이 없으며 돈과 실리를 주로 따진다.

(5) 수(水)

수(水)는 북쪽에 위치한다. 수(水)는 해가 지고 다시 뜨는 사이의 암흑과 밤 그리고 눈보라치는 겨울과 방 안에 누워 있는 노년기에 해당한다. 밤과 암흑과 겨울과 노인은 모두가 장막에 싸이고 울안에 갇혀 있는 형태로서 햇볕과 평화와 자유가 없다. 살려면 머리를 써야 하고 꾀가 많은 사람만이 승리하고 잘 살 수 있다.

수(水)는 지혜를 뜻하기도 하고 권모술수로 이해하기도 한다. 물은 불처럼 밝고 높이 치솟는 것이 아니고 땅에 엎드려 기어가는 도둑처럼 땅에 밀착하여 소리없이 흐름으로써 슬며시 와서 갑자기 휩쓰는 것이 마치 도둑과 같다 하여 밤도둑과 침략군대의 별명인 현무(玄武)라 한다.

2. 천간(天干)

五行	木		火		土		金		水	
陰陽	陽	陰	陽	陰	陽	陰	陽	陰	陽	陰
天干	甲	乙	丙	丁	戊	己	庚	辛	壬	癸

천간(天干)의 오행(五行) 물질은 공기 속에 있는 오행(五行)의 기(氣)라고 할 수 있다. 이것은 산화된 기(氣)를 말하고, 체(體)가 되어 유동하며 움직이는 기류의 양기(陽氣)에 해당한다. 천간(天干)의 상은 다음과 같다.

① 갑목(甲木) : 큰 나무를 상징한다.

② 을목(乙木) : 식물의 새싹 화초 잔디풀과 같다.

③ 병화(丙火) : 태양과 같은 불을 상징한다.

④ 정화(丁火) : 등불이나 화롯불을 상징한다.

⑤ 무토(戊土) : 넓은 벌판을 상징한다.

⑥ 기토(己土) : 문전옥답을 상징한다.

⑦ 경금(庚金) : 철광석을 상징한다.

⑧ 신금(辛金) : 만들어진 금속물질은 상징한다.

⑨ 임수(壬水) : 넓은 바다를 상징한다.

⑩ 계수(癸水) : 도랑물이나 이슬비를 상징한다.

3. 지지(地支)

五行	木		火		土		金		水	
陰陽	陽	陰	陽	陰	陽	陰	陽	陰	陽	陰
地支	寅	卯	午	巳	辰戌	丑未	申	酉	子	亥

지지(地支)의 오행(五行) 물질은 이미 물질화된 물체의 형질을

말한다. 천간(天干)의 양기(陽氣)를 받아 생육되는 것을 말하며 용(用)이다. 하늘(天 : 體)의 다스림을 받는 지지(地支 : 用)의 기질이다. 지지(地支)의 상은 다음과 같다.

① 자수(子水) : 깨끗한 물을 상징한다.

② 축토(丑土) : 겨울에 얼어붙은 땅과 같다.

③ 인목(寅木) : 나무의 뿌리와 같이 질기고 단단하다.

④ 묘목(卯木) : 화초의 뿌리와 같다.

⑤ 진토(辰土) : 곡식을 재배할 수 있는 흙과 같다.

⑥ 사화(巳火) : 땅 속의 따뜻한 지열과 같다.

⑦ 오화(午火) : 폭발된 화산의 불덩어리와 같다.

⑧ 미토(未土) : 폭염철에 뜨거워진 흙과 같다.

⑨ 신금(申金) : 땅 속의 철광석과 같다.

⑩ 유금(酉金) : 금·은·보석과 같다.

⑪ 술토(戌土) : 일년 농사를 끝내고 쉬는 땅과 같다.

⑫ 해수(亥水) : 핵(核)과 같은 뜻으로 씨앗, 정액과 같다.

4. 후천팔괘(後天八卦)

우주만상의 생왕사절(生旺死切)과 순환의 이치를 그림으로 설명한 것이다. 천지만상은 진(震 : 卯·東·春·三)에서 나와 손(巽 : 東南·四)에 이르고, 이(離 : 午·南·夏·九)에서 왕성한 기운을

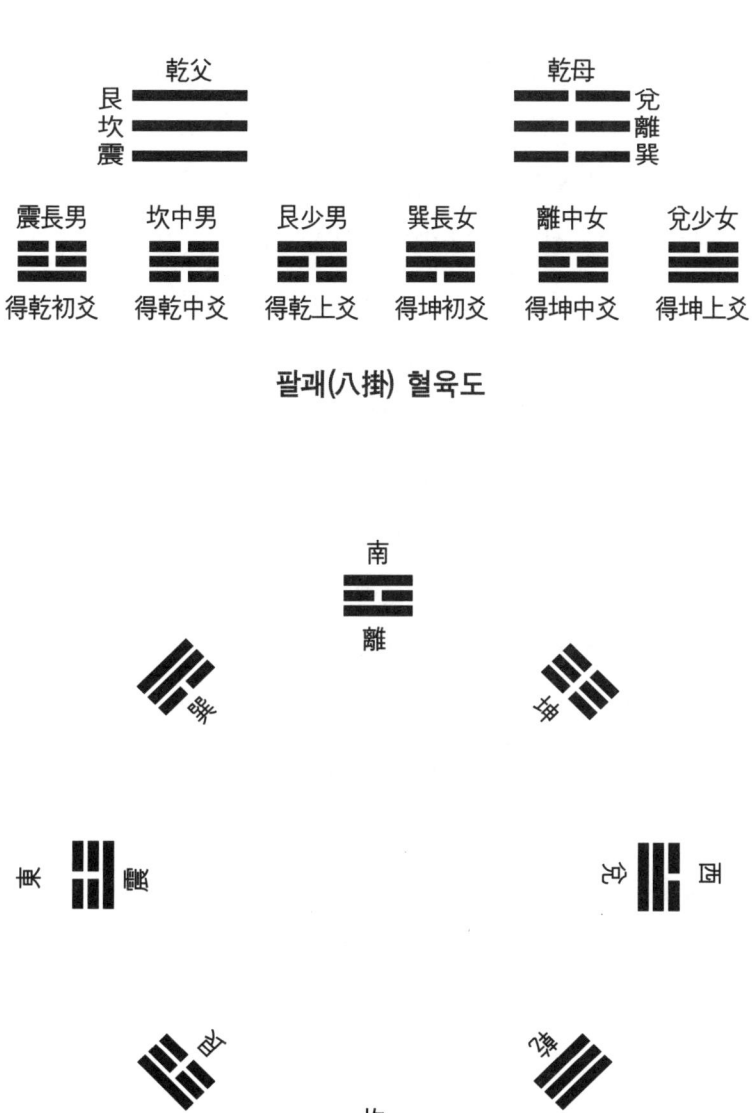

팔괘(八掛) 혈육도

후천도(後天圖)

얻어 곤(坤 : 西南·二)에서 발전 성장하고, 태(兌 : 酉·西·秋· 七)에서 성숙하여 건(乾 : 西北·六)에서 수확하고, 감(坎 : 子· 北·冬·一)에서 되돌아가 간(艮 : 東北·八)에서 끝맺고 다시 소 생한다는 이치를 설명한 것이다. 선천팔괘(先天八卦)는 우주의 기 본, 즉 체(體)의 표상이고, 후천팔괘(後天八卦)는 우주의 운용인 용(用)의 표상이며, 8방위의 표시이다.

좀더 자세히 말하면 복희팔괘도(伏犧八卦圖)는 선천(先天)·시 간·사상·정신·형이상의 세계를 암시하며 이선기후(理先氣後) 에 입각한다. 문왕팔괘도(文王八卦圖)는 후천(後天)·공간·오행 (五行)·물질·형이하의 세계를 암시하며 기선이후(氣先理後)에 입각하므로 풍수지리학에서 많이 이용한다.

양택(陽宅)은 주로 문왕팔괘(文王八卦)에 의한다. 문왕팔괘(文王 八卦)에서 발전하여 주로 응용하는 것이 구궁(九宮)의 오행(五行) 구별이다. 구궁(九宮)은 낙서(洛書)의 수리를 그대로 배치한 것이 다. 문왕팔괘(文王八卦)를 구궁(九宮)과 오행(五行)으로 배치하면 다음과 같다.

북은 감(坎)으로 구궁(九宮)의 1과 오행(五行)의 수(水), 남쪽은 이(離)로 구궁(九宮)의 9와 오행(五行)의 화(火), 남서는 곤(坤)으 로 구궁(九宮)의 2와 오행(五行)의 토(土), 중앙은 구궁(九宮)의 5 와 오행(五行)의 토(土), 북동은 간(艮)으로 구궁(九宮) 8과 오행 (五行)의 토(土), 동은 진(震)으로 구궁(九宮) 3과 오행(五行)의 목 (木), 남동은 손(巽)으로 구궁(九宮) 4와 오행(五行)의 목(木), 북서는 건(乾)으로 구궁(九宮) 6과 오행(五行)의 금(金), 서는 태(兌)로 구궁(九宮)의 7과 오행(五行)의 금(金)이 된다. 오행(五行)의 토(土) 셋이 북동·중앙·남서에, 금(金)은 서와 북서에, 목(木)은 동과 동남에, 수(水)는 북에, 화(火)는 남쪽에 배치되어 있는데 일사분란하고 규칙적이다.

해가 동쪽에서 뜨니 동쪽(木)에서 시작하여 남쪽(火) → 중앙(土) → 서쪽(金) → 북쪽(水)으로 순회하는 것을 원칙으로 한다. 오행(五行)의 상생상극(相生相剋) 관계를 보면 수(水) → 목(木) → 화(火) → 토(土) → 금(金) → 수(水)이다. 이웃 오행(五行)끼리는 상생(相生) 관계가 성립되나, 그 이상을 건너 이웃을 이룰 때는 상극(相剋) 관계가 된다. 수생목(水生木)·목생화(木生火)·화생토(火生土)·토생금(土生金)·금생수(金生水)는 상생(相生)이 되고, 수극화(水剋火)·화극금(火剋金)·금극목(金剋木)·목극토(木剋土)·토극수(土剋水)는 상극(相剋)이 된다.

집터는 오행(五行)을 뼈대로 한 것이니 상생(相生)과 상극(相剋)의 관계를 알아야 하고, 음양오행(陰陽五行)이 방위별로 어떻게 적용되는 가도 알아야 한다. 풍수에서는 방위의 길흉 차이가 매우 큰데 주로 24방위를 사용한다(陽宅은 8괘 방위를 주로 사용한다). 이는 음양오행(陰陽五行)에서 만들어졌고, 오행(五行)·팔괘(八卦)·십천간(十天干)·십이지(十二支)를 조합시킨 것이다.

오행(五行)은 동서남북과 중앙으로 나뉘고, 팔괘(八卦)는 진태감리(辰兌坎離)를 동서남북의 사정(四正)으로, 건곤간손(乾坤艮巽)은 북서·남서·북동·남동의 사우(四隅)로 나누고, 십천간(十天干)의 갑을병정무기경신임계는 이를 오행(五行)으로 나눈다. 갑을(甲乙)을 목(木), 병정(丙丁)을 화(火), 무기(戊己)를 토(土), 경신(庚申)을 금(金), 임계(壬癸)를 수(水)로 하고, 오행(五行) 방위로 나눔에 따라 갑을(甲乙)은 동쪽에, 병정(丙丁)은 남쪽에, 무기(戊己)를 중앙에, 경신(庚申)을 서쪽에, 임계(壬癸)를 북쪽에 배열한다.

다음에 십이지(十二支)의 자축인묘진사오미신유술해는 자(子)를 정북(正北)에 두고, 순서대로 30도 거리를 유지하면서 시계방향으로 둔다. 계(癸)와 간(艮)의 사이에 축(丑)을, 간(艮)과 갑(甲)의 사이에 인(寅)을, 갑을(甲乙) 사이에 묘(卯)를, 을손(乙巽) 사이에 진(辰)을, 손병(巽丙) 사이에 사(巳)를, 병정(丙丁) 사이의 오(午)를 정남(正南)에 두고, 정곤(丁坤) 사이에 미(未)를, 곤경(坤庚) 사이에 신(申)을, 경신(庚辛) 사이의 유(酉)를 정서(正西)에 두고, 신건(辛乾) 사이에 술(戌)을, 건임(乾壬) 사이에 해(亥)를 배열했다.

때문에 24방위는 오행(五行)의 5방위, 팔괘(八卦)의 8방위, 십천간(十天干)의 10방위, 십이지(十二支)의 12방위를 조합한 것이지만, 오행(五行)의 5방위는 중앙이 있기 때문에 ④방위, 팔괘(八卦)의 8방위는 사정(四正) 오행(五行)의 4방위와 중복되기 때문에 ④방위, 십천간(十天干)은 무기(戊己)를 중앙에 배치하므로 ⑧방위, 그리고 십이지(十二支)는 자오묘유(子午卯酉)의 오행(五行)의 사정(四正), 팔괘(八卦)의 사정(四正)과 중복되므로 중복되지 않는 축인진사미신술해(丑寅辰巳未申戌亥)의 ⑧방위로 모두 24방위가 된다.

다음으로 24위를 음양오행(陰陽五行)으로 나누면 수(水) 4, 화(火) 4, 금(金) 5, 목(木) 5, 토(土) 6이다. 이 수화금목토(水火金木土)를 음양(陰陽)으로 나누고, 또 8괘로 나누면 1괘 3위를 관장하는 것으로 되어 있다.

(1) 감(坎)

감(坎)은 방위로는 북방, 오행(五行)으로는 수(水), 십이지(十二支)로는 자(子), 천간(天干)으로는 임계(壬癸), 계절로는 겨울, 색상으로는 검정, 맛으로는 짠맛, 숫자로는 1과 6을 나타낸다.

인물로는 둘째아들·철학자·외교관, 인체로는 신장·성기·방광·자궁 등의 생식기관을 상징한다. 오행(五行)의 수(水)이기 때문에 흐름·모임·시작·사귐·곤란·낮음·어둠·고뇌·화합·애정·평화·생식력 등을 의미한다.

그러므로 북쪽의 장점이 있는 집은 둘째아들이 잘 되고, 그 집 식구들이 건강하며 자손이 번성한다. 만일 북쪽에 결함이 있으면 둘째아들에게 나쁜 영향이 미치고, 생식기관 계통에 질병이 생기며, 가정이 화목하지 못하다.

(2) 간(艮)

간(艮)은 방위로는 동북방, 오행(五行)으로는 토(土)에 해당한다. 남서쪽이 음토(陰土)라면 북동쪽은 양토(陽土)로 보고, 평토지(平土地)가 아닌 산토지(山土地)로 본다. 십이지(十二支)로는 축(丑)

과 인(寅), 계절로는 늦은 겨울과 초봄, 색상으로는 황색, 맛으로는 단맛, 숫자로는 5와 10을 나타낸다.

인물로는 셋째아들(막내아들), 인체상으로는 코·척추·허리·관절 등을 상징한다. 저축과 축재를 관장한다. 서북방이나 서방 못지 않게 북동방위도 재물운을 따진다. 특히 남자는 동북쪽이 이 빠진 꼴이거나 오목 들어간 집에서 오래 살면 무능력해지기 쉽다. 반대로 택지의 북동쪽이나 집 자체가 불룩한 형태이면 부자간과 형제, 친척간에 화목하다. 경제적으로 협동이 잘 되어 번성한다.

(3) 진(震)

진(震)은 방위로는 동방, 오행(五行)으로는 목(木), 십이지(十二支)로는 묘(卯), 천간(天干)으로는 갑을(甲乙), 계절로는 중춘, 색상으로로는 청색, 맛으로는 신맛, 숫자로는 3과 8을 나타낸다.

인물로는 장남, 직업으로는 아나운서·음악가, 인체상으로는 간과 다리에 해당하고, 발전·결단·새로움·어짊 등의 의미가 있다.

(4) 손(巽)

손(巽)은 방위로는 남동방, 오행(五行)으로는 목(木), 십이지(十二支)로는 진사(辰巳), 계절로는 봄과 초여름, 색상으로는 청색, 맛으로는 신맛, 숫자로는 3과 8을 나타낸다. 동쪽이 양목(陽木)이면 남동은 음목(陰木), 동쪽이 소목(小木)이라면 남동은 대목(大木)을 상징한다.

인물로는 장녀·젊은이·부인·나그네·목재상·안내인·선박

업·무역업·운수업자 등을 상징하고, 인체상으로는 왼손·왼발·쓸개·기관지·식도·신경 등을 상징한다. 동남방은 조화·생장·냄새·결혼·충실·연애·신용·거래상·출입·왕래·해산·온순을 의미한다.

만일 남동쪽에 결함이 있는 집은 장녀의 운세가 나쁘거나 사업이 잘 되지 않는다. 남동쪽에 장점이 있는 집에 오래 살면서 무역업에 종사하면 월등히 유리한 입장에서 성공할 수 있다.

(5) 이(離)

이(離)는 방위로는 남방, 오행(五行)으로는 화(火), 천간(天干)으로는 병정(丙丁), 십이지(十二支)로는 오(午), 계절로는 한여름, 색상으로는 빨강, 맛으로는 쓴맛, 숫자로는 2와 7을 나타낸다.

인물로는 둘째딸·미인·지식인·화장품업자·미장원 경영자·미용사·출판업자·저술가·서예가·화가·안과의사·재판관·교사·경찰관·신문기자 등을 상징하고, 인체상으로는 심장·소장·눈·머리·유방 등을 상징한다. 남쪽은 불·화재·열·광명·노출·권위·이별·탈퇴·싸움, 격렬·영전·명예 등을 의미한다.

(6) 곤(坤)

곤(坤)은 방위로는 서남방, 오행(五行)으로는 토(土), 토(土) 중에서도 대지와 평지를 뜻한다. 십이지(十二支)로는 미신(未申), 계절로는 늦여름과 초가을, 색상으로는 황색, 맛으로는 단맛, 숫자로는 5와 10을 나타낸다.

인물로는 어머니·주부·처·노모 등을 의미하지만 총괄적으로 여성을 의미한다. 부사장·황후·부관·차석·민중·농부·토목기사 등을 의미하고 때로는 빈곤한 사람·열등한 사람을 의미하기도 한다. 신체상으로는 비장·위·복부·오른손·배꼽 등을 의미한다.

(7) 태(兌)

태(兌)는 방위로는 서방, 오행(五行)으로는 금(金), 십이지(十二支)로는 유(酉), 천간(天干)으로는 경신(庚辛), 계절로는 가을, 색상으로는 흰색, 맛으로는 매운맛, 숫자로는 4와 9를 나타낸다.

인물로는 막내딸, 인체상으로는 오른쪽 허파와 입을 상징하며, 남동과 더불어 여자의 결혼운을 판단하는 중요한 방위이다. 또 즐거움과 기쁨을 의미하고, 서쪽은 연못을 상징하기 때문에 물의 성질인 집결성과 윤기, 연못의 움푹 파인 땅을 의미하는 깎임·파임·부족 등을 암시하기도 한다.

(8) 건(乾)

건(乾)은 방위로는 서북방, 오행(五行)으로는 금(金), 십이지(十二支)로는 술해(戌亥), 계절로는 늦가을에서 초겨울, 색상으로는 흰색, 맛으로는 매운맛, 숫자로는 4와 9를 나타낸다.

인물로는 황제·대통령·시장·아버지·남편 등 모든 남자를 대상징한다. 인체상으로는 머리·목·왼쪽 허파·왼발·대장·손발의 뼈대·등뼈 등을 상징하고, 존귀·신성·고급·권위·충실·권력·완전·지배 등의 뜻이 있다. 하늘은 지구를 감싸고 있으므로 덮다·베풀다·성취하다·기르다의 뜻으로 해석하기도 한다.

　서북쪽이 유리한 집에 살면 사주상 재운이 약한 사람도 어느 정도 윤택한 생활을 보장받고, 재운이 좋은 사람은 큰 재운이 나타날 가능성이 높다. 서북쪽에 결함이 없거나 장점이 있는 집에서 태어난 사람은 대개 사주도 잘 타고난다.

5. 팔괘(八卦)

　우주조화의 기본 괘를 8가지로 표시한 것이다. 건곤(乾坤)은 천지정위(定位)하고, 감(坎)과 이(離)는 수화불상역(水火不相射 : 서로 싫어하지 않음)하고, 간(艮)과 태(兌)는 산택통기(山澤通氣)하고, 진손(震巽)은 뇌풍상박(雷風相撲)한다.

- 건괘(乾卦) : ☰ 건삼련(乾三連) 태양(太陽 ⚌)에 양(陽 ▬)을 더한다.
- 곤괘(坤卦) : ☷ 곤삼절(坤三絶) 태음(太陰 ⚏)에 음(陰 ▬▬)을 더한다.
- 감괘(坎卦) : ☵ 감중련(坎中連) 소양(少陽 ⚎)에 음(陰 ▬▬)을 더한다.
- 리괘(離卦) : ☲ 이허중(離虛中) 소음(少陰 ⚍)에 양(陽 ▬)을 더한다.
- 진괘(震卦) : ☳ 진하련(震下連) 소음(少陰 ⚍)에 음(陰 ▬▬)을 더한다.

- 손괘(巽卦) : ☴ 손하절(巽下絶) 소양(少陽 ⚎)에 양(陽 ―)을 더한다.
- 간괘(艮卦) : ☶ 간상련(艮上連) 태음(太陰 ⚏)에 양(陽 ―)을 더한다.
- 태괘(兌卦) : ☱ 태상절(兌上絶) 태양(太陽 ⚌)에 음(陰 --)을 더한다.

더 자세히 설명하면 팔괘(八卦) 방위는 선천팔괘(先天八卦)를 체(體)로 삼고 후천팔괘(後天八卦)를 용(用)으로 삼아, 선천팔괘(先天八卦)에서 얻은 팔괘(八卦)의 가족을 후천팔괘(後天八卦) 방위로 대입시켜 가족의 성정에 따라 8방위로 나눈 것이다. 팔괘(八卦) 방위에 해당하는 가족이 차지하면 자신의 자리를 얻은 셈이므로 길하다.

(1) 간방(艮方 : 北東)

선천(先天)에서 일양(一陽)이 시생(是生)했으니 만상의 출발점이 되고, 후천(後天) 간방(艮方)은 어린이가 되어 장래를 기약하며 자라나는 방위이다. 따라서 집에서는 어린이 방이 되고, 사무실에서는 신규사원, 점포에서는 새로운 상품의 진열대 자리가 득위한다.

북동쪽인 간방(艮方)은 만물의 변화와 혁신을 관장한다. 오행(五行)으로는 토(土), 인체상으로는 배, 색상으로는 진한 황토색에 해당한다. 축적과 결합·수용의 기운이 있다. 친구운·대인관계운·부동산운·금전운·변혁과 쇄신·상속운 등을 지배한다.

(2) 진방(震方 : 東)

선천(先天)의 이괘(離卦)로 외려내허(外麗內虛)가 되니, 장남이 활동적이며 기운차지만 꾀가 부족하다. 성장한 젊은이가 득위하고, 사무실도 판촉외무 부서를 둔다. 점포에서는 진손방(震巽方)에 가장 돋보이는 물품을 진열한다.

동쪽인 진방(震方)은 만물의 생육을 관장한다. 오행(五行)으로는 목(木), 인체상으로는 간과 쓸개, 색상으로는 진녹색에 해당하고, 진출·기회·재능·발전 등을 의미한다. 성공운·발전운·정보습득·유행의 적응·원기와 활력·젊음·소리·음악·언어를 지배한다.

(3) 손방(巽方 : 東南)

인물로는 장녀이며 선천(先天)의 태괘(兌卦)에 해당하며 태양의 강렬한 기운을 받는다. 아름다운 여자의 방이 득위하고, 사무실도 영업홍보 부서를 둔다. 남동쪽인 이 방위는 만물의 완성과 정리의 기운이 작용한다. 오행(五行)으로는 목(木), 색상으로는 녹색, 인체상으로는 허리와 고관절 부위에 해당하고, 신뢰·결혼·팀워크 등의 의미가 있다. 결혼운·여행운·신용운을 지배하고, 대인관계·사회성·인연·영업·무역운 등을 지배한다.

(4) 이방(離方 : 南)

인물로는 중녀이며 선천(先天)의 건괘(乾卦)로 태양이다. 강렬한 삼양(三陽)의 기운을 중녀가 차지하니 밝고 미려하다. 자라나는 여

식의 방이 득위하고, 사무실은 적극적인 대외적 업무가 득위하며, 만물의 숙성과 팽창을 관장한다.

오행(五行)으로는 화(火), 인체상으로는 심장·소장, 색상으로는 붉은색에 해당하고, 아름답고 정열적이며 화려함과 이별·명예·소송 등의 기운이 있다. 명예운·지성운·선경지명·발명·학문을 지배한다.

(5) 곤방(坤方 : 西南)

인물로는 노모이며 선천(先天)의 손방(巽方)이다. 사무실은 수금 사원·관리부서·경리부서를 두면 득위하고, 점포에서도 카운터·쇼파 등이 득위하며, 만물의 기(氣)를 축적하는 기운이다.

오행(五行)으로는 토(土), 인체로는 배, 색상으로는 진한 황토색에 해당하고, 축적·결합·수용의 기운이 있다. 가정운·모성애·저축운·안정·노력·인내·양육 등의 운세를 지배한다.

(6) 태방(兌方 : 西)

인물로는 소녀이며 선천(先天)의 감괘(坎卦)이다. 태(兌)는 유약하며 어린소녀의 위치지만 매우 예쁘다. 식사·음료 등의 부서가 득위하고, 만물의 기(氣)를 거두어 들이는 기운이다.

오행(五行)으로는 금(金), 인체로는 폐와 대장, 색상으로는 약간 붉은 느낌의 흰색에 해당하고, 금전·기쁨·놀이·사랑 등의 의미가 있다. 금전운·연애운·사교운 모임·오락·장사운·상업 수완 등을 지배한다.

(7) 건방(乾方 : 西北)

인물로는 노부이며 선천(先天)의 간괘(艮卦)에 해당한다. 간(艮) 은 산이며 꼭대기만 양(陽)의 기운이다. 건(乾)은 선천(先天)의 삼 양(三陽) 기운이 노하여 산으로 내려앉은 형상이다. 가정을 통솔할 노장 남자의 위치가 득위하고, 집에서는 가장과 사무실에서는 사 장이 득위하며, 만물의 수습과 통제력을 관장한다.

오행(五行)으로는 금(金), 인체로는 머리, 색상으로는 순백색에 해당하며, 건강·주인·협력자·관청 등의 의미가 있다. 이 방위는 출세운·지위운·사회운·권위와 명예·승부운 ·사업운 등을 지 배한다.

(8) 감방(坎方 : 北)

인물로는 중남이며 선천(先天) 곤괘(坤卦)의 순음(純陰)에 해당 한다. 선천(先天) 곤(坤)은 토(土)로 만물을 거둬들일 수 있는 포 용력이 있다. 중효(中爻)에서 양(陽)의 기운을 지키려는 중남이 득 위한다. 집에서는 안정성을 가진 남자가 득위하고, 사무실에서는 내근·관리·기획·연구실·사장실 등이 득위하며, 차분하고 이지 적이며 축소적인 기운이 있다.

오행(五行)으로는 수(水), 인체로는 신장과 방광, 색상으로는 검 정색에 해당하고, 죽음·어둠·고난·질병 등의 부정적인 의미가 있다. 이 방위는 건강운·자녀운·신뢰와 연구·비밀·이성운·남 녀의 은밀한 사랑을 지배한다.

3장. 양택론(陽宅論)

1. 양택(陽宅)과 풍수(風水)

『택리지』의 「복거총론」에 의하면 '대저 터를 잡는 데는 첫째 지리(풍수)가 좋아야 하고, 다음으로는 생리가 좋아야 하며, 그 다음으로는 인심이 좋아야 하고, 그 다음으로는 아름다운 산과 물이 있어야 한다. 이 네 가지 중 한 가지라도 모자라면 살기 좋은 땅이 아니다' 라고 하였다. 그런데 비록 지리는 좋아도 생리가 모자라면 오래 살 곳이 못 되고, 생리는 좋아도 지리가 나쁘면 이 또한 오래 살 곳이 못 된다. 지리와 생리는 좋으나 인심이 착하지 않으면 반드시 후회할 일이 생기고, 가까운 곳에 소풍할 만한 산수가 없으면 정서가 화창해지지 않는다.

이중환이 『택리지』를 저술할 당시는 농업을 위주로 하는 농경사회였다. 농업은 정착문화이다. 목축업처럼 가축과 함께 이동하는 문화가 아니라 자자손손 그 땅에서 태어나 뿌리를 내리며 살아가는 문화다. 그래서 지리와 생리와 인심, 그리고 아름다운 산과 물이 어우러져 만드는 적당한 풍광을 가진 곳이어야 한다.

지리가 좋아 좌청룡·우백호·전주작·후현무가 잘 어우러진 곳이 겨울에는 따뜻하고 여름에는 시원하며, 급한 바람이 휘몰아치지 않고, 홍수 등의 자연재해에 영향을 받지 않는 곳은 분명 지리가 좋은 곳이다. 그러나 생리가 좋지 않아 큰 수확을 기대할 수 없는 땅은 아무리 풍수지리가 좋아도 가난할 수밖에 없다. 또 아름다운 산과 물이 어우러졌어도 경치만 보면서 살 수는 없다. 사람은 반드시 경제활동을 하며 살아야 하기 때문에 생리가 좋아야 한다.

집은 사람이 사는 공간이고, 가족의 안녕과 건강에 직접적인 영향을 미친다. 이러한 집이 홍수 등의 자연재해에 노출되어 불안하다면 좋은 곳이 아니다. 이런 땅은 저습하거나 험준한 곳에서는 찾아볼 수 없다. 저습지는 해발고도가 낮아 항상 침수의 위험에 노출되어 있고, 험준한 땅은 침수 우려는 없는 대신 땅이 크게 기울어 산사태 등의 자연재해 위험이 있다.

예로부터 지혜로운 사람은 높지도 낮지도 않은 땅을 골라 집을 짓고 살았다. 이것이 풍수에서 말하는 비산비야(非山非野)이다. 산도 아니고 들도 아닌 곳이다. 그러나 현대에는 산업화와 공업화가 급속히 진행되면서 거대한 도시를 만들어 비산비야(非山非野)에서만 살 수는 없다. 그러나 기술발달로 노력에 따라 얼마든지 버려진 땅을 금싸라기 땅으로 만들 수도 있다. 그래도 불안은 남는다. 아무리 환경을 좋게 바꾸었다 해도 본래 좋은 것에는 못 미친다.

이중환의 『택리지』에 의하면 먼저 수구(水口)를 보고, 다음에 형세를 보고, 그 다음에 산의 모양을 보고, 그 다음에 흙의 빛깔과 조산조수(朝山朝水)를 보라고 했다. 또 수구(水口)가 엉성하고 넓기만 한 곳에는 비록 좋은 밭 일만 이랑과 넓은 집 일천 간이 있어도 다음 세대까지 내려가지 못하고 저절로 흩어진다고 했다.

그러므로 집터는 반드시 수구(水口)가 꼭 닫힌 듯하고, 그 안에 들이 펼쳐진 곳을 구해야 한다. 산에서는 수구(水口)가 닫힌 곳은 쉽게 구할 수 있지만, 들판에서는 찾기 어려우니 반드시 거슬러 흘러드는 물이 있어야 한다. 높은 산이나 그늘진 언덕이나 거꾸로 흘러드는 물이 판국을 가로막으면 좋은 곳이다. 세 겹 다섯 겹으로 막고 있으면 더 좋다. 이런 곳은 대대손손 이어나갈 터가 된다.

좋은 기운을 받아 태어났어도 하늘이 조금밖에 보이지 않으면 결코 살 곳이 아니다. 그래서 들이 넓을수록 터는 더 아름다운 것이다. 해와 달과 별빛이 항상 환하게 비치고, 바람과 비와 차고 더운 기후가 고르면 인재가 많이 나오고 병도 적다. 그러나 사방의 산이 높아 해가 늦게 뜨고 일찍 지며 북두칠성도 보이지 않는 곳은 흉하다. 이런 곳은 양명한 빛이 적고 음랭한 기운이 쉽게 침입하여 잡귀가 모여들기도 한다.

큰 들판에 낮은 산이 둘러져 있으면 산이라 하지 않고 모두 들이라고 한다. 그것은 하늘이 막히지 않고 수기(水氣)도 멀리 통하기 때문이다. 높은 산이라도 들이 펼쳐진 곳이라야 바야흐로 터가 된다. 산 모양은 주산(主山)이 수려하며 단정하고, 청명하며 아담한 것이 으뜸이다. 뒤에서 내려온 산맥이 끊어지지 않으면서 들을 건너다 갑자기 높고 큰 봉우리가 솟아나고, 지맥(枝脈)이 감싸돌면서 주산(主山)의 형세가 온중하며 풍대하여 높은 궁전 같은 곳이 그 다음이다. 사방의 산이 멀리 있어 평탄하며 넓고, 산맥이 평지에 뻗어 내렸다가 물가에서 그쳐 들판 터를 만든 것이 그 다음이다.

가장 꺼리는 곳은 산의 내맥이 약하고 둔하면서 생생한 기색이 없거나, 산 모양이 부서지고 비뚤어지면 길한 기운이 적다. 땅에 생생한 빛과 길한 기운이 없으면 인재가 나오지 않는다. 또 물이 없는 곳은 흉하니, 산에는 반드시 물이 있어야 한다. 물과 짝을 이루어야 생성의 묘함을 다한다. 물은 반드시 흘러오고 감이 지리에 합당해야 정기를 모은다. 물은 재록(財綠)을 말하는 것으로, 큰 물가에 부유한 집과 유명한 마을이 많다. 비록 산중이라도 시냇물과 계곡물이 모여야 여러 대를 이어가며 오래 살 수 있는 터가 된다.

안조산(案朝山)에 돌로 된 추악한 봉우리가 있거나, 비뚤어진 외로운 봉우리가 있거나, 무너지고 떨어진 듯한 형상이 있거나, 엿보거나 넘겨보는 모양이거나, 이상한 돌과 괴이한 바위가 있거나, 전후좌우에 긴 골짜기로 된 충사(沖砂)가 있으면 살 수 없는 곳이다. 산은 반드시 멀리서는 맑게 빼어나 보이고, 가까이서는 깨끗하여 한 번만 보아도 기쁨을 느낄 수 있어야 길하다.

조수(朝水)는 물 너머의 물을 말한다. 작은 냇물이나 시냇물은 거꾸로 흘러드는 것이 좋으나, 큰 냇물이나 강은 좋지 않다. 이런 곳은 처음에는 흥왕해도 오래되면 패한다. 흘러드는 물은 반드시 산맥과 음양(陰陽)의 이치에 맞아야 한다. 또 꾸불꾸불하게 길고 멀게 흘러와야 하고, 일직선으로 활을 쏘는 듯한 곳은 좋지 못하다. 따라서 집을 지어 자손대대로 전하려면 수구(水口)·들·형세·산모양·흙의 색·물길·조산(朝山)·조수 등이 잘 살펴야 한다.

또한 「복거총론」에서는 산수는 정신을 즐겁게 하고 감정을 화창하게 한다. 사는 곳에 산수가 없으면 사람이 촌스러워진다고 했다. 그러나 산수가 좋으면 생리가 메마른 곳이 많다. 사람이 자라처럼 모래 속에서 사는 것도, 지렁이처럼 흙을 먹고 사는 것도 아닌데 산수만 취할 수는 없다.

물론 이중환이 『택리지』를 완성했던 때와 지금은 완전히 다른 시대다. 그러나 그때나 지금이나 사람이 사는 것은 마찬가지다. 단지 경제행위의 대상이나 방법이 다를 뿐이다. 과학의 발달로 예전에는 시간이 많이 걸리던 것이 지금은 빨리 처리되는 차이는 있을지 몰라도, 세 끼 밥을 먹으며 배설하고 잠자는 것은 여전하다. 가스레인지 등으로 아궁이에 불을 지필 필요가 없고, 수도꼭지만 틀면 되므로 우물에서 물을 길어올 필요가 없고, 전기가 있으니 밤에도 대낮처럼 생활할 수 있는 차이일 뿐이다. 이렇게 인간은 자연을 대체할 수 있는 물질을 만들어 더 편하고 요긴하게 사용한다.

음택명당(陰宅名堂)은 아직 많이 남아 있기 때문에 문제가 안 되지만, 양택(陽宅)은 명당(名堂)의 특성을 잘 파악하여 명당처(名堂處)에서 발산하는 좋은 파장과 같은 것을 만들면 원래의 명당(名

堂)만은 못해도 어느 정도의 효과는 볼 수 있을 것이다.

사람은 살아 있는 생명체이다. 그래서 항상 환경에 민감하며 정신과 육체의 상황에 따라서 기분이 좋아지기도 하고 나빠지기도 하며, 날씨의 변화, 색깔, 소리, 주변의 환경, 주거형태, 같이 생활하는 사람 등과 같이 많은 변수와의 흐름에서 때로는 좋은 기운이나 기분으로, 때로는 나쁜 기운이나 기분으로 변화를 가져오게 된다.

인간의 생활은 무조건 유리한 자연환경만을 붙들고 살아갈 수는 없다. 사회환경과의 조화로운 공유 속에서 인간다운 삶을 영위할 뿐이다. 자연환경은 산과 바다 등 자연 본래의 틀 속에서는 인간에게 충분히 제공될 수 있지만, 도시라는 테두리는 자연보다는 인간이 만들어 낸 가공적이고 인위적인 요소가 대부분이다. 이런 곳에서는 자연을 논할 수도 없고 자연을 느낄 수도 없다. 또한 산업화과정에서 오염된 물과 공기를 만들어 내는 공장과도 같은 곳이다.

그래도 도시생활에서는 자연환경보다는 사회환경을 더욱 중요시한다. 그래서 어쩔 수 없는 경제행위를 위해서는 낮 시간에는 도시환경에서 생활하지만 주거 환경만은 조금이라도 자연적 환경을 느낄 수 있는 곳을 찾는다. 그리하여 도시환경과 자연환경이 가장 잘 어우러지고 절충되어지는 곳이 주택지로서 각광을 받는다.

좋은 집이란 간단히 말하면 좋은 기가 충만한 곳이다. 좋은 기가 모여 있는 곳은 사람이 수면을 취하면서 무의식 상태로 잠을 자더라도 편안한 상태로 잠을 이루게 해준다. 정신과 육체적인 노동으로 지치고, 피곤한 몸에서 나쁜 기운을 빼내고, 좋은 기운을 불어

넣어, 깨어났을 때 활기찬 하루를 영위할 수 있도록 해준다. 그런데 나쁜 집에서 생활하게 되면 지치고 피곤한 몸의 나쁜 기운을 빼내주기는 커녕 나쁜 기운을 더한 것과 마찬가지이기 때문에 피로가 풀리지 않고 계속 누적되는 결과를 초래한다.

사람은 기(氣)를 받으며, 또 발산하며 살아간다. 수 많은 기(氣)가 자신의 몸으로 들어오기도 하고 나가기도 한다. 사람 뿐만이 아니라 동물은 잠시라도 숨을 쉬지 않으면 죽고, 천기(天氣)가 나쁘면 건강이 나빠진다. 맑은 공기는 좋은 천기(天氣)지만, 오염된 공기는 나쁜 천기(天氣)이다. 이 천기(天氣)에 따라 건강이 좌우된다.

또한 사람은 지기(地氣)를 받으며 살아간다. 특히 잠을 자는 동안 많이 받는다. 자고 일어나 몸의 상태가 좋지 않은 사람이 좋은 얼굴을 할 수가 없다. 좋은 기를 받는 사람은 하는 일마다 잘될 것이며 나쁜 기를 받는 사람은 하는 일마다 꼬일 수밖에 없다. 그래서 이사를 하고 이유 없이 사람이 자꾸 아프면 좋은 집이 아니기 때문에 또 다시 이사를 고려해 봐야 한다.

현대 풍수에서는 자연을 논하는 것이 아니라 사람을 논한다. 자연에 사람을 끼워 맞추는 것이 아니라 사람이 살아가는 데 자연은 어떤 곳이 좋은지를 논하고, 사람이 살아가는 데 필요한 요소가 자연 속의 무엇이며, 사람이 살아가는 데에 자연을 어떻게 이용할 것인가를 논한다. 그러나 사람은 자연의 일부임을 한시도 잊어서는 안 되며, 자연은 냉혹하기 때문에 섣불리 이용한다고 덤비다가는 큰 낭패를 당하니 자연의 이용에도 신중에 신중을 기해야 한다.

※ 성주풀이(집을 지을 때 부르는 노래)

일등품수를 찾아다니니

한양 터잡던 무학이는 일일진(日日盡)에 비상천(飛上天)하고,

송도 송악산 잡던 도선이는 세상을 마다하고 비상천하고,

승진의 박상의는 답산갔소.

성거사 같은 지관을 불러다가 이 집터전을 정하여 주소서.

윤도편척(輪圖片尺)을 손에 들고 자좌오향(子坐午向)의 쇠를 띠니,

산 좋고 주산(主山) 좋고 내룡(來龍) 좋고 좌청룡 우백호 남주작

북현무라 구진등사 벌려놓고 득수득파(得水得破) 더욱 좋다.

한강이 수구(水口)를 삼아 둘러 있고

삼각산이 뚝 떨어져 어청주춤 흘러내린 명당(名堂)이라.

첫째 명당(名堂)은 대궐이 되고,

둘째 명당(名堂)은 명궁명사 되었구나.

셋째 명당(名堂)은 윈시골로 내려달아

태상봉이 솟았으니 귀동옥자 날터로다.

수양산이 비쳤으니 수명장수 허리로다.

니구산(尼丘山)이 비쳤으니 성현군자도 날터로다.

대장봉(大將峰)이 비쳤으니 한 소년 일위

대도독(大都督) 도원수(都元帥)가 나리로다.

문필봉(文筆峰)이 엿봤으니 문장재(文章才)가 나리로다.

부귀봉(富貴峰) 노적봉(露積峰)이 비쳤으니 부자장자가 날 것이요.

봉래산(蓬萊山)이 비쳤으니 약수삼천리(藥水三千里) 둘렀으니
천년유택하고 만년복과 하리로다.
지관손님 후이 대접해 전송하소.

　필자는 양택(陽宅)보다는 음택(陰宅)에 치중한다. 현재 양택혈(陽
宅穴)보다 음택혈(陰宅穴)이 그대로 많이 남아 있다. 현 상황에서
양택지(陽宅地)도 그리 많지 않지만, 있다 해도 지리 조건이 현대
의 생활에 어울리지 않아 불편을 감수해야 하기 때문에 양택혈(陽
宅穴)은 그만큼 인기가 있는 것이 아니다. 물론 음택혈(陰宅穴)도
현대인의 취향에 맞지 않기 때문에 일부 그 영향력을 경험하지 않
은 사람들에게 외면당하는 것은 사실이다.
　또한 도시 근처의 양택혈(陽宅穴)은 거의 다 파괴되었다고 보아
도 무리는 아니다. 현재 있다고 해도 시골의 과수원이나 야산 몇
군데가 고작이다. 양택혈(陽宅穴)은 음택혈(陰宅穴)처럼 좁게 뭉쳐
져 있는 것이 아니라 지표면에 넓게 퍼져 있다. 그 곳에 집을 짓고
살면 사는 동안은 양택혈(陽宅穴)의 영향을 받아 발달한다. 이제는
혈(穴)을 찾아 집을 짓고 산다는 것은 힘드니, 가능하면 주위의 여
건이 풍수학적으로 합당한 곳을 찾아 주거지로 삼는 것이 좋다.
　양택(陽宅)에서도 음택(陰宅)에서처럼 좌향(坐向)에 유의해야 한
다. 용상팔살(龍上八殺)이나 황천대살(黃泉大殺)은 음양택(陰陽宅)
모두에 해당하니 세밀하게 검토하여 차질이 없도록 해야 한다.

속달리 양택혈(陽宅穴)

속달리 양택혈(陽宅穴)의 수구(水口)

2. 택지(宅地)

택지는 건물의 기지, 즉 터를 말한다. 택지나 공공건물의 기지 선정은 주로 도시와 촌락이나 또는 신개발지 등에서 한다. 택지는 우선 산과 물이 아름다우면서 맑고, 배산임수에 산과 강이 유정하고, 국세가 넓은 곳을 를 고른다. 그러나 택지가 되는 중심지는 국세 또는 도시와 촌락의 중심지만 되는 것은 아니다. 중심지는 오직 내룡(來龍)의 지맥(枝脈)이 취결(聚結) 포전(鋪展)하고, 용호(龍虎)가 지상과 지중을 여러 겹으로 감싸안으며, 안산(案山)과 조산(朝山)이 유정하게 마주보는 곳이어야 한다.

국세가 고르며 원만하고, 흙의 색이 밝으며 윤이 나고, 남향에 좋은 기운이 충만하면 좋은 집터이다. 앞에는 못이 있고, 뒤에는 야트막한 산이 있는 곳을 발부지지(發富之地)라고 한다. 즉 택지의 뒤에는 아담한 현무가, 앞에는 맑은 지호(池湖)가 있으면 자손이 많고 부를 쌓는 곳이다.

금호장강(錦湖長江)은 군자지지이다. 맑고 넓은 호수나 길고 맑은 강하의 호반과 천변에 집을 짓고 사는 사람은 성품이 너그러우며 덕망이 높은 군자라고 한다. 또한 임관(臨官) 위에 문필귀인(文筆貴人), 귀인녹마방(貴人祿馬方)에 문성귀인(文星貴人)이면 대부귀의 땅이라고 한다. 즉 택지를 중심으로 임관방(臨官方)에 청수한 문필봉(文筆峰)이 높이 서 있고, 귀인녹마방(貴人祿馬方)에 단아한 귀인문성(貴人文星)이나 천마봉(天馬峰)이 우뚝 서 있으면 귀인

등과한다. 따라서 벼슬과 부귀를 원하면 이런 곳을 구해야 한다.

생왕방(生旺方)이 수려풍만하고, 임관방(臨官方)이 고용양명(高聳陽明)하고, 절태방(絶胎方)이 정결하고, 묘고방(墓庫方)이 얕으면 부귀왕정의 택지다. 그러므로 이것은 택지를 선정할 때 우선 고려해야 할 문제다. 주산(主山) 현무가 고용풍만하고, 대안(對案)이 귀인문필(貴人文筆)이며, 여기에 좌기우고(左旗右鼓)하면 출장입상지지라 했다. 고서에 이르기를 배산임수(背山臨水)·전저후고(前低後高)·전책후관(前窄後寬)을 양택(陽宅) 삼요결(三要訣)이라 했다. 배산임수(背山臨水)이면 건강하게 장수하고, 전저후고(前

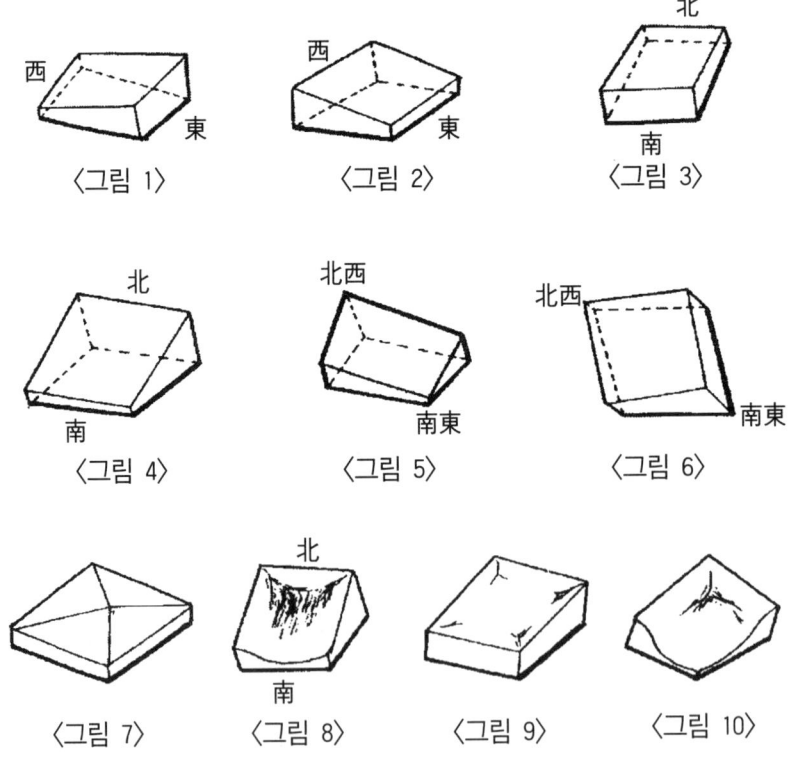

〈그림 1〉 〈그림 2〉 〈그림 3〉

〈그림 4〉 〈그림 5〉 〈그림 6〉

〈그림 7〉 〈그림 8〉 〈그림 9〉 〈그림 10〉

低後高)이면 출세영웅이며, 전책후관(前窄後寬)이면 부귀여산(富貴如山)이라 했다.

앞의 그림1과 같이 동쪽이 높고 서쪽이 낮으면 동고서저(東高西低)로, 생기가 쇠한 땅이 되어 재산이 줄어든다. 반대로 그림2와 같이 동쪽이 낮고 서쪽이 높으면 동저서고(東低西高)가 되어 생기를 받아 부귀영화를 누리는 땅이다. 그림3과 같이 앞이 높고 뒤가 낮으면 문호가 패절하고, 그림4와 같이 뒤가 높고 앞이 낮으면 영웅호걸 자손이 태어난다.

그림5와 같이 북서가 높고 남동이 낮은 경우와 그림10과 같이 서쪽과 북쪽이 높고 동쪽과 남쪽이 낮으면 모두 좋은 영향을 가져오는 택지이다. 그림6처럼 북서가 낮고 남동이 높으면 가세가 기울고, 그림7과 같이 가운데가 높고 사방이 낮으면 가운이 기울고, 그림8과 10과 같이 동서북쪽이 높고 남쪽이 낮으면 대체로 양호하나 화재를 주의해야 한다. 그림9와 같이 사방이 높고 가운데가 낮으면 처음에는 흥하여 재물이 모이나 끝내는 없어진다.

다시 말하면, 택지의 앞쪽이 높고 뒤쪽이 낮아 집터가 뒤로 기울면 항상 불안하고, 심하면 자손이 고단하다. 택지의 동쪽이 높고 서쪽이 낮아 집터가 동서로 기울면 재물의 손해가 많고 벼슬과는 인연이 없다. 택지의 남쪽이 높고 북쪽이 낮아 남북으로 기울면 만사가 잘 풀리지 않고 사업에 실패한다. 종종 시각장애인도 나온다.

또 사방에서 팔풍(八風)이 심하게 불고 외롭게 노출되면 사람이 포악하며 관재가 끊이지 않고 곤궁하며 자손도 어렵게 산다. 길 아래의 낮은 집터는 재산이 늘지 않고, 집 뒤에 길이 있으면 근심걱정이 떠날 날이 없으며, 절벽이나 낭떠러지 근처의 위험한 곳이면 가난하며 어렵고 우환이 떠날 날이 없다. 그리고 신당 앞·절 뒤의 산신제당·감옥터·전쟁터 등은 양택지(陽宅地)로서는 좋지 않다.

택지의 주위가 요함(凹陷)하여 밤낮 없이 불어오는 매서운 골바람도 피해야 한다. 이는 부지불식간에 인명과 재산의 손실을 보며 재난이 끊이지 않는다. 급류수가 택지를 일직선으로 쏘아오면 사람이 상하고 결국은 패망한다. 집 앞으로 물이 길게 일직선으로 나가면 견동토우(牽動土牛) 주빈한(主貧寒)이다. 산이 험준하며 가까이에서 높이 누르면 질병에 시달리다 단명하며 인정과 재물이 쌓이지 않는다. 산의 능선이 집을 직충(直衝)하거나 계곡이 직격(直擊)하면 상인패가(傷人敗家)한다.

양택(陽宅)에서 물은 재록(財祿)을 주관하는 요소이므로 물의 맑고 흐림에 따라 길흉이 다르다. 이는 세계적으로 큰 도시는 강을 중심으로 이루어지고, 유명한 인물은 산수가 수려한 곳에서 배출된 것을 보고도 알 수 있다. 그래서 예로부터 물이 고이는 곳에 부호와 인걸이 나온다고 했다.

① 물의 흐름은 멈추지 않고 급하지 않게 서서히 흘러야 한다.
② 물의 색은 훤히 들여다 보일 듯 맑아야 한다.
③ 물이 오는 모습은 관망하듯 완만한 곡선으로 감싸안아야 한다.
④ 길이 꺾어지거나 마주치는 곳에 집이 있으면 불리하다.

⑤ 막다른 골목에 집이 있으면 예기치 않은 재난을 당한다.

　가택은 집의 대소광협 택지와 건물의 상호비례, 가택의 크기와 가족수 등 상호관계에서 조화를 이루어야 한다. 가택도 만물만상의 하나이므로 음양(陰陽)의 관계가 명확하다. 택지는 음(陰)이요 건물은 양(陽)이고, 가족은 양(陽)이요 가택은 음(陰)이고, 넓고 큰 것은 양(陽)이요 좁고 작은 것은 음(陰)이다. 음양(陰陽)은 조화와 균형을 근본으로 하기 때문에 가택에서도 과부족이 없어야 길복이 따른다. 그러므로 가택의 크기와 가장의 사회적 위치, 택지와 건물의 상호비례, 가택과 가족수 등에서 심한 격차가 있어 음양(陰陽)의 조화를 이루지 못하면 흉하다. 따라서 인위적으로라도 가감 또는 보충 하여 조화롭게 조정하는 것이 양택혈(陽宅穴)을 찾는 것보다 더 중요하다.

　택지와 건물의 대소광협은 거주인의 기상·성장·건강은 물론 성격에까지 영향을 미친다. 지나치게 넓고 큰 가택은 기품이 산만하며 허망하고, 지나치게 좁고 작은 가택은 기품을 옹졸하게 만든다. 땅이 넓은데 집이 작으면 흉사가 빈발하고, 땅은 좁은데 집이 크면 인정과 재물은 보전하나 발전하기 어렵다. 보통은 일배건(一配建) 이배건(二配庭)이라 하여 대지의 1/3은 건물을 짓고, 나머지 2/3는 정원으로 활용하는 것이 이상적이다.

　사람이 집을 누르면 집안의 형세가 좋아지고, 집이 사람을 누르면 액운이 온다는 말이 있다. 가택이 가족수에 비해 지나치게 넓고 크

면 그 기세에 눌려 기가 쇠하고 심약해져 흉액이 빈번해진다. 이와
는 반대로 집에 비해 가족수가 지나치게 많으면 옹졸하고 병이 많
으며 가난해진다. 택지의 형상이란 집터의 생김새를 말한다. 양택
(陽宅)의 형상에는 입체적인 것과 평면적인 것이 있다. 입체적인
것은 가상론의 대상이고, 평면적인 것은 택지론의 대상이다. 택지
의 형상에는 크고 작고 좁고 넓고 둥글고 모지고 곧고 굽고 아름
답고 추하고 등 여러 가지가 있다.

① 택지가 방정하고 원만하면 길격으로 가화형통하며 하루가 다르
　게 재산이 늘어나나, 각이 많고 복잡하면 흉격으로 재산이 줄며
　인명이 상하고 재앙이 많다.
② 택지가 평탄하고 충만하면 인명과 재산이 늘며 편안하게 장수
　하나, 요함(凹陷)과 돌출이 있고 복잡하면 어려움이 많다.
③ 택지의 앞면이 충만하면 대발치부(大發致富)에 인정이 흥왕하
　나, 기울어 지고 날아갈 듯하면 물로 씻은 듯이 가난해져 결국
　고향을 떠난다. 따라서 택지의 선정은 방정하며 원만하고, 단조
　로우며 무공결(無空缺)한 곳을 택해야 한다.

택지와 건물의 팔괘(八卦) 방위별 요함돌출에 의한 길흉화복은
다음과 같다.

① 감방(坎方 : 북) : 택지나 건물의 북쪽이 적당하게 돌출하면

길격으로 가세가 늘고 재물이 쌓인다. 그러나 심하면 인명과 재산이 정체되고 중남이 먼저 패한다.

② 간방(艮方 : 북동) : 택지나 건물의 동북쪽이 적당하게 돌출하면 역시 길격으로 인명과 재산이 늘어난다. 그러나 심하면 불구 아동이 생기고 가난과 관재가 따른다.

③ 진방(震方 : 동) : 택지나 건물의 동쪽이 적당하게 돌출하면 재산이 늘어나며 직장인은 진급한다. 특히 장남이 발전한다. 그러나 심하면 가업이 부진하고 장남이 쇠퇴한다.

④ 손방(巽方 : 동남) : 택지나 건물의 동남쪽이 적당하게 돌출하면 부귀가 따른다. 특히 여손의 발전이 두드러진다. 그러나 심하면 매사가 정체되고, 특히 여손이 발전하지 못한다.

⑤ 이방(離方 : 남) : 택지나 건물의 남쪽이 적당하게 돌출하면 귀인의 도움으로 시험에 합격하거나 진급한다. 그러나 심하면 관재송사가 다르고 여자가 부정하다.

⑥ 곤방(坤方 : 남서) : 택지나 건물의 서남쪽이 적당하게 돌출하면 주부가 모든 것을 좌우하며 부를 이룬다. 그러나 심하면 주부가 병약하고 남녀가 음란하다.

⑦ 태방(兌方 : 서) : 택지나 건물의 서쪽이 적당하게 돌출하면 부귀가 함께 오고 막내딸이 발전이 빠르다. 그러나 심하면 전쟁터에서 부상을 당하거나객사하고 여손이 발전하지 못한다.

⑧ 건방(乾方 : 서북) : 택지나 건물의 서북쪽이 적당하게 돌출하면 남자 주인이 집안을 이끌고 무병장수한다. 그러나 심하면 화

가 따르고 재산이 줄며 주인이 단명한다.

 양택(陽宅)에서도 흙은 매우 중요하다. 음택(陰宅)의 혈토(穴土)는 작은 면적에 세밀하게 융결되어 있지만 양택(陽宅)의 혈토(穴土)는 지표면에 넓게 퍼져 있고 세밀하지 않다. 사람은 누구나 땅을 의지하며 땅 위에서 살다 땅으로 돌아간다. 사람이 거처하는 집은 건조물에 불과하지만 택지는 무엇보다도 토색지질이 좋아야 한다. 양질의 토색지질로 된 가택 지반에서만 부귀왕정에 무병장수하고, 대대로 안거할 수 있는 집을 지을 수 있다.
 양택지(陽宅地)의 토색지질 역시 음택혈(陰宅穴)에서 필요로 하는 것과 같다. 홍황자윤하고 자백윤광에 유기견고한 생토(生土)는 좋은 토색지질이다. 그러나 회색무윤에 무기허모(無氣虛耗)한 사토(死土)는 좋지 않은 토색지질이다. 심한 강우에도 진수렁이 되지 않고, 맑은 날에도 흙먼지가 휘날리지 않으면 가장 좋은 땅이다.
 황백색이 자윤하면 재물운과 관운이 좋고, 자황색이 자윤하면 관재운과 건강운이 좋다. 유기자윤하며 생토견고한 땅에 집을 짓고 살면 정재병발에 무병장수한다. 택지의 선정은 생토신선하고 견고자윤한 양질의 좋은 땅을 택하여 이법에 맞춰 집을 지어야 부귀왕정하여 천년 안거한다.

3. 가상(家相)

양택학(陽宅學)은 택지론과 가상론으로 나누나, 택지와 가상은 불가분의 관계이다. 체(體)와 용(用), 음(陰)과 양(陽)의 뗄 수 없는 관계이다. 가상론은 택지 위에 세운 집의 형태·구조·설비·배치 등을 음양오행(陰陽五行)의 이법이나 현대 건축공학적으로 합당하게 하는 방법을 연구하는 철학적이며 과학적인 학문이다. 여기에서 음양오행학(陰陽五行學)으로 합법하다 함은 사람이 직접 감지할 수 없는 신비한 우주의 정기를 인간의 존망성쇠에 유리하게 조정하고 인도하는 형이상학적 방법론에 적합함을 말하는 것이며, 과학적으로 적격이라 함은 사람이 직접 감지할 수 있는 채광·통풍·환경·위생·이용의 편리 등을 인간 생활에 유익하게 구조와 배치를 조정하는 형이하학적 방법론에 적합함을 말한다.

풍수지리학에서는 가상학의 원리를 우주의 자연법칙에 둔다. 즉 가상학은 우주 순환의 법칙을 구조와 배치에 적당하게 이합(理合)시켜 일정제도화한 학문이다. 양택(陽宅)의 구조·형태·배치·대소·광협 등은 자연법칙 즉 가상론에 합치되어야 한다. 그러면 그것에 의한 길운이 있을 것이요, 그렇지 않으면 악운이 따를 것이다. 가옥 건물은 양(陽)이요 대지 정원은 음(陰)이다. 이에 따라 가옥 건물의 길흉여하는 주로 자손의 다과귀천을 주관하고 대지정원의 길흉여하는 주로 처재운세를 주장한다.

기존의 도시와 촌락에서는 국세나 택지길흉을 가릴 여지가 없다.

그러므로 무리한 택지의 선정보다 가상에 치중해 각종 건축물을 가상이법에 합국한 시설의 배치에 주력해야 한다. 양택(陽宅)의 길흉화복은 음택(陰宅)에 비해 속발한다. 다만 그 화복은 현재 거주인과 그 집에서 출생한 사람에 한정되는바 음택(陰宅)에 의한 길흉화복에 비하면 그 장구성과 음혜성은 다소 부족하다.

 가상이란 집의 형태와 배치 상태이다. 양택학(陽宅學)에서는 이를 길격 가상과 흉격 가상으로 구분한다. 집의 구조 형태와 배치가 음양이법(陰陽理法)에 바탕을 둔 가상론에 배합되는 집을 길격 가상이라 하고, 배합되지 않은 집을 흉격 가상이라 한다. 길격 가상의 가택에서의 거주는 피흉추길하여 태평안거에 부귀왕정하고, 흉격 가상의 가택에서의 거주는 불안우거에 부진정재이다. 그 중에서 길격가상의 몇가지를 열거하면 다음과 같다.

① 배산임수(背山臨水)에 산수배합하고 지기취결(地氣聚結)에 보국(保局)이 안정된 곳에 가상이법에 맞춰 지은 집.
② 원만형평(圓滿衡平)하고 첨각(尖角)과 결함이 없는 집.
③ 좌향(坐向)이 음양이법(陰陽理法)에 맞고, 여기에 향양배음(向陽背陰)에 방풍방한하고, 천성의 좋은 기를 듬뿍받는 집.
④ 각종 문이 남개북폐(南開北蔽)하여 채광과 통풍이 잘 되는 집.
⑤ 신선하고 맑아 생기보양과 보건위생에 유리하게 구조된 집.
⑥ 중심 건물을 축으로 행랑보나 각종 편의시설의 배치가 가상법에 합국된 집.

이상 열거한 예는 길격가상의 표준에 불과하다. 양택학(陽宅學)에서 명당(名堂) 가택은 이와 같은 조건에 맞아야 한다.

집은 규모가 같은 것끼리 어울려 있는 것이 좋다. 서로 비슷한 것끼리 어울리는 것이 아름다운 것은 집만 그런 것은 아니지만, 집은 햇빛과 바람의 영향을 받는 만큼 더 중요하다. 큰 건물 사이에 있는 작은 집이나, 큰 건물 모서리에 있는 집은 좋지 않다. 집도 내부와 외부로 나누어진다. 외부 공간인 마당은 작업 공간으로도 사용하지만 조경을 잘하면 사람에게 생기를 공급해 준다. 마당의 기운은 집 내부에 그대로 전달된다.

건물에서 발생하는 기운은 양(陽)의 기운으로 이상을 추구하는 정신적 기운이며, 마당의 하늘 땅 물 같은 자연에 의해 발생하는 기운은 건강 재물의 기운같은 음(陰)의 기운이다. 건물과 마당이 서로 마주 보는 위치에 있으면 마당의 기운이 건물 안에 흡수되어 생기를 이룬다. 그러므로 건물은 마당보다 약간 높게 짓는 것이 좋다. 마당이 건물의 옆이나 뒤에 있으면 마당의 기운이 건물의 기운과 결합할 수가 없으므로 건물 안에는 생기가 부족하다.

마당은 정사각형이 이상적이다. 정사각형은 공기의 회전이 자유로워서 생기가 많이 발생한다. 마당의 기운이 모이면 집안 재산도 늘어난다. 그러나 삼각형 마당은 뾰족한 기운이 생겨 가난해지고, 이웃과도 분쟁이 일어나는 경우가 많다. 뾰족한 마당은 조경공사를 할 때 부드럽게 바꾸도록 한다. 직사각형(비율이 1 : 2 이상이면) 마당도 기운이 제대로 순환하지 않아 재물이 모이지 않고 질병을 부른다. 마당과 건물이 모두 직사각형이면 더 주의해야 한다.

마당의 면적은 집 면적에 비례하는 것이 좋다. 집 앞에 있는 마당은 집 연면적의 3배가 가장 이상적이다. 5배 이상을 초과하면 마당이 너무 넓어 생기가 분산되어 집안에 전달되는 생기가 줄어든다. 마당이 너무 넓으면 건물 3배 정도 넓이만 안마당으로 하여 울타리를 설치해 생기가 흩어지지 않도록 하는 것이 좋다.

대문은 많은 사람들이 출입하는 공간이니 안전한 장소에 설치해야 한다. 그리고 대문터는 평탄해야 한다. 심하게 경사진 장소는 피하는 것이 좋다. 특히 도심지에서는 주변을 통과하는 차량들로부터 안전한 장소에 설치해야 한다. 대문은 생기가 많이 모이는 장소에 설치해서 출입하는 사람에게 생기를 주고 동시에 외부의 생기가 집 안으로 들어올 수 있도록 해야 한다.

대문의 크기는 건물의 크기와 어울려야 한다. 건물에 비해 너무 크거나 너무 작은 것은 좋지 않다. 대문 자체도 높고 좌우 균형을 이루는 안정된 형태가 좋다.

대문은 외부의 바람도 막아주는 역할을 하기 때문에 바람이 통하지 않는 형태라야 하며 파이프나 투시형 대문은 바람직하지 못하다. 바람은 곧 기운이며 건강과 재물을 만드는 기본이다. 그러므로 대문이 안으로 열리는 구조의 집에서는 기운이 모여 건강과 재물을 얻게 되나 대문이 밖으로 열리는 집은 내부의 바람이 빠져 나가 건강과 재물에서 불리하다.

대문은 한 개여야 한다. 여러 개 있으면 바람의 출입이 혼란스러워 매우 불리하다. 특히 대문의 방위는 건물의 방위만큼 중요하므로 동서사택(東西四宅)에 의해 설치해야만 한다.

담은 도둑이나 짐승을 막기 위한 것이지만 더 큰 용도는 바람을 막는 것이다. 집에서는 누구나 편히 쉬고 싶어 한다. 그런데 집 안으로 강한 바람이 불어온다면 건강을 잃을 것은 뻔하다. 담이 건물에서 지나치게 멀리 떨어져 있으면 바람막이 역할을 할 수 없고, 너무 높으면 새바람이 들어오지 못하기 때문에 불리하다.

건물은 자연 공간 속에 흙이나 나무 같은 자연 재료를 사용해서 세운다. 어느 건물이나 그 건물이 세워진 지역의 자연에서 기운을 받아들인다. 지역에 따라 인종이나 문화가 다른 것은 자연이 사람에게 전하는 기운이 다르기 때문이다. 같은 지역에서도 건물의 형태나 배치 방법·규모·형태 등이 서로 다르고 건물의 재료에 따라 그 기운이 다르므로 자연 조건이 비슷해도 건물의 종류에 따라 분위기나 기운이 달라진다. 재료가 같아도 내부의 분위가 다른 것은 공간의 형태에 따른 울림이나 기운의 순환 형태가 서로 다르기 때문이다. 건축 공간에 의해 발생하는 기운은 공간의 울림·소리나 공기의 회전 등에 따라 다르다.

공간에서 소리가 생기는 과정은 자동차를 타고 갈 때 바람이 가로수 등을 스치는 소리를 생각하면 된다. 우리가 길을 갈 때도 미약하지만 소리가 발생한다. 마찬가지로 건물 안에서도 기둥이나 벽 옆을 통과하거나 그 앞에서 움직일 때 소리가 생긴다. 사람은 아름다운 소리가 나면 즐거워지고 나쁜 소리가 나면 불쾌해진다.

일정한 공간 내의 공기도 온도 차이 등 자연 조건의 영향을 받아 계속 회전한다. 바람이 회전하는 조건은 공간의 형태에 따라 달라진다. 원형이나 정사각형 공간에서는 바람이 회전하기 쉽고, 면적이 같은 평면에서는 원형이 회전할 수 있는 바람의 크기가 가장 크다. 정사각형 평면에서도 바람의 회전은 용이하다. 직사각형의 건물에서는 바람이 순조롭게 회전하지 못하고 크기도 작다. 바람의 회전 조건은 실내 공간의 형태에 따라 달라진다. 큰 회전을 일으키는 공간의 생기가 크다.

건물의 형태는 1층 바닥의 형태 즉 평면의 형태에서 시작된다. 1층 바닥 주변에 벽을 쌓고 그 위에 지붕을 덮으면 완전한 건물의 모습을 갖춘다. 평면이 원형·타원형·육각형·팔각형·정사각형이면 좋은 평면이며 이런 평면에서는 기운이 중심에 모이며, 바람의 회전이 용이하고 공간에서 발생하는 진동이 안정적이다.

평면이 직사각형인 건물은 평면의 비례로 좋고 나쁨을 구분한다. 가로에 비해 세로가 짧은 건물 즉 앞면이 길고 깊이가 짧은 건물은 좋지 않은 건물이다. 가로와 세로의 비율이 5 : 3까지는 좋으나 2:1을 넘으면 좋지 않은 건물이 된다. 그러나 가로가 짧고 세로가 길면(1 : 2) 깊이가 깊어 건물 내부에 기운이 모여 좋은 건물이다.

직사각형의 평면에서 발생하는 생기는 평면의 가로 세로의 비율에 따라 달라진다. 비율이 1 : 1에 가까운 정사각형을 이루고 있으면 생기가 많이 생기고 깊이에 비해 가로가 길면 길수록 기운이 좌우로 분산되어 생기가 이루어지지 않는다. 그러므로 직사각형이라도 가로 세로의 비율이 1 : 2 미만을 좋은 평면으로 본다. 특히 가로 세로의 비율이 3 : 5까지인 평면은 기운의 회전이 원활한 대표적인 평면으로 본다. 가로 세로의 비율이 1 : 2 이상인 직사각형 평면은 기운이 좌우로 분산되어 생기가 빈약한 평면이 된다.

건물 평면이 ㄱ자·ㄴ자·ㄷ자 형태인 한옥·학교·아파트 등이 이런 경우이다. 지붕은 건물의 기운이 모여 있는 곳이다. 그러므로 지붕의 형태에 따라 건물의 기운도 달라진다. 좋은 지붕은 건물 중심에 기운이 모이는 형태를 말한다. 원형돔 지붕이나 피라미드 지붕, 거문성(巨門星)처럼 생긴 지붕이 기운이 모여 좋다. 자연과 어울리는 것이 좋은 지붕이며, 산이 많은 곳에서는 건물이 산을 닮아 유기적인 관계를 이루는 것이 좋다. 즉 산을 축소한 형태가 지붕이 되면 지붕 중심부분에 기운이 모여 좋다. 지붕 중심 공간이 빈약해서 기운이 모이지 않는 지붕은 나쁘다.

산의 모양을 구성(九星)으로 나누는데, 탐랑(貪狼)·거문(巨門)·무곡성(武曲星)이 3길존성이며, 녹존(祿存)·문곡(文曲)·염정(廉貞)·파군성(破軍星)은 4흉성이고, 좌보성(左輔星)과 필성(弼星)은 5길존성이다. 지붕모양은 3길존성 모양이 제일 좋고, 녹존(祿存)·문곡(文曲)·염정(廉貞)·파군성(破軍星) 모양은 좋지 못하다.

탐랑성(貪狼星) 지붕은 피라미트처럼 한 정점을 가지고 솟아 있는 지붕을 말하고, 탐랑성(貪狼星)의 기운과 같이 기운이 수직으로 상승하여 중심에 집중되고, 거문성(巨門星) 지붕은 지붕의 면이 위로 갈수록 좁아지면서 평면은 사각형을 이루고, 무곡성(武曲星) 지

탐랑성(貪狼星)

이러한 모양은 문과나 법과 계통으로 나가면 성공한다.

거문성(巨門星)

이러한 모양은 이공이나 의학 계통으로 나가면 성공한다.

무곡성(武曲星 : 覆釜形)

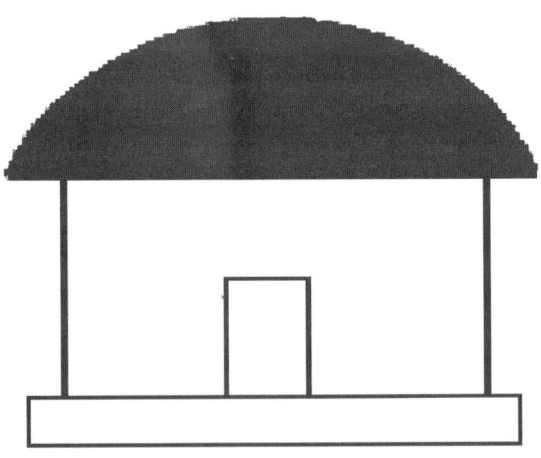

이러한 모양은 상경이나 무역 계통으로 나가면 성공한다.

붕은 돔과 같은 원형 지붕으로 가장 이상적인 지붕의 형태이다. 중심에 기운을 집중시키는 힘이 강해 사람들을 단결시킨다. 우리나라 초가지붕이 복부형(覆釜形) 지붕으로 좋은 형태이다.

풍수로 볼 때 이상적인 건물 높이는 정육면체가 기준이 된다. 건물 평면의 길이와 비슷한 높이를 이상적으로 보며 이런 형태가 기운이 회전하기에 가장 용이하다. 건물 높이가 너무 낮으면 기운이 위아래로 회전하기가 어렵다. 건물 평면의 가로와 세로 길이가 서로 다르면 가로와 세로의 중간 정도의 높이가 가장 이상적이다.

건물에는 출입문이나 창문 등 크고 작은 개구부가 있는데 이들도 건물 형태에 따른 기운에 많은 영향을 준다. 최근에는 창문을 조금씩 크게 하는 경향이 있고 벽면 전체가 유리로 된 건물을 많이 볼 수 있다. 유리는 채광이 좋고 단순하고 깨끗한 장점도 있지만 유리창이 많아지면 실내 기운의 외부 누출이 많아 불리하다. 개구부는 면적이 적을수록 벽면은 두껍고 넓을수록 유리하다.

건물에 사용하는 재료도 각각 고유한 기를 가지고 있다. 풍수상 좋은 재료는 사람에게 따뜻한 느낌을 주는 목재나 흙이나 건물의 안전을 위해서는 약간의 석재도 무난하다. 목재나 흙 벽돌 등 여러 가지 재료가 균형있게 사용하는 것이 바람직하다. 농경 시대에는 밖에서 활동하는 시간이 많았지만 현대의 산업사회에서는 사무실이나 공장 상점 등 건물내부에서 보내는 시간이 많아지고 있다.

실내공간은 그곳에 거주하는 사람에게 공기나 바람, 실내의 분위기 등으로 형성된 여러 종류의 기운을 제공하며 거주하는 사람은 이 기운을 받아서 활동력을 얻는다. 실내 공간의 기운은 자연 공간 기운의 일부이다. 자연 공간에서 하늘과 땅, 바람의 기운이 전달되듯이, 실내에서도 하늘과 땅, 바람의 기운이 사람에게 전달된다.

실내공간은 그 기운에 따라서 달라진다. 가장 이상적인 실내 공간은 활동력이 강한 기운으로 가득찬 공간이다. 실내 기운은 공간 형태와 배치에 따라 달라진다. 좋은 기(氣) 즉 생기가 가득찬 공간을 만드는 것은 사람의 몸과 마음을 건강하고 활동력 있게 만드는 일이다. 활동력이란 공기와 바람과 분위기에서 나타나는 기(氣)를 포함한 것을 말한다. 실내 공간의 기는 자연에서 유입되는 기 외에도 건물을 구성한 건축 재료나 벽과 천장 등의 비례와 형태, 색깔 같은 여러 요소에 따라 달라지게 된다.

풍수에서 요구하는 좋은 공간이란 생기가 가득 차 있는 공간인데 이러한 공간은 평면의 형태·개구부·방위 등으로 나누어 살펴볼 수 있다. 집은 우리가 건강한 생활을 유지하고 휴식과 안정을 얻는 데 가장 중요한 기본 공간이다. 집이 건강하고 생기가 넘쳐야 그 속에 사는 사람들 역시 건강하고 활기차게 생활할 수가 있다.

같은 집이라도 새 가구를 들여 놓거나, 가구의 배치를 달리하거나, 구조를 변경하거나 하면 전혀 새로운 기분을 느끼게 된다. 뭔가 새로운 기분을 느끼고 싶을 때 집안의 인테리어를 바꾸거나 색깔을 바꾸게 된다. 같은 공간에서 느끼는 새로운 기분 —보이지도 잡히지도 않는 무엇이라고 설명할 수 없는 느낌을 받는 새로운 기분— 이것이 공간이 만들어 내는 기(氣)이다.

기(氣)는 땅에서 뿐 아니라 우리가 살고 있는 집, 건물, 아파트, 빌딩에서도 살아 움직이며 사람들에게 영향을 준다. 좋은 기가 흐르는 공간에서 생활하면 삶도 활기가 넘치지만, 나쁜 기가 흐르는 공간에 오래 있으면 피곤하고 불안하고 또한 건강도 잃게 된다. 인테리어에 풍수 개념과 원칙을 도입하는 것도 바로 이런 이유에서이다. 생활 공간이 건강해야 삶도 건강하고 행복해 질 수 있다. 자기 집을 생기가 흐르는 좋은 공간으로 만들기 위해서는 집 내부의 배치뿐 아니라 크기나 모양 또한 중요하다.

많은 사람들이 넓은 집을 선호하지만 풍수로 볼 때 넓이는 아무 의미가 없다. 집을 꾸미고 가꿀 때는 우선 필요없는 물건은 쌓아두지 말고 과감히 처분하고 빈 공간이 없게 집을 최대한 활용해서 생기로 가득찬 느낌을 주도록 해야 한다. 새로운 에너지를 충전하고 휴식과 안정을 얻기 위해서는 무조건 넓다고 좋은 게 아니고, 자신이 생활하는 데 꼭 필요한 공간만 있으면 된다.

실내 공간은 기능에 따라서 면적을 크게 차지하는 부분도 있고 작게 차지하는 부분도 있다. 집에서는 거실이 사람들이 함께 모이는 공간이므로 가장 큰 면적을 차지하지만, 화장실이나 창고 등은 면적이 작아도 되며 침실도 거실에 비해 면적이 작다.

실내 배치에서 중요한 것은 넓은 공간을 중심에 두고, 작은 공간을 둘레에 두는 것이 좋다. 이렇게 하면 중심으로 기운이 모여 전체적으로 좋은 기운을 이룬다. 그렇지 않으면 기운의 흐름이 좋지 못하다. 큰 실내 공간이 좌우로 나누어지는 형태는 가장 좋지 못하다. 예를 들면 거실은 서쪽 끝에 두고 안방을 동쪽 끝에 두면 실내의 기운이 좌우로 분산되고 만다. 내부 공간에서의 중심 부분은 면적도 넓고 천장도 높아야 이상적이며, 또한 중심 공간의 천장 높이는 정육면체(가로＝세로＝높이)를 이루는 것이 이상적이다.

풍수에서 말하는 가장 이상적인 공간의 핵심은 그 근원을 자연의 형태에서 구하고 있다. 실내의 기를 형성하는 요인은 바람의 회전, 공간에서의 진동이 주를 이룬다. 바람은 상하 좌우로 회전이 가능한 원형의 형태에서 완성된 기운을 만들 수 있다.

실내 공간은 바닥·벽·천장으로 구분된다. 벽을 세우면 방이 하나 만들어 진다. 그 방의 가장 이상적인 형태를 원형의 모양을 기준으로 할 때 정사각형이 가장 이상적인 평면이라 할 수 있다. 정사각형에 기운이 많이 모이고, 기운의 회전이 가장 용이하다.

방의 형태에 따라 공간의 기운이 달라지고 그 공간에 거주하는 사람의 길흉도 달라진다. 실내 공간의 형태는 정사각형인 경우가 일반적이고, 방이 원형인 것은 보기 드물지만 원형 평면은 정사각형보다 기운의 회전이 쉬워 기운을 강하게 집중시켜 생기를 많이 만드는 공간이 된다. 원형 평면에는 안에 칸막이가 없어야 이상적이다. 원형 실내에 칸막이를 하면 기(氣)의 회전이 불안정해지고, 사용하기에도 불편하다.

칸막이를 할 경우라면 정사각형이 바람직하다. 직사각형의 경우라도 가로 세로의 비율이 3 : 5가 좋다. 평면 비율이 정사각형에서 직사각형으로 길어질 경우 그 비율이 1 : 2가 되는 순간부터는 기운이 좌우로 분리되어 바람의 효과적인 회전이 불가능해 진다. 기운이 분리되는 공간은 생기가 부족함은 물론이다.

공간의 성격상 정사각형과 직사각형의 중간 정도인 가로 세로 비율이 3 : 5가 무난한 평면 공간이다. 정사각형의 평면에서 기를 더 강하게 만들 수 있게 하려면 한 쪽 벽을 불룩 튀어 나가게 만든다. 한 면이나 두면 또는 네면 모두 튀어 나가게 해도 된다. 이때 튀어 나가는 부분이 벽면 중심부에 있어야 함이 원칙이다. 이렇게 튀어 나간 면은 곧바른 면보다 실내 기운을 원활하게 회전할 수 있게 해 주고 공간의 울림을 좋게 해서 생기가 많은 실내를 만든다.

기둥을 세울 경우에도 실내 중심점에 큰 공간을 만들고, 벽 모서리로 갈수록 기둥 간격이 좁아지는 형태가 바람직하다. 이 때 기둥의 수는 짝수가 되고, 칸 수는 홀수가 되는 것이 가장 이상적이다. 중심부에 기둥이 있어서는 안 되며 반드시 빈 공간으로 남아 있어야 된다. 만약 공간을 세칸으로 나누는 경우라면 가운데 칸이 가장 넓고 좌우의 칸은 약간 작은 것이 생기를 만드는 방법이다. 실내 공간을 다섯으로 나누는 경우라면 중심 부분에 큰 공간을 두고 좌우에 작은 공간을 만들어야 한다. 실내 공간을 네 칸이나 여섯 칸 등 짝수로 나누는 것은 좋지 않다.

사람마다 옷의 치수가 다르듯이 집도 마찬가지이며, 부와 권위를 과시하기 위해 넓고 큰 집만을 찾는 요즘 세태에 더더욱 자기에 알맞는 집을 고르는 것이 무엇보다도 중요하다. 1인당 적당한 집 면적은 5~10평으로 보통 6평을 기준으로 한다. 사람들로 인해 약간 비좁게 느껴지는 정도의 넓이가 발전하는 집이다.

집의 기능 가운데 가장 중요한 것은 편안한 휴식을 제공해서 낮 동안에 쌓인 피로를 풀어 주는 것이다. 충분한 수면을 취하지 못하면 생산적인 활동을 할 수가 없다. 생기가 많은 공간에서 잠을 자면 충전이 잘 되고 그렇지 못하면 왕성한 활동을 할 수가 없다. 이런 기능을 충실하게 해 내는 곳이 바로 침실이다. 따라서 집에서 가장 생기가 많이 모이는 곳에 부부의 침실, 곧 안방을 배치해야 한다. 대부분의 집들은 햇빛이 많이 쪼이는 남쪽 창가 한쪽 구석에 안방이 위치하고 있다. 최근에는 안방의 독립성을 위해 가장 구석진 장소에 배치하는 경향이 많다. 구석진 공간에는 생기가 모이지 못하기 때문에 안방으로 적당하지 못하다. 생기는 중심에 모인다.

안방의 조명과 채광은 집 분위기에 상당한 영향을 준다. 안방이 밝으면 집도 밝아진다고 하여 요즈음은 안방 창문을 일부러 크게 만드는 추세이나, 이는 주인과 식구들이 서로 격의없이 화목하게 지내고 개방적인 분위기를 만든다는 점에서 매우 효과적이지만, 富를 축적하는 면에서는 그리 바람직하지 못하다.

안방은 어두워야 재물이 쌓인다. 재물은 음에 해당되며 재물은 약간 어두운 부분에서 만들어지므로 너무 밝으면 쉽게 노출이 되어 재물이 모이지 않는다.

현관은 마당의 생기가 집안으로 들어오게 하는 통로이다. 따라서 현관은 생기가 많은 곳에 위치하고 있어야 집 안에 생기가 모인다. 현관은 집 중심축, 즉 건물 중심에 설치하는 것이 가장 좋으며 집

내부의 기능에 따라 중심에 설치할 수 없는 경우에는 약간 벗어나도 무방하다. 그러나 건물 끝 부분이나 모서리에 설치하는 것은 바람직하지 않다.

현관 문은 대부분 밖으로 열도록 되어 있다. 문이 안쪽으로 열리게 되면 현관 내부가 좁아져 불편하기 때문에 편리성을 추구한 것이다. 그러나 집 현관 문은 안쪽으로 여는 것이 좋다. 문이 안쪽으로 열리면 문이 열림과 동시에 바람이 집 안으로 들어오지만 문을 밖으로 열면 동시에 집 안 기운이 밖으로 빠져 나간다. 바람은 곧 그 집의 기운과 재물에 영향을 미친다.

한국 전통 기와집 구조에서 대청은 가장 중심에 위치해서 마당을 정면으로 내려다보고 있다. 대청 좌우에는 안방과 건너방이 있어 균형을 이루고 있으며 대청 천장은 중심 부분이 높고 좌우가 낮은 형태로 안정감이 있다. 그러나 대청의 평면 형태를 살펴보면 좌우가 긴 반면 깊이가 좁아 기운이 크게 모이지 못하는 단점도 있다.

대청은 현대에 들어서면서 거실로 변했다. 거실은 집의 중심 공간에 있는 것이 일반적이다. 안방보다 중심에 있어 집의 기운이 가장 많이 모여 있다. 이상적인 거실은 집 안의 중심축에 넓게 자리잡고 천장도 높은 것이 좋다. 이런 거실에서 생기는 좋은 기는 그 집에 살고 있는 사람들의 건강이나 사회적인 활동을 크게 촉진시켜 행운을 가져다 준다. 이처럼 강한 생기가 모여 있는 공간은 낮에는 거실로 사용하고 밤에도 침실로 사용하는 것이 좋다.

거실이 중심에 있지 않고 왼쪽이나 오른쪽으로 치우쳐 있으면 집

안의 기운이 중심을 잡지 못해 불안한 집이 된다. 거실이나 안방과 같은 큰 방이 집의 왼쪽과 오른쪽에 분산되어 있고 중심에는 작은 방들만 있으면 집 안의 기운이 분산된다. 이렇게 되면 불안정하고 혼란스러워져서 식구들끼리 서로 화합하지 못하고 건강을 잃으며 경제적으로도 손실을 보게 된다.

음식을 만드는 부엌은 가장 중요한 역할을 담당하는 곳 가운데 하나다. 부엌의 위치에 따라서 기운이 달라지기 때문에 부엌의 위치에 따라서 음식 맛도 달라진다. 때문에 부엌의 위치나 형태가 매우 중요하다. 옛날에는 부엌이 구석진 곳에 있었으나 집이 입식으로 바뀌면서 부엌의 개념이 바뀌어 부엌도 거실과 같은 역할을 하게 되었다. 따라서 부엌은 거실과 가깝게 있을수록 좋다.

집 안의 수세식 화장실은 오물과 물이 함께 순간적으로 하수구로 내보내기 때문에 집 안에는 아무런 영향이 없는 것으로 생각하기 쉬우나 화장실 공기는 이미 오염되어 있고 또한 습기도 많아 집 안의 기운에 많은 영향을 준다. 특히 화장실 위치가 집 중심에 있으면 화장실 공기가 실내에 확산되는 힘이 더욱 크게 된다. 집 중심에는 언제나 깨끗하고 따뜻한 기운이 모여 있어야 하는 데 이런 곳에 화장실이 있으면 집 안의 기운이 불결해진다. 따라서 수세식 화장실이라도 가능한 집 가장자리에 설치하고 부득이한 경우에는 화장실 기운이 집 안에 퍼지지 않도록 주의해야 한다.

평면이 결정된 뒤에는 벽을 쌓고 그 위에 천장이 올라간다. 벽면의 높이는 어느 정도로 해야 실내 기운이 좋아질까. 생기를 만드다는 목적에서 보면 실내 공간을 정육각형 즉 원형에 가깝게 만드는 것이 좋다. 정육면체 공간에서는 바람이 수평적으로나 수직적으로 회전할 수 있기 때문에 가장 이상적인 생기를 만든다. 평면의 비율이 3 : 5 이면 천장의 높이는 3과 5의 중간인 4 정도가 이상적이다. 정육면체 실내에서는 그 기운을 상하로 구분해서 중심점부터 밑에는 음기(陰氣)가 고이고, 위로는 양기(陽氣)가 모여서 전체적으로 음양(陰陽)이 균형을 이루게 된다.

음양(陰陽)의 균형과 회전은 생기를 만드는 핵심이다. 천장이 높으면 사람에게 높은 이상을 가지게 하고, 천장이 낮으면 이상이 부족하고 현실적이며 물질적인 가치만을 추구한다. 그러나 지나치게 높으면 기운이 모이지 않는다. 천장 중심 부분이 높으면 기운을 중심에 모아 생기를 이루게 한다.

이런 천장이 있는 방에서는 분위기가 안정되고 진취적인 기상이 생겨 발전을 이루나, 중심 부분이 낮고 가장자리가 높은 천장은 기운이 중심에 모이지 않고 분산된다. 이런 천장이 있는 방에서는 분열이 자주 일어난다. 평탄한 천장은 제일 흔한 형태로 무난하다. 평탄한 천장도 실제 공사를 할 때는 중심 부분을 5~6cm 정도 높여서 외관상 안정감을 준다.

두 방을 연결해서 사용하는 경우 방 중심 천장에 대들보 같은 구조물이 내려오는 경우도 있는데 이처럼 천장 중심이 낮게 내려오면 기운이 좌우로 분산되어 좋지 않다. 천장이 피라미트처럼 중심이 높고 주변이 낮으면서 균형을 이루는 것이 좋다. 천장 일부는 높고 다른 한쪽이 낮아 좌우의 높이가 다르면 안정감이 없고 기운이 분산되어 좋지 않다. 원형돔처럼 중심 부분이 둥글고 높은 천장이 생기를 이루는 가장 이상적인 형태로 이런 천장에서는 생기가 모여 재물과 출세가 보장된다.

창문은 채광이나 실내외 공기의 순환, 바깥 경관의 조망을 위한 목적으로 사용되는 한편 자연의 기운을 집 안으로 받아들이는 통로 역할을 한다. 최근 들어 건물 규모가 커지면서 건물 벽 전체를 유리로 하는 등 개구부의 형태가 차츰 중요해지고 있다.

개구부는 외부 생명력을 받아들일 수 있도록 설치하는 것이 이상적이다. 창문은 햇빛과 바람이 들어오는 방향으로 만든다. 바람이 불어오는 쪽을 향해 창문을 열면 실내가 바람을 마주한다. 이 경우 바람이 실내에 생기를 만들어 준다. 창문을 바람이 지나가는 옆이나 지나가는 쪽을 바라보는 면에 두면 실내 기운을 빼앗는 형상이 되므로 좋지 않다. 바람이 실내 기운을 훑어 나가기 때문에 실내 압력이 약해지고 실내 압력이 약해지면 기운이 약해져 이곳에 사는 사람들은 기운을 잃게 된다.

출입문 또한 바람이 불어오는 쪽에 있으면 출입문이 열리는 순간 바람이 들어와서 실내에 압력이 강해지고 강해진 압력은 사람에게 기운을 넣어 준다. 바람이 빠져나가는 쪽으로 출입구가 있으면 바람의 기운이 실내의 기운을 빼앗아 가기 때문에 압력이 약해지고 사람도 기운이 빠진다. 물가에 있는 집은 지세가 낮은 물가에서 올라오는 바람을 좋은 바람으로 보기 때문에 올라오는 바람을 마주하는 쪽에 출입문과 창문을 만드는 것이 좋다.

창문은 벽 중심에 설치하는 것이 가장 좋다. 그래야 벽에서 생기는 진동이나 바람소리가 아름답게 울린다. 창문이 한쪽에 치우치거나 모서리에 있으면 진동이나 바람소리가 불안정해진다. 창문은 바람과 빛을 받아들이기 위해 꼭 필요한 부분이다. 그러나 너무 넓으면 실내 기운이 밖으로 빠져나가니 지나치게 넓은 것은 좋지 않다. 벽면의 50%를 넘으면 기운이 빠져나가는 형태이다. 실내는 너무 밝은 것보다 약간 어두운 듯한 것이 좋다. 실내가 너무 밝으면 기운이 분산되지만 약간 어두운 곳에서는 음기(陰氣)가 모여 오히려 생기를 이룬다. 요즘 들어 유리창 면적이 조금씩 넓어지고 있는데 기운이 쉽게 빠져 나가기 때문에 좋지 않다. 또한 유리는 기운을 통과시키기만 하고 사람에게 기를 전달하는 성질이 없기 때문에 넓을수록 실내기운에 좋지 않은 영향을 미친다.

4. 침실의 배치와 인테리어

안방은 그 집의 주인이 생활하는 공간이기 때문에 집주인의 건강과 집 전체의 분위기를 좌우할 수 있다. 어떤 가정에서는 부부가 잠만 자기 때문에 자신들은 작은 방을 사용하고 안방을 자녀들이 사용하게 하는데 이것은 좋지 않다. 어디까지나 그 집의 주인이 안방을 차지하고 있어야 하며 안방을 부모 대신 차지하여 사용하는 자녀들은 부모에 대한 공경심이나 존경심이 줄어들게 된다.

침실에 거울을 둘 경우 작은 거울은 상관이 없으나 큰 거울은 좋지 않다. 될 수 있는대로 거울은 장롱문의 안쪽 같은 곳에 달아 필요할 때만 문을 열어 사용하는 것이 바람직하다.

침대를 설치할 경우에는 안방문을 열자마자 침대 전체가 바로 보이는 것은 좋지 않으며 침대가 약간 비켜 있는 것이 좋다. 특히 침대는 외부의 벽쪽에 밀착하여 두는 것은 건강에 나쁜 영향을 준다.(옛날에는 벽을 주로 흙으로 마감했지만 지금은 거의 다 콘크리트 마감이기 때문에 벽에 밀착하여 있는 것은 나쁘다. 단 통나무집이나 흙으로 된 벽인 경우에는 다르다.)

침대는 우리의 문화가 아닌 서양의 문화이다. 문화적 차이를 논하기보다는 침대문화는 넓은 방에서 입식생활을 하던 서양의 침실문화로 조화의 측면에서 보면 우리 실정에 맞지 않은 부분도 상당히 있다. 예를 들면 온돌 생활을 기준으로 방을 설계하는 우리 실정에는 층고로 인한 답답함이 큰 방에는 답답함을 덜 느끼지만 아이들 방이나 좁은 방에 침대가 들어차 있으면 답답함을 느끼게 되며 침대의 편리함보다는 답답함으로 인한 짜증이나 조급증 때문에 아이들이 포악해지고 인내심이 결여될 소지가 있다.

침대는 전기 콘센트로부터 최소한 30cm 정도는 떨어져야 한다. 30cm 이내에는 콘센트에서 발생하는 전·자기적 성질과 침대 매트의 스프링과 자장이 형성되어 신체의 전·자기적 성질에 변화를 주게 되어 신진대사에 영향이 있다는 실험의 결과도 있다.

전자 제품도 역시 침대로부터 멀리 두는 것이 좋다. 전자 제품에서는 미세한 전기가 계속적으로 발생하기 때문에 먼지가 달라붙듯이 먼지가 전자 제품의 주위로 몰려들게 된다.

조명은 형광등보다는 백열등으로 된 간접조명이 좋으며 간접조명이 여의치 않으면 백열등이라도 켜서 온화하고 부드러운 분위기를 만드는 것이 좋다.

안방의 장롱과 같은 가구의 위와 천장 사이에는 공간이 있게 되고 이 공간 위에는 짐을 올려놓거나 지저분하게 하지 않는 것이 좋다. 이러한 곳은 기를 정체시키고 탁하게 만든다.

침실의 벽면은 가능한 한 여백을 두는 것이 좋고, 벽의 장식은 적당한 크기의 원형이나 또는 육각형 시계나 풍경화 한 점 정도가 적당하다. 너무 많은 악세사리와 장식품은 피하고 외국 여행 중에 구입한 토산품이나 인형 조형물 등은 주위와 어울리지 않는 기운이 있으므로 거실이나 서재로 옮기는 것이 좋다.

침실의 출입문에서 침실의 가장 안쪽에 해당하는 지점에 남편이 자고 주부는 바깥쪽에 가까이 자는 것이 침실의 기를 올바로 흐르게 하는 기본이 된다. 침실의 문에서 대각선상의 제일 안쪽 지점에서 생기가 가장 왕성하게 샘솟는다.

물침대의 경우는 사람이 활동할 때는 화(火)의 기운을 가지고 있지만 잠 잘 때는 수(水)의 기운으로 변한다. 물침대 역시 수(水)의 기운을 가지고 있기 때문에 물침대에서 잠을 자면 수(水)의 기운이 과잉 상태로 되어 정신적으로나 신체적으로 불균형을 이루게 되어 나쁜 영향하에 있게 된다. 그래도 물침대를 사용하고 싶다면 온도를 조절할 수 있는 것을 사용하고, 실크 소재의 시트나 모포를 함께 사용하는 것이 좋다.

침대 커버나 커튼 베개 커버 등의 색상은 침실이나 침대의 위치에 따라 오행(五行)의 본색(本色)이나 간색(間色) 또는 상생(相生)시켜주는 오행(五行)의 색으로 하는 것이 바람직하다.

침실에 걸어두는 그림이나 사진은 인물화나 추상화보다는 풍경화나 정물화가 좋다. 침실의 방향에 따라 그림의 위치를 달리해야 하는데 가능한 한 동쪽이나 서쪽 벽면에 건다. 발치에는 부부의 스냅사진이나 시계 등을 두는 것이 좋다.

침실에 딸린 화장실이 있다면 일직선상에 침대를 두지 말고 그것과 비껴서 자야 한다. 화장실의 습기와 냉기, 냄새가 좋을 리가 없다. 화장실 안의 나쁜 기운을 흡수하는 빨간 선인장을 두거나 화병에 꽃을 꽂아 두면 좋다.

침실이나 안방은 생기와 상서로운 기운을 끌어들이는 남동쪽이 가장 좋고 그 다음이 동쪽 방위라고 한다. 그러나 이미 침실(안방)이 정해졌다면 그 방위에 적응해서 살 수 있도록 풍수적 보완 장치를 해 주어야 한다. 북쪽 침실은 음습하고 가정운과 자손운 모두 불리하므로 가급적 피하는 것이 좋다. 부득이한 경우 특히 난방에 주의하고 조명을 밝게 한다. 잠 잘 때는 가급적 머리를 동쪽이나 남동쪽으로 향하게 하는 것이 좋다.

결혼과 신용 인기의 에너지를 분출하는 남동쪽 방위는 모든 사람의 침실 방위로 무난하다. 금전운이 좋아질 뿐만 아니라 대인 관계도 넓어지고 주변의 친척이나 친구 직장상사 부하에게 신뢰와 협조를 받으므로 생활이 순조로와 진다. 남동쪽의 침실은 특히 젊은 부부나 권태기에 들어선 부부에게 좋다. 잃어버린 애정을 되찾게 하고 신혼부부에게는 항상 연애 감정을 느끼게 하여 날마다 행복감이 더해진다.

미혼 자녀가 있다면 이 남동쪽 방위의 침실을 쓰게 하면 이성으로부터 청혼, 프로포즈를 자주 받게 되고 사교성이 향상되어 꿈꾸어 온 상대를 만나 결혼하기 쉽다. 직장에서 승진과 출세가 빠르고 항상 주변의 인기와 관심을 끌고 있는 사람, 성공한 사업가나 캐리어우먼들이 남동쪽 침실을 사용하는 경우가 많다. 주변의 관심과 배려를 일방적으로 받고 일이 순조롭게 풀리다 보면 자신의 능력을 과신하여, 거만하다는 소리를 듣거나 안하 무인격으로 변하여 오히려 운세를 그르칠 수도 있다.

우리 나라에서는 남동쪽 방위를 즐겨 이용한다. 주로 남향집에 남동쪽 대문을 이용함으로써 노처녀 노총각들에게 좋은 운세를 가져다 준다. 특히 남동쪽 방위는 남성보다 여성들에게 보다 큰 에너지를 선사하기 때문에 결혼이 늦어진 캐리어우먼 타입의 여성에게는 이상적인 남성을 만나 결혼하게 될 확률이 높다.

남동쪽 침실이 가장 좋고 그 다음은 동쪽이다. 푸른나무의 오행(五行) 에너지가 강하게 발산하는 동쪽 침실은 활력과 젊음을 선사함을서 이 방위의 침실을 사용하는 사람들에게 매사에 자신감과 적극성을 가지게 한다. 진취적인 생활 방식을 가지게 하는 이 동쪽 침실은 학교에 다니는 어린 자녀들부터 신혼 부부 40대 안팎의 부부에게 유리하나 장년기 노년기의 부부들에게는 적당하지 않다.

노년층의 사람들이 동쪽 침실을 쓸 경우 동쪽 방위의 에너지가 너무 왕성해서 노인의 신체로써는 감당하기가 벅차다. 동쪽은 장남과 같은 젊은 사람들의 방위이다. 나이가 어린 사람 미혼의 장남이라면 동쪽 침실은 행운의 리더자가 되고, 더불어 아름다운 여인과 교제하여 행복한 결혼도 할 수 있다.

동쪽 방위의 침실은 소리 에너지를 상승시키고 창의성을 증진시키므로, 가수 예술가 방송인 성악가 디자이너 인기 탤런트 등에서 행운을 가져온다. 평소에 주의력이 산만하고 부산스러운 자녀를 두고 있다면 이 동쪽 방위의 침실은 피해야 한다. 새로움 의욕 활기 등의 에너지를 상승시키는 동쪽을 공부방 또는 침실로 쓰게 되면 학생은 더욱 산만해지고 부산스러워져서 얌전히 책상에 앉아 공부에 몰두하지 못한다.

북서쪽의 방위 에너지는 권위와 독선·출세·가장·어른·남편을 상징한다. 8방위 중에서 가장 강직하고 독선적인 기(氣)가 흐른다고 해도 과언이 아니다. 북서쪽 침실은 당연히 집안의 가장이나 어른, 남편에게는 유리한 기운을 선사하여 승진을 돕고 사회적 출세를 앞당기는 힘이 된다.

북서쪽 방위의 침실은 남편 본인에게는 좋을지 몰라도 나머지 가족들에게는 그다지 환영할 만한 방위는 아니다. 자녀들에게는 다분히 보수적이고 독선적인 아버지로 군림하고, 아내에게는 가부장

적이고 바깥 활동에만 신경을 쓰므로 자상하지 못한 남편으로 인식되기가 쉽다. 북서쪽의 침실을 쓸 경우에는 침실의 실내 인테리어를 부드럽게 하여 주는 것이 좋다.

휴식과 오락의 의미를 상징하는 서쪽 방위는 하루 일과를 끝낸 사람들이 돌아가 심신을 이완시키고 수면을 취하기에 적당한 방위이다. 서쪽 방위의 침실은 오행(五行)의 에너지로 금전운과 상업성, 희열 취미 오락 등을 상징하므로 월급사원 보다는 자영업자나 프리랜서에게 행운을 가져다 준다. 주업 보다도 취미로 시작한 부업에서 더 큰 행운을 불러들인다.

학교공부에서도 1등 보다는 2등이 되는 에너지가 강하고, 일을 최선책 보다는 차선책으로 풀어나가는 경향이 있다. 서쪽 방위는 금전운과 오락·색정·희열·취미를 상징하므로 이 방위에 침실을 두고 풍수상으로 올바르게 활용하면 하루 일과를 짜증내지 않으면서 즐길 수 있다. 또한 그로 인해 돈도 벌 수 있다. 장사를 한다면 오락성에 치중한 노래방이나 카페 등을 경영해야 매출액이 높다.

만약 이런 업종을 부업으로 선택하면 본업보다 더 많은 돈을 벌게 될 것이다. 서쪽 침실은 직장에 얽매이기 보다 시간제 아르바이트나 일시적인 계약직·프리랜서·방송인·연예인으로 일하는 것이 행운과 연결된다. 그러나 쾌락의 성격이 짙어서 부부 중에서 외도나 불륜에 빠지는 경우가 생기고 자녀들 중에서도 이성 문제를 일으켜 곤란을 겪을 수도 있으므로 이에 대한 대비도 해야 한다.

서쪽으로 난 창문은 먼지가 끼지 않도록 항상 깨끗하게 유지해야 하며 동쪽 벽에는 생기가 넘치는 풍경화를 걸어둔다든가 동쪽으로 난 창문에 연한 녹색 블라인드나 분홍색 커튼을 달면 목(木)의 기운이 상승되면서 서쪽의 금기(金氣)가 다소 감소되어 조절된다.

남쪽의 오행(五行) 에너지는 불(火)을 상징하고 일상적으로는 정열·지혜·창의력·문명·발명과 발견·예술·아름다움·화려함·사치·인기 등을 상징한다. 남쪽 방위에 침실을 배치하면 밝고 강렬하며 활동적인 양기(陽氣)의 에너지가 넘쳐서 사람들의 휴식 공간으로서 문제가 많다. 더구나 화기(火氣)가 왕성하여져서 남쪽 방위가 지배하는 신체 부위(심장 눈)들에 무리가 간다. 그러므로 심장병으로 자리보전하거나 안면의 근육 경련이나 근육 마비, 안과 질환에 쉽게 노출된다.

부부에게도 문제가 발생하지만 한창 수험 공부 중인 학생들에게 매우 나쁜 침실이 바로 남쪽 침실과 공부방이다. 수험생이 이 방을 쓰면 심장이 과로하여 쉽게 피로하거나 머리가 맑지 못하고, 눈이 쉽게 피로하여 공부에 몰두하기가 어렵다. 아름다움과 사치의 의미를 내포하는 방위의 에너지가 작용하여 주부가 이 방을 사용하면 날마다 백화점으로 나다니기를 좋아하고, 저축하는 것보다 소비를 하는데에서 즐거움을 느낀다. 뿐만이 아니라 보석이나 외제 사치품을 구입하는데 많은 돈을 투자하여 낭비하는 수가 많다.

건강상으로도 남쪽 침실은 불리하다. 주부에게는 갑상선 질환이나 뚜렷한 갱년기 장애를 가져오고 남편에게는 화기(火氣)가 충천하므로 얼굴이나 목의 피부색이 검붉게 변하는 증세도 초래할 수 있다. 그러므로 부득이 남쪽 침실을 써야 할 경우에는 북쪽의 수기(水氣)를 가지고 있는 검은색이나 회색 계열의 가구를 침실에 이용하고, 침실의 분위기를 다소 어둡게 하여 왕성한 화기(火氣)를 다소라도 누를 수 있도록 한다. 또한 북쪽 벽에 푸른 숲을 배경으로 한 사진이나 그림을 걸어서 남쪽의 화기(火氣)와 어느 정도 균형을 이룰 수 있도록 한다.

여성이 남쪽 방위의 침실을 사용하면서 생리통이 유난히 심하거나 산부인과 질환으로 시달린다면 남쪽 방위의 화려하고 생동감이 넘치는 에너지를 제압할 수 있도록 침대 시트나 이불, 침대 가구를 매우 하려한 빨간 장미색이나 분홍색으로 선택하여 강한 것을 더욱 강한 것으로 누르는 것이 좋다.

북동쪽이나 남서쪽은 귀문(鬼門) 방위로 침실로 삼기에는 바람직하지 않다. 남서쪽이나 북동쪽은 모두 관리하기에 애로가 많고 풍수상 부정한 물건이 놓여서는 안 된다. 남서쪽은 대지와 모성애, 저축과 인내, 보수성을 상징하므로 여성에게 많은 영향을 미친다. 남서쪽에 침실을 배치해서 사용할 경우, 풍수적으로 결함이 있는 집이라면 주부가 몸이 약해지고 위장병이나 산부인과 질환, 신경성 질환으로 오랜 세월 병치레를 한다.

북동쪽은 변화와 개혁·상속·금전운의 의미가 강한 곳이다. 그러므로 이곳은 부모의 침실보다는 자녀들의 공부방으로 사용해야 상서로운 에너지를 발산할 수 있다. 북동쪽 역시 풍수상으로 부정한 물건을 두지 말고 깨끗하게 관리해야 한다.

남서쪽이나 북동쪽 침실에는 오래된 가구나 낡은 이불, 오래돼 윤기가 없는 장식품, 칙칙한 침대시트나 커튼은 쓰지 않는 것이 좋다. 귀문 방위의 어두운 에너지를 밝게 만들기 위해서라도 이 두 방위는 화사하고 깨끗한 것을 사용해야 한다. 아깝다고 해서 낡고 떨어진 물건이나 가구를 그대로 방치하면 남서쪽과 북동쪽의 까다로운 운기(運氣)는 거주자에게 매우 불리하게 작용한다. 그러므로 집안의 기(氣)가 탁해지고 건강이 악화되며 발전운도 감소되어 노력에 비해 얻는 결과가 미약한 상황에 이르게 된다. 이 두 방위는 벽지도 신선한 느낌을 주는 연녹색이나 분홍색 계열로 쓰고 커튼이나 블라인드도 화사한 연한 주황색이나 아이보리색, 연녹색으로 선택하여 생기를 더해주어야 한다.

5. 부엌의 배치와 인테리어

음식을 조리하는 부엌은 가족의 건강과 금전운에 영향을 미치는 중요한 공간이다. 부엌이 지저분하면 생명력과 금전운에 손상을 받게 되므로 항상 청결하게 관리해야 한다. 또한 화(火)의 기운을 가지고 있는 가스와 수(水)의 기운을 지닌 물이 공존하는 곳이므로 음양(陰陽)이 맞게 인테리어를 하는 것이 중요하다. 예를 들면 물 주위에 화(火)의 기운을 지닌 플라스틱 제품을 놓거나 가스레인지 옆에 정수기를 설치하는 것은 운세를 악화시키는 결과를 가져오기 쉽다.

전기 제품은 기본적으로 화(火)의 기운을 지닌 물건이지만 가동 중인 냉장고는 수(水)의 기운을 지닌 물체로 변한다. 냉장고 안에 오래된 식품을 그대로 방치해 두거나 냉장고 문에 메모지나 스티커 등을 붙여 놓는 것도 금전운을 떨어뜨리는 원인이 되므로 주의를 해야 되며 냉장고의 안팎을 항상 깨끗하게 유지해야 기의 순환이 원활해진다.

쓰레기는 음(陰)의 기운과 통하고 운세를 나쁘게 만든다. 그렇기 때문에 쓰레기는 쌓아두지 말고, 냄새가 나지 않게 해야 하며, 보이지 않은 곳에 두어야 한다. 쓰레기에서 나온 음의 기가 실내에 체류하지 않도록 쓰레기통은 반드시 뚜껑이 있는 것을 사용한다.

부엌의 창문에 커튼이 없으면 금전운이 밖으로 달아나 버리기가 쉽다. 부엌은 항상 밝은 상태를 유지하는 것이 좋기 때문에 커튼은 태양 광선을 차단하는 소재로 되어 있는 것은 피한다.

부엌에서 음양(陰陽)을 조절해주는 것은 꽃과 식물이 제일이다. 물 주변에는 항상 꽃을 장식하고, 화(火)의 기운이 강한 가스레인지 근처에는 도기 그릇에 담은 관엽식물을 놓는 것이 좋다. 플라스틱 화분은 피해야 한다.

흰색 도자기 그릇은 음양(陰陽)의 조화가 깨지기 쉬운 부엌에서는 기를 조절해 주는 중요한 역할을 한다. 물 주위에서 사용하는 도자기 그릇은 흰색을 선택하고 디자인도 통일하는 것이 좋다. 플라스틱 그릇이나 부엌 기구들도 물 주위에는 놓지 않는 것이 좋다. 또한 유희적인 감각이 물씬 풍기는 부엌용 소품을 물 근처(싱크대 주변)에 놓으면 금전운이 상승된다.

부엌용 소품은 현재 사용할 수 있는 것을 선택해야지 사용하지 않은 것을 배치하면 역효과를 초래하기 쉽다. 금전운은 물의 청정 상태에 따라 기가 좌우되므로 부엌에서 사용하는 물은 가능하면 정수기를 통해 오염물을 거른 것이 좋다. 음료수는 물론 차를 끓이거나 찻잔을 씻을 때나 도자기 제품의 그릇을 세척할 때는 정수기 물을 사용하는 것이 좋다.

키친 매트는 부엌에 퍼져 있는 강한 화(火)의 기운을 중화시키는 역할을 한다. 색상은 밝은 녹색이나 황색 계통을 선택하고 부엌의 전체색은 밝은 색으로 한다.

부엌은 가스 레인지와 전자레인지 등의 화기(火氣)를 주로 이용하므로 화기(火氣)를 살려주는 목기(木氣)가 이롭다. 오행(五行)상 목(木)의 기운을 다스리는 동쪽이나 남동쪽이 부엌의 화기를 이롭게 하므로 부엌은 동쪽 남동쪽에 있어야 가상학적으로 이롭다.

이 두 방위는 오전에는 신선한 기운이 유입되고 오후에는 햇빛이 들어오지 않아 음식의 보관이 쉽다. 반대로 서쪽의 부엌은 오후에 강렬한 햇빛이 계속하여 들어오기 때문에 음식이 쉽게 상하고 이상하게 음식맛도 없는 편이다. 이는 서쪽 방위의 오행(五行) 에너지가 금기(金氣)이기 때문에 부엌의 화기(火氣)와는 상극(相剋)이기 때문이다.

부엌은 가족들의 건강을 책임지는 공간이다. 사람은 부엌에서 만들어진 음식을 섭취해야만 일상 생활을 지탱할 힘을 비축할 수 있다. 또한 부엌은 바쁘게 살아가는 도시생활에서 가족들이 모여 서로의 얼굴을 함께 볼 수 있는 유일한 공간이다. 이렇듯 중요한 부엌에서 상서로운 에너지가 방출되어야만 가정이 화목하고 건강운이 상승된다.

부엌이 풍수상으로 사람에게 이로운 기운을 방출하려면 즉 길상의 부엌이 되려면 음식 보관이 용이한 방위에 부엌을 배치해야 한다. 부엌의 위치는 화기(火氣)와 상생(相生)되며 싱싱한 기운을 불러들여 적당한 온도를 유지시키는 동쪽이나 남동쪽이 좋다. 부득이한 경우 북쪽 부엌도 무난하다.

어느 방위를 막론하고 부엌 풍수에서 중요한 것은 부엌의 음식 냄새와 탁한 기운을 쉽게 배출시킬 수 있도록 환기 시설을 갖추거나 창문이 달려 있어야 한다. 동쪽 방위의 부엌이 아니더라도 부엌에서 동쪽으로 창문이 있으면 동쪽 방위의 활력과 신선함을 받을 수 있다. 서쪽 방위의 부엌은 음식을 쉽게 상하게 하고 주부에게 잔병치레를 하게 하므로 피한다.

현관문과 부엌이 일직선이 되거나 자녀들의 방문과 일직선이 되지 않도록 한다. 서쪽에 있는 부엌은 일조량이 많아서 음식이 쉽게 상한다. 뿐만 아니라 부엌에서 오랜 시간을 보내는 주부에게도 해로운 영향을 미친다. 부엌의 식탁은 사각형보다 타원형의 둥근 것이 좋다. 사각형은 음(陰)의 기운이고 원형은 양(陽)의 기운이기 때문에 집은 대개가 사각형이므로 음기(陰氣)가 가득찬 곳이니 온 가족이 활력의 원천인 음식을 먹는 곳에 둥근 모양의 식탁을 두면 양기(陽氣)가 보충되어 음양(陰陽)의 조화를 이루게 된다.

또한 부엌의 화기(火氣)가 서쪽의 금기(金氣)를 녹이므로 서쪽에 위치한 부엌을 오래 쓰면 점차 재물이 줄어들고 가운도 퇴보한다. 의외의 돌발사고나 횡액을 불러오는게 이 서쪽 방위의 부엌이다. 그러나 부득이한 사정으로 부엌을 서쪽으로 삼아야 한다면 서쪽 창문에 햇빛을 제대로 차단할 수 있는 커텐이나 블라인드를 설치하고 환기가 잘 되도록 환풍시설을 갖추어야 한다.

그리고 부엌에서 쓰는 키친 시스템이나 냉장고 전자 레인지 등의 가전 제품을 동쪽이나 북쪽에 치우치게 배치하면 동쪽의 목기(木氣)와 북쪽의 수기(水氣)가 상생(相生)되어 어느 정도의 행운을 얻을 수 있다.

부엌의 길방위인 동쪽이나 남동쪽이 힘들다면 북쪽의 부엌도 무난하다. 북쪽 부엌일 경우에는 냉기가 습기에 젖지 않도록 환풍 시설, 난방 시설, 창문의 크기 등에 신경을 써야 한다. 그리하여 아침의 싱싱한 태양빛을 간접적이나마 들 수 있도록 한다.

부엌의 위치가 동, 남동, 북쪽은 좋고 서쪽은 나쁘다는 것을 알아도 집의 구조상 부엌의 위치를 바꾸기는 쉽지 않다. 이럴 경우에는 부엌에서 가장 주된 기능을 하는 키친 시스템이나 전자 레인지, 가스 레인지, 냉장고 등을 동쪽 방위에 배치하는 것도 한 방법이다.

동쪽 부엌은 항상 맑고 신선한 기운이 감돌고 햇볕과 양기(陽氣)를 적절히 방을 수 있어서 풍수 인테리어상 최고의 부엌이다. 특히 동, 동남쪽의 부엌을 쓸 경우에 자녀들은 성격이 밝고 진취적이며 교우 관계도 넓고 학업 성적도 우수하여 부모들의 기쁨이 커진다.

동쪽 부엌에서는 창문이 전자 레인지나 냉장고, 인테리어 소품들에 막히지 않아야 하고 동쪽으로 벽이 갈라지거나 오래된 부엌 기구들이 어지럽게 널려 있지 않아야 풍수적으로 좋은 영향이 크다.

서쪽 부엌은 아침에는 햇볕이 들지 않아 춥고, 온종일 햇볕이 들어와 부엌의 공기가 탁해진다. 그래서 음식은 쉽게 상하므로 좋지 않다. 주부들은 밖으로 나돌게 되고 따라서 돈의 낭비가 심해져 살림이 엉망이 되고 가족들도 돈을 모으기보다 쓰려는 경향이 있다.

남서쪽과 북동쪽은 귀문(鬼門) 방위라고 해서 부정한 것이나 성스럽지 못한 물건을 걸어 놓지도 못하게 하고 배치해서도 안 된다. 귀문방위인 남서쪽과 북동쪽은 부엌과 화장실 배치는 무리가 따른다. 더구나 남서쪽은 오후에 직사광선이 내리치는 방위로 집안에 탁하고 더운 기운이 급상승하여 생기가 형성되기 어렵다.

남쪽의 부엌은 부엌의 화기(火氣)와 오행(五行)의 화기(火氣)가 더해져 화재의 우려가 커진다. 남쪽 방위 자체가 순간의 화려함·사치·문화 등을 상징하기 때문에 소비 지향적이고 문화 생활을 우선시하는 가정이 되기 싶고, 주부의 씀씀이도 커지고 가족들 또한 일단 쓰고 보자는 성향으로 바뀌게 될 우려가 있다. 환기 시설, 일광 차단용 블라인드를 설치해서 강렬한 햇볕과 열기를 억제하면 비교적 경제력이 뒷받침되는 가정으로 될 수도 있다.

남쪽 방위는 문화·문명·발견·창조·인기 등을 의미한다. 그러므로 남쪽 부엌을 사용하는 주부들은 대체로 예술적 감각이나 생활의 아이디어가 뛰어난 편으로 남편과 자녀들에게 활력을 제공하는 가정의 중심이 되기도 한다. 또한 남쪽은 창의력·인기·명예의 방위이기 때문에 남쪽 부엌을 잘 활용하면 주부가 남편의 사랑을 독차지하고, 자녀들은 친구들이나 선생님의 귀여움과 사랑을 받아 명랑한 성격으로 자란다.

겨울철과 수기(水氣)의 상징인 북쪽에 부엌을 두면 차거운 냉기에 노출될 확률이 커져서 주부의 건강이 위협받지만 난방시설만 양호하다면 별 문제는 없다. 더구나 현대식 주택은 예전의 재래식 가옥과는 달리 난방 시설이 잘 되어 있으므로 북쪽 부엌도 큰 문제는 없다.

집의 북쪽을 부엌으로 쓰는 집은 대체로 가족 구성원들의 성품이 조용하고 자립심이 강하며 근면한 타입이어서 내실있는 가정이 된다. 북서쪽은 가장의 권위와 질서를 상징하는 강력하고 남성적인 방위이므로 이 방위에 부엌을 두고 사용하면 주부가 가장의 역할을 하게 되어 아내가 남편 대신 가정의 경제를 떠맡거나, 남편이 가정을 떠나 자주 집을 비우게 되고, 부인은 일하러 나가고 대신 남편이 집안일을 하게 되는 경우도 있게 된다.

북동쪽은 남서쪽과 마찬가지로 모든 제약 조건이 까다로운 귀문 방위로 쉽게 결정할 방위는 아니나, 남서쪽에 비해서는 그 흉함이 덜하며 북쪽 방위의 부엌과 유사한 영향력이 있다.

6. 화장실의 배치와 인테리어

욕실은 수(水)의 기운이 왕성한 장소로 가족의 건강운이나 애정운에 큰 영향을 미친다. 욕실 인테리어는 수(水)의 기운과 궁합이 좋은 연하고 부드러운 색을 기본으로 하고 플라스틱 보다는 도자기나 유리로 된 것을 사용하는 것이 좋다. 특히 환기에 유의해야 한다. 욕실 안의 수(水)의 기운이 외부로 퍼지는 것을 막기 위해서는 욕실에 매트를 깔아두는 것이 좋다.

매트 색깔은 흑색이나 회색 등 어두운 색이나 지나치게 화려한 원색은 피하고 파스텔 톤의 밝은 색을 선택해야 한다. 목욕을 하고 난 후의 욕조 물은 목욕을 할 때 몸에서 빠져나온 나쁜 기운이 고여 있기 쉽다. 이 물을 그대로 두면 나쁜 기운이 욕실 전체에 퍼지게 되므로 욕조의 물은 사용 즉시 모두 버려야 한다.

욕실과 화장실을 같이 있는 것이 보편화 되어 여기서는 화장실에 대해서는 간단하게 서술하고자 한다. 가족의 건강운과 관계가 깊은 화장실은 수(水)의 기운이 강한 장소이다. 화장실이 춥거나 냄새가 나고 어두우면 수(水)의 기운에서 나오는 나쁜 기운이 쌓이게 된다. 이렇게 되면 주인의 건강에 나쁜 영향을 주게 되고, 여성은 산부인과 질환에 걸리기 쉽다.

그렇기 때문에 화장실은 항상 밝고, 따뜻하고 깨끗하게 정리해야 한다. 겨울에는 히터를 자주 틀어 냉기를 없애주고, 감귤계의 향을 사용하여 악취가 나지 않게 하고 항상 깨끗이 유지해야 한다. 특히 화장실에서 나는 냄새는 주부의 인상을 좌우하는 역할을 하므로 항상 악취를 제거하고 좋은 향기가 풍기게 유의해야 한다. 화장실에서 사용하는 향은 금생수(金生水)나 수생목(水生木)의 기운을 가지는 감귤계의 향이 제일이다.

화장실은 신선한 생기가 유입되어 의욕과 활력을 제공하는 남동쪽이나 동쪽 방위가 가장 적합하다. 이 두 방위는 화장실(욕실)의 악취를 쉽게 제거하고 바닥의 습기도 효과적으로 건조시키는 데 적합하다. 동쪽은 막 떠오르는 힘찬 태양의 에너지를 상징하는 방위이므로 동쪽의 화장실(욕실)은 하루 일과를 시작하기 위해 첫 번째로 드나드는 관문(세수와 샤워)으로써 의욕을 보충하게 한다. 또한 일과를 마친 후에 피로를 회복하여 항상 상쾌한 기분이 되도록 한다.

8방위 중에서 화장실(욕실)이 배치되기에 가장 좋은 방위라 할 수 있는 동쪽은 화장실(욕실) 자체의 결함을 쉽게 억제할 수 있고 직장에서도 자신감이 넘치게 하여 매사에 도전적이고 의욕이 왕성하여 빠른 출세와 성공을 보장한다. 그러나 동쪽 방위의 화장실 풍수 인테리어가 흉상이거나 변기 수도 등이 고장난 채 쓰고 있거나 물건들이 어지럽게 놓여 있고 배수가 원활하지 못하고 환기 시설마저 엉망이면 악한 기운이 생겨나 동쪽의 길한 에너지를 받는 것은 고사하고 동쪽 방위가 지배하는 것들에 악한 기운이 미치게 되어, 장남 이외에도 가족들 중에서 간질환이나 위장의 질환으로 시달리는 사람이 생길 수 있다. 남동쪽 방위 역시 화장실(욕실) 배치에 비교적 적합하다. 푸른 나무의 기운이 솟는 방위이므로 화장실의 불리함을 쉽게 극복할 수 있다.

남동쪽은 원래 젊은 사람들의 침실이나 공부방 거실 등이 적합한 방위이기 때문에 이곳에 화장실(욕실)을 배치할 경우에는 최대한 화장실(욕실)을 화려하고 화사하게 그리고 깨끗하게 가꾸고 관리해야 한다. 목욕 용품이나 화장실 용품, 변기나 욕조, 타일 등도 화려한 것으로 꾸며놓아 안방에 들어온 것처럼 해야 한다.

이렇게 화사한 인테리어로 꾸며진 남동쪽 화장실(욕실)을 쓸 경우엔 남편의 승진운이 빨라지고, 자녀들 특히 장녀의 성적이 좋고, 부부의 관계도 좋아져 단란한 가정을 꾸리게 된다. 남동쪽 화장실(욕실)을 쓸 경우 특히 주의해야 할 것은 환기창이 꼭 있어야 한다. 그래야만 남동쪽의 생기가 원활히 유입되어 길상이 된다. 창문이 없는 구조이거나 배수가 안 되고 불결하다면 장녀의 혼인이 늦어지거나 하는 폐해가 생길 수 있다.

북쪽의 화장실(욕실)은 겨울이 되면 한랭한 북서 계절풍을 바로 받아 냉기가 감돌고, 햇볕이 들기 어려워 어두우며 습기가 찬다. 이곳을 오래 사용하면 건강에 치명적인 손상을 입을 수 있다. 북쪽 화장실(욕실)은 난방·배수·환기에 특별히 신경을 써야 한다. 옛날부터 북쪽의 화장실을 쓰는 집은 갑작스런 사고나 재난을 당하며, 귀문 방위(남서, 북동)의 화장실 역시 좋지 않다고 했다.

남서쪽과 북동쪽은 귀신이 드나드는 방위 즉 귀문 방위라 하여 주택의 모든 구조들이 놓이기에는 조건이 매우 까다롭고, 성스러움이 있어야 하며, 무엇보다도 청결과 정리 정돈이 잘 되어 있어야 한다. 햇볕이 계속 들어와 화장실(욕실) 안의 온도가 올라가서 악취와 부패하기 쉬운 남서쪽보다는 북동쪽이 상대적으로 덜 흉하다. 북동쪽 화장실은 조금만 신경을 써서 풍수 인테리어를 갖춰준다면 결함은 보완될 수 있다. 북동쪽 화장실의 전등은 밝은 것으로 선택하고 벽이나 바닥의 타일, 욕조나 변기의 색상을 흰색과 베이지색 계열로 선택해서 전체적으로 밝게 꾸며준다.

흰색은 귀문의 탁한 기운을 풀어서 다소 느슨하고 밝게 해준다. 북동쪽 화장실에 결함이 있으면 어린이들의 학업 성적이 부진하고 연구에 몰두하기 어려우며 전문직 종사자들에게 큰 피해를 준다. 이럴 경우에 창문의 커튼이나 블라인드를 밝은 분홍색이나 베이지색으로 바꿔주고 타올이나 슬리퍼는 빨간색 짙은 붉은색으로 선택하여 까다로운 귀문의 흉기를 풀어주도록 한다.

남서쪽 화장실은 북동쪽보다 더 불리하다. 서쪽 화장실보다는 덜하지만 오후의 석양이 오래 머물게 되어 화장실(욕실)에 악취가 심해져서 흉작용이 커진다. 화장실의 풍수 조건이 조금이라도 부족하게 되면 남서쪽 본래의 흉작용(귀문방)에 결함이 더해져서 나쁜 영향이 더욱 커진다. 햇볕을 잘 가릴 수 있도록 블라인드를 설치하되 환기가 잘 되도록 적당한 크기의 창문을 두는 것이 좋다.

화장실 색상은 녹색·분홍색·하늘색이 무난하므로 블라인드나 커튼·타일·욕조·변기 등을 길한 색상으로 선택하면 남서쪽의 흉작용을 근본적으로 없앨 수는 없지만 결함은 감소시킬 수 있다.

남쪽 화장실 역시 권장할 만한 방위는 아니다. 화장실(욕실)의 수기(水氣)와 남쪽의 화기(火氣)가 서로 상극(相剋)이므로 사소한 결함에도 폐해가 예상된다.

예를 들면 배수가 잘안 된다거나 변기 고장, 창틀의 뒤틀림, 타일의 손상 등의 사소한 결함에도 가족 중에서 심장 질환자나 갑상선 질환자가 나오게 된다. 남쪽 화장실은 창문에 짙은 녹색의 블라인드나 짙은 하늘색의 커튼으로 빛의 양을 조절하여 음양(陰陽)이 조화가 이루도록 해야 한다. 될 수 있는 대로 바닥의 물기를 없애고 환풍기를 통해 악취와 열기가 쉽게 배출되도록 한다. 또한 화기(火氣)를 누르기 위해서는 화장실 안에서도 북쪽 방위에 변기나 욕조를 두는 것이 좋다.

서쪽 화장실은 금전운을 쇠퇴하게 하고 가족들을 소비와 향락적인 성향으로 변화시키므로 대흉상으로 여긴다. 서쪽 화장실은 자녀들이 일찍부터 이성에 눈뜨게 하여 공부에 문제가 생기고 주부나 딸이 풍기문란으로 소문의 대상이 되기도 한다. 본래의 성격이 사치스럽다면 사치가 더욱 심해지고 도박에도 손을 대게 되어 주부가 패가 망신시키는 사례도 많다. 이미 정해진 구조라서 어쩔 수 없이 이 방위의 화장실을 써야 한다면 청결하고 밝게 해야 하고 물기나 습기가 없도록 하여 다소 건조한 상태를 유지해야 한다. 그렇지 않으면 가족들이 환락에 몰두하거나 성적으로 문란해지며 천식·피부염·편도선염에 시달릴 우려가 있다.

블라인드나 커튼을 녹색이나 연한 회색으로 하여 화장실 안의 분위기를 안정되고 차분하게 하고, 강렬한 오후의 햇살도 막아 주는 것이 좋다. 만약 서쪽으로 창문이 있다면 황토색이나 녹색 커튼을 쳐서 차광과 생기 상승의 이중 효과를 볼 수 있다. 또한 햇볕에 수분이 증발하여 습기가 차기 쉬우므로 욕조에 물을 받아 두지 말아야 하며, 배수 시설에 신경을 써 물이 잘빠지도록 한다.

북서쪽 화장실은 자식들에게 부모의 권위가 서지 않고 자녀들의 성격이 비뚤어지며 가장의 건강이 나빠지거나 발전이 더디게 된다. 변기와 세면기는 항상 깨끗하고 향긋한 냄새가 나도록 방향제를 놔두거나 환기에 신경써야 한다.

만약 북서쪽에 결함이 있으면 가장 먼저 아버지, 남편의 생식기능에 이상이 생기고 신경쇠약, 직장에서의 정리해고 등의 불운을 겪게 된다. 나머지 가족들도 감기나 기관지염 등으로 오랫동안 고생을 한다. 가족끼리 친화가 안 되고 자녀들의 성격이 비뚤어져 간다면 바닥이나 벽의 타일을 흰색이나 베이지색으로 바꾼다.

화장실의 위치를 옮기는 대신 변기나 욕조를 서쪽 방향에 배치한다. 가장의 건강에 이상이 있다면 화장실의 블라인드나 커튼을 군청색이나 붉은 장미색으로 해줌으로 흉함을 다소나마 감소시킬 수 있다. 화장실(욕실)은 일상의 건강뿐만 아니라 흉한 작용이 강하면 출세까지 방해해서 금전운에 타격을 준다.

변기나 욕조가 정중앙선이나 문과 일직선상에 놓인 것도 흉상이지만 북동이나 남서쪽과 같은 귀문 방위에 놓이는 것도 흉하다. 이렇게 되면 중요한 회의나 출장을 갔을 때 컨디션이 흐트러져서 출세에 영향을 미치고, 업무상으로도 효율이 오르지 않으며 공부에 몰두하기가 어려워진다. 이사를 할 경우나 집을 신축할 경우에 이런 구조의 화장실은 피해야 한다.

타일, 바닥, 변기의 세심한 부분까지 방위의 색에 맞는 색깔을 선택한다. 흰색은 어느 방위에나 궁합이 좋다. 수건이나 슬리퍼는 반드시 화장실 전용을 준비해서 쓰도록 한다. 수건은 부지런히 자주 교환해서 세탁을 하고 햇볕을 쬐인 것을 사용하면 금전운 등이 상승한다.

슬리퍼는 화장실 매트를 깐 경우라도 반드시 사용한다. 최근 들어 운이 없다는 생각이 들면 유명 메이커의 슬리퍼를 구입해서 사용한다. 그리고 화장실의 방위와 궁합이 잘 맞는 색상의 슬리퍼로 바꿔 보는 것도 한 방법이다. 화장실 조명은 어두운 것을 고르기 쉬운데 탁한 기(氣)를 풀어주기 위해서는 밝은 조명이 더 낫다. 빛이 변기 속의 물에 비치지 않도록 설치 장소도 고려해야 한다.

7. 자녀의 공부방은 이렇게

햇빛이 잘 드는 방을 어린이 방으로 하면 건강하고 명랑한 아이로 자란다. 해가 잘 들지 않으면 병이 나기 쉽거나 내성적인 성격이 되는 경우가 있으므로 주의해야 한다. 수험 공부로 어수선하거나 건강면에 문제가 있으며 지출이 늘어날 뿐만 아니라 부모의 정신 상태에도 영향을 미쳐 낭비의 원인이 되기도 한다.

북쪽 방은 아이가 자기에는 적당하지 않지만 공부방으로는 제일이다. 공부에 집중할 수 있기 때문에 나무로 된 큼직한 책상을 사주면 수험 공부에는 안성마춤이다. 다른 방위에 방이 있는 경우도 책상을 북쪽을 향해 배치하면 공부가 잘된다. 이 경우에는 책상 앞에 책장이 없는 것이 좋다. 동쪽 방은 남자아이에게는 좋은 방위로 여자아이의 경우는 말괄량이가 되는 경향이 있지만 자녀들의 공부방으로는 아주 좋다. 이때 남자아이에게는 파란색이나 녹색의 계통으로, 여자아이에게는 붉은색이나 분홍색 계통으로 액센트를 주어 공부방을 꾸며준다.

남쪽은 미술이나 예능 등의 재능이 비즈니스에 활용될 가능성이 크지만 산만해지기 쉽다. 서쪽은 공부방으로서는 바람직하지 않다. 또한 오후의 강한 햇빛을 잘 조절하는 것이 중요하다. 한마디로 말하면 자녀들의 공부방은 동쪽·남동쪽·북쪽 방위가 좋다. 북쪽은 고3 수험생들에게 좋고, 동쪽은 어린 자녀들에게 좋다. 침대는 남동쪽으로 배치하되 침대머리는 가능하면 동쪽으로 오게 하고 벽과 침대의 간격은 20~30cm가 적당하며, 컴퓨터는 가급적 창문 가까이에 두는 것이 좋다. 색은 녹색이나 베이지색 등 부드러운 색상을 기조로 사용한다. 커튼이나 카페트 등의 색은 하나로 통일시키고 화려한 색이나 무늬는 삼가도록 한다.

공부방에 너무 큰 창문이 있는 것은 좋지 않다. 빛이 너무 많이 들어오면 아이들이 지나치게 활동적이고 산만해져 바깥에만 관심을 두어 공부에 집중하기가 힘들어진다. 이럴 때는 벽지의 색상과 같은 계열의 커튼을 달아서 별로 눈에 띄지 않게 해주고, 빛을 적당히 가리어 아이의 심리적 안정에 도움이 되도록 한다.

동쪽이나 남동쪽의 공부방은 동쪽 방향에 적당한 크기의 창문이 반드시 있어야 한다. 그래야만 이 방위의 길운을 고스란히 받을 수 있다. 동쪽 창문에는 부드러운 연한 녹색이나 온화한 느낌의 커튼을 쳐서 일광을 조절하고 방 분위기도 밝게 해 주는 것이 좋다.

8. 정원수와 식물을 이용한 인테리어

공간 활용을 최대한으로 늘리기 위해 현대 주택에선 거의 정원수를 심지 않는다. 하지만 전통 가옥에선 유실수이든 그저 꽃을 보기 위한 나무이든 정원수를 심어 주택의 생기를 보강했다. 단순히 자신의 富를 과시하기 위해 무턱대고 큰 나무를 심거나 방위를 올바로 따지지 않고 아무 곳에나 심어서는 정원수로서의 목적이 무의미해고 가족의 건강에 치명적인 손상을 줄 수도 있다.

정원수는 높이가 3m를 넘지 말아야 하며 집으로부터 15m 정도는 떨어져 있어야 길상이고 행운의 에너지를 줄 수 있다. 너무 크고 무성한 나무는 집안에 들어오는 햇볕을 가리고, 너무 가까운 곳에 있는 나무는 그 뿌리가 집터 속까지 뻗어서 집터의 생기를 흡수해 버려 부정적인 영향을 미친다.

특히 정원수는 침실의 창문과 멀리 떨어져 있어야 한다. 지나치게 무성한 정원수는 집터의 생기를 빼앗고 야간에는 이산화탄소를 배출해 가족들에게 큰 피해를 준다. 또한 나무 한 그루 없는 집은 쉽게 지기(地氣)가 소멸되기 때문에 어느 경우든지 적당히 있는 것이 없는 것보다는 낫다.

오랫동안 가꿔온 정원수를 함부로 자르거나 파내 버리면 가족들에게 불길한 일이 일어난다고 해서 꺼린다. 정원수는 이미 집 자체의 생기의 근원이 되었기에 주의해서 다루어야 한다. 방위별 종류별 길한 정원수를 알아보면 다음과 같다.

① 사철나무·감·대추·장미·라일락·대나무·향나무는 어느 방위에 심어도 생기를 북돋아 준다.
② 벚나무·소나무·매화·버드나무·복숭아·은행나무는 동쪽 방위에 심어야 이롭다.
③ 떡갈나무·소나무·느릅·대추·석류나무는 서쪽 방위에 심어야 이롭다.
④ 매화·키큰 거목은 북쪽에 심어야 이롭다.
⑤ 오동나무나 키가 작은 과실수 등은 남쪽 방위에 심어야 한다.

대표적인 정원수 몇 가지의 길한 방위를 알아보면 다음과 같다.

① 장미는 모든 방위에 이로우며 방위에 상관없이 행운을 부른다.
② 대추나무는 서쪽이나 남쪽 문 앞에 두 그루 정도 심으면 자손들이 번창하고 복록이 커진다.

③ 감나무는 창문 앞에다 심으면 안 된다. 북서쪽에 감나무를 심으면 가장의 건강에도 좋고 자손들도 화목하다.
④ 오동나무는 우물가나 앞마당에 심으면 아주 나쁘다. 남서쪽이나 북서쪽에 세 그루 정도 심으면 좋다.
⑤ 소철나무는 정원수로 쓰면 안 된다. 어느 방위든 흉하다.
⑥ 소나무는 북쪽만 빼놓고는 어느 방위라도 무난하다.
⑦ 사과나무는 정원수로 부적당하다. 어느 방위든 흉상이다.
⑧ 라일락도 어느 방위이든지 길하다. 길운을 강화시켜 준다.
⑨ 은행나무는 집의 북쪽이나 북서쪽에 심으면 가운이 번창하고 무병 장수한다고 한다.

식물을 이용한 초록색 치유법은 건강이나 풍수의 문제를 해결하기 위해 사용될 수 있다. 식물의 초록빛 잎은 봄과 성장, 생명을 연상시킨다. 이 치유법에서는 종이나 플라스틱으로 만든 인조 식물을 목적에 따라서 사용할 수도 있다. 식물에는 가습기에 온도조절 능력까지 있는 공기정화식물들이 있는데 현재 이를 응용한 웰빙 인테리어가 유행하고 있다.

눈을 즐겁게 하는 초록식물 중에는 실내 공기를 정화하는 역할을 하는 것이 있다. 산세비에리아·아이비·싱고니움·스파티필름·앤슈리엄·고무나무·벤자민 등이 새집 증후군 방지 식물들이다.

아프리카가 원산지인 산세비에리아는 음이온이 많이 나온다고 해서 일본에서 화제가 됐던 식물이다. 다른 식물과 달리 광합성을 할 수 없는 밤에도 이산화탄소를 흡수하고 산소를 내뿜어서 잠을 자는 침실에 놓아도 좋다. 또 거실, 아이들방에 놓아두면 가전제품 등에서 나오는 양이온을 중화해주는 기능도 있다.

산세비에리아 화분에 숯을 넣어 키우면 더욱 공기정화 기능이 높아진다. 물을 자주 주지 않아도 죽지 않을 정도로 생명력이 강해 게으름 때문에 식물 키우기를 두려워하는 사람에게 좋다. 스파티 필름은 실내 공기 정화능력이 뛰어나며 집안의 안 좋은 냄새도 흡수하는 능력이 있다.

앤슈리엄은 실내 공기를 정화해 주기도 하지만 연중내내 꽃이 피어 있어 보기도 좋다. 아이비·싱고니엄은 싸기도 하지만 물만 주면 쑥쑥 커 키우는 재미도 있다. 실내의 인테리어 소품으로 많이 쓰이는 고무나무도 공기 정화를 잘 한다. 벤쟈민도 병충해에 강해서 인기가 좋다. 가정이나 사무실 또는 병원을 장식한 초록색 식물은 자연의 복원력과 평온함을 환기시켜 준다.

무엇보다 중요한 것은 식물의 배치이다. 배치에 따라 방의 기운을 빼앗는 날카로운 예각의 기둥이나 구석의 드센 기운을 완화시킬 수 있다. 날카로운 모서리가 있는 형태가 특이한 방의 기운을 재순환시키기 위해서는 그 모서리 근처에 식물을 놓아둔다. 그리고 창문과 방의 위치가 나란히 통해 있어 마치 공기가 터널을 통과하듯이 기운의 흐름이 너무 빠르면 식물을 창문 가나 창문과 방문 사이에 배치하여 기운의 흐름을 늦출 수 있도록 조절해야 한다.

삭막함을 느낄 수 있는 장소나 너무 단조로운 분위기가 많은 장소에 식물을 둠으로써 그러한 분위기를 많이 누그러뜨릴 수 있다. 실내에 있는 기운이 직접적으로 자신의 운세에 관여한다면 정원이나 베란다 등 실외에 존재하는 기운은 간접적으로 기운을 보충해주는 역할을 한다. 즉 실외는 생활을 통해 소진된 기운과 생명력을 보충해주는 장소이다. 기운을 보충 받기 위해서는 정원이나 베란다에 꽃이나 식물을 기르는 것이 가장 좋은 방법이다.

화분은 목재나 흙으로 된 자연 소재의 제품이 좋다. 도기제품의 화분은 토(土)의 기운이 있어 식물의 성장에 큰 도움을 준다. 백열등이나 할로겐등의 조명은 햇빛이 들어오지 않는 곳에서도 식물은 조명을 이용하여 광합성을 할 수 있다. 베란다에 라이트를 24시간 켜놓으면 밤에도 양(陽)의 기운으로 가득 차게 되어 꽃이나 식물이 잘 자라게 된다. 햇빛이 잘 들지 않는 곳은 조명의 촉수를 한 단계 높여 항상 밝은 공간으로 만들어 식물로 하여금 광합성을 하게 하여 식물의 능력을 최대한 이용하는 것이 중요하다.

북쪽이나 북서쪽에 놓는 관엽식물은 잎이 둥글고 소담한 타입을, 동남쪽에는 잎이 아래로 떨어지는 타입이 좋다. 북동쪽에는 큰 잎이 밀집되어 있는 타입을 놓으면 건강운이 상승한다. 동쪽에는 개성적인 타입을, 남쪽에는 똑같은 식물을 1 : 1로 대칭으로 놓는다.

집의 중심부에 관엽식물을 놓으면 주인이 집을 떠날 우려가 있다고 한다. 북쪽은 수(水)의 기운이 왕성한 방위이므로 북쪽은 물의 흐름을 원활하게 하는 모양으로 식물의 높이에 차이를 두어 배치하는 것이 좋다. 특히 이 방위에는 물을 좋아하는 식물이나 핑크계의 꽃과 궁합이 맞다. 꽃은 큰 꽃보다는 작은 꽃이 좋다. 키 큰 나무 한그루를 액센트로 배치하는 것도 좋다.

동쪽은 목(木)의 기운이 왕성한 방위이므로 이 방위에는 장미꽃을 심는 것이 좋다. 목(木)의 기운이 왕성한 동쪽과 장미는 서로 궁합이 어울리므로 운세를 높여주는 역할을 한다. 대나무와 같이 위로 뻗어 올라가는 식물도 좋다. 남쪽은 화(火)의 기운이 왕성한 방위이므로 이 방위는 같은 모양의 화분을 2개씩 배치하면 이 방위로부터 얻을 수 있는 운을 2배로 상승시킬 수 있다. 관엽식물이나 흰색의 꽃, 기(氣)를 맑게 해주는 작용이 강한 라벤더, 제비꽃 등을 기르는 것이 좋다. 화(火)의 기운이 왕성한 방위이므로 적색 계통의 꽃은 피해야 한다.

서쪽은 금(金)의 기운이 왕성한 방위이므로 이 방위는 낮은 곳에 포인트를 두고 둥근 모양을 형성하듯 정원을 꾸미는 것이 좋다. 화분 등도 키가 낮고 둥근 모양을 선택하는 것이 좋다. 여기에다 키 큰 식물 한 그루를 배치하면 운세가 상승한다. 꽃은 노란색이나 흰색, 아이보리 색깔의 꽃을 섞어 심는 것이 좋다.

미국조경협회(ALCA)의 후원 아래 진행된 미항공우주국(NASA)의 공기정화식물연구의 발표된(1989년 9월15일) 논문에 의하면 미항공우주국이 우주공간에서 완전히 밀폐된 우주선의 공기를 정화하기 위한 연구를 진행하며 식물의 공기 정화능력이 발견됐다. 인체에 해로운 오염물질이 밀폐된 공간에 50여 가지 식물을 넣어 두었더니 24시간 안에 80%의 포름알데히드, 벤젠, 일산화탄소 등이 없어졌다는 것이다.

포름알데히드, 벤젠 등은 새집 증후군을 유발하는 유해물질이다. 공기정화 식물은 몸에 좋은 음이온을 뿜고 실내 습도도 60% 정도를 유지해줘 별도의 가습기가 필요없다. 여름에는 실내 온도를 2~3도 낮춰주고 겨울에는 2~3도 높여주는 등 온도 조절 기능도 해준다. 산세비에리아·아이비·안스리움 외에도 야자나무는 페인트를 흡입하며 아레카 야자는 습도를 높이는 데 도움을 준다.

네프롤레피스·아디안텀 등 고사리과 식물들은 실내의 습도를 조절하는 자연 가습기이다. 사람에게 가장 편안한 40~60% 습도여야만 마르지 않기 때문이다. 비화옥·변경주 등 선인장류는 밤에도 이산화탄소를 흡수해 실내에 두면 좋다. 대부분이 아프리카 남미 동남아가 원산지이다. 다음은 미항공우주국에서 연구한 50여 가지의 식물 중에서 정화능력이 뛰어난 식물 10가지이다.

(1) 대나무야자(Bamboo Palm)

증산작용 능력이 아주 뛰어난 식물중의 하나이다. 특히 겨울에 실내공기가 아주 건조하게 되면 자동적으로 많은 양의 수분을 내뿜어서 건조한 장소에서 적절한 습도를 조절하는 능력이 아주 뛰어나다. 공기 중의 오염물질인 벤젠·트리클로로에틸렌·포름알데히드를 제거하는데 아주 뛰어난 식물중의 하나로 아레카야자와 더불어 건물 인테리어 식물로 많이 사용되며, 보통 1.8m까지 자라며, 병충해에 강한 식물이다.

(2) 아글라오네마(Chinese Evergreen)

공기중의 오염물질인 포름알데히드를 제거하는 능력이 뛰어나다. 잎이 점점 증가함에 따라 정화능력도 비례하여 증가한다. 최근에 들어 국내에도 많이 소개가 되고 있지만 아직은 흔히 볼 수 있는 관엽식물은 아니다. 이 식물의 가장 큰 장점은 빛이 들어오지 않는 어두운 곳에서도 잘 자란다는 것이다. 이 식물은 영화 「레옹」에서 여자 주인공의 소품으로 사용되어 한 때 일본에서 인기가 있었던 식물이기도 하다. 습도만 잘 유지시켜 준다면 초보자라도 키워볼 만한 식물이다.

(3) 아이비(English Ivy)

공기중의 오염물질을 제거하는 능력이 아주 탁월하다. 특히 포름알데히드를 제거하는 능력은 대부분 관엽식물 중에서 가장 뛰어나다. 생명력이 강해서 식물 기르기의 초보자라도 집안에서 기르기가 수월하다. 우리 나라 사람들이 좋아하는 식물 중의 하나이며 인테리어 소품으로도 많이 이용되고 있다.

(4) 거베라(Gerbera Daisy)

NASA의 공기정화식물연구에 초기부터 이용되어 뛰어난 공기정화 능력을 인정 받았다. 공기 중의 다양한 오염물질(포름알데히드, 벤젠, 일산화탄소, 키실렌, 암모니아)등을 제거하는 능력이 아주 뛰어나고 증산작용도 활발하여 습도를 조절하는 능력이 우수한 식물이다. 꽃의 색깔은 노란색 · 빨간색 · 오렌지색 · 흰색, · 핑크색 등으로 다양하다. 그리고 병충해에 대한 저항력도 뛰어나다.

(5) 드라세나 자넷크레이지(Janet Craig)

공기 중의 오염물질인 트리클로로에틸렌을 제거하는 능력이 뛰어나다. 완전히 성장하면 보통 3m 정도의 크기가 된다. 생명력이 강해서 게으른 사람이나 식물 기르기에 초보인 사람도 죽이지 않고 잘 키울 수 있다. 음지에서도 잘 견디지만 자라는 속도는 그만큼 느려진다. 드라세나종에서 실내 공기 오염물질을 제거하는 능력이 가장 뛰어나다.

(6) 드라세나 마지나타(Marginata)

관엽식물 중에서 가장 많이 알려진 것 중의 하나이며, 키우기가 가장 쉽다. 생명력이 아주 강해서 1960년대부터 꾸준히 가정과 빌딩 사무실 등에서 많이 기르고 있다. 공기정화 능력이 뛰어나고, 특히 오염물질인 키실렌(자일렌)과 트리클로로에틸렌을 제거하는 능력이 뛰어나다.

(7) 드라세나 마상게나(Corn Plant)

우리 나라에서 행운목으로 불리는 이것은 가장 대중적인 관엽식물 중의 하나이다. 원래는 밝은 곳을 좋아하나 음지에서도 잘 견딘다. 공기정화 능력도 탁월한데, 특히 포름알데하이드를 제거하는 능력이 뛰어나다. 개업식 등에 많이 사용되며 빌딩의 관엽식물로써 인기가 있다.

(8) 산세베리아(Sansevieria)

다른 식물들과는 다르게 밤에도 산소를 발생하고 이산화탄소를 제거한다. 음이온이 다른 식물에 비해서 많이 방출되어 음이온 식물로도 불리기도 한다. 생명력이 아주 강해서 게으른 사람이 키워도 거의 죽지 않는 그런 식물이기도 하다. 총 70여 종이 있으며 그 중에서 Sansevieria Trifasciata 종이 가장 대중적이다. 기르기가 쉽고 병충해에 대한 저항력이 커서 급속도로 많이 기르고 있다.

(9) 스파티필름(Peace Lily)

공기 오염물질인 알콜·아세톤·트리클로로에틸렌,·벤젠·포름알데하이드를 제거하는 능력이 아주 뛰어나다. 더욱이 이 식물은 크기에 비해서 증산작용능력도 아주 뛰어나서 건조한 실내의 습도를 높이는데 많은 도움을 주는 식물이다. 공기정화능력도 뛰어나고 꽃모양의 아름다운 흰색 화포 때문에 주부들에게 아주 인기가 있는 식물 중의 하나이다.

(10) 아레카야자(Areca Palm)

야자류 중에서 가장 인기 있는 것 중의 하나이다. 많은 양의 수분을 공급해 실내 습도를 조절하는 능력이 매우 뛰어나다. 24시간 마다 1.8m의 아레카야자가 뿜어내는 수분의 양은 대략 1리터 정도로 다른 식물들 보다 많은 수분을 방출한다. 성장속도가 아주 빨라 건물의 로비 등에 많이 놓는다. 대부분의 실내공기 오염물질인 알콜·아세톤·트리클로로에틸렌·벤젠·포름알데하이드 등을 제거하는데 아주 뛰어나며 염분을 특정한 잎에 저장할 수 있는 특별한 능력도 있다. 기르기가 쉽고, 병충해 등에도 저항력이 강해서 아주 인기있는 식물이다. 아담한 높이의 관상수나 예쁜 꽃이 심어진 화분은 집안 전체에 활기를 불어놓고 좋은 기(氣)를 발산한다.

대자연과 접촉할 기회가 그리 많지 않는 도시의 현대인에게 관상수를 통해 자연의 생기를 얻는 다는 것은 대단히 중요한 일이다. 적당한 크기의 관상수나 화분은 음양(陰陽)의 기운을 조화롭게 조절하는 작용도 하기 때문에 적극적으로 권장하는 바이다. 적당한 크기란 관상수가 사람의 가슴이나 어께를 넘지 않는 1~1.3m 정도의 크기를 말한다. 또한 가지 등이 너무 무성한 것은 피한다. 너무 웃자라거나 무성하면 오히려 집안의 생기를 흡수하여 좋지 않다.

집안의 공간이 좁다면 작은 화분 정도가 적당하며 작은 것이라도 관상수는 좋지 않다. 사람이 활동하는 낮에는 별다른 피해가 없을지라도 밤에는 나무에서 방출되는 이산화탄소 등의 영향으로 생기(生氣), 지기(地氣)를 빼앗길 수 있으므로 불리하다.

순수한 자연의 생명력과 땅의 생기를 담고 있는 관상수와 화분은 그 자체로도 현대인들에게 환영을 받고 기분을 상쾌하게 하여 유리하며, 성장과 발전의 의미, 지기(地氣) 그리고 탁한 기운의 제거와 생기의 활성화라는 풍수적 이로움으로 풍수가들에게 가택의 흉상을 보완하는 도구로 자주 애용된다. 또한 아트플라워 즉 인조 화분이나 플라스틱 관상수는 생화처럼 시들거나 누렇게 변색되지 않아 어떤 의미에선 생화보다 더 많은 효과를 발휘할 수도 있다.

9. 소품을 이용한 인테리어

풍수지리 중에서도 양택론(陽宅論)은 단순히 미신적 차원에서 그 길흉을 이야기하는 것이 아니다. 사람이 사는 공간에 대한 길흉 구분도 그저 이론을 위한 이론이 아닌 거주지에서 실제로 살아가고 있는 사람들에게 보다 적극적이고 합리적인 거주 환경을 제공하기 위해 마련된 실용적인 지침이다.

양택론(陽宅論)은 환경과의 조화를 추구하는 학문으로 조화가 깨졌을 때 어떤 식으로 개선하고 보완을 해야 좋은지를 구체적으로 알려준다. 특히 환경과의 조화가 깨진다는 것은 살아가는 환경, 주거공간의 생기가 원활히 소통되지 않고 오히려 탁하고 흉한 기(氣)가 사람들에게 전달되어 운세를 해친다는 것으로 풍수지리적 처방은 기(氣)를 원활하게 흐르게 하고 생기를 생성할 수 있는 공간을 조성해 주는 일이다.

주택풍수나 사무실 풍수에서 기(氣)의 흐름을 원활하게 소통시키기 위해 가장 많이 이용되는 방법이 거울이다. 거울은 가상학에 있어서 동서양을 막론하고 풍수적 결함을 보완하는 만병 통치약과 같은 구실을 한다. 거울·조명등·수정구슬 등은 빛이나 공간의 활용을 위한 소품이며, 풍경, 작은 종이나 바람개비 등은 나쁜 기(氣)를 흩트려서 약화시키는 소품이고, 조각상이나 정원석 등은 보조 건물의 역할을 하는 중량감을 가진 소품이며, 오디오·컴퓨터·텔레비전 등은 소리나 화면으로 기(氣)를 활성화시키고, 옷이나 기타 소지품, 벽지, 가구 등은 오행(五行)의 색상 등을 갖추어 행운을 도와주는 역할을 한다.

　외국(특히 홍콩)과는 달리 우리 나라의 대부분의 풍수가들은 현관문을 열면 마주 보이는 전면의 거울은 실내의 복을 거울이 반사하여 밖으로 내보내므로 결코 좋은 방법이 아니라고 설명고 오히려 현관의 측면에 거울을 부착해서 외부의 사악한 기(氣)를 되돌려 보내야 된다고 한다.

　홍콩이나 일본의 풍수에서는 침대 머리맡이나 거실의 측면 등에 넓은 거울을 두면 행운의 에너지가 극대화되어 발전이 순조롭고 돈의 흐름도 원만해져 경제적으로도 풍요를 누린다고 하는데, 우리 나라 풍수학자들은 침대 머리맡이나 발치에 거울을 두는 것을 흉상으로 여긴다. 잠자리의 편안한 휴식을 방해하고 잠자다가 깨어나 잠이 덜 깬 상태에서 거울에 비친 자신의 모습을 보면 깜짝 놀랄 수 있어 오히려 기(氣)를 위축시키므로 해롭다는 것이다.

　거울의 효용성은 매우 다양하며 풍수적 결함을 해소하고 보완하는 데 있어서도 유용하다. 예를 들면 빌딩이나 집 주변에 대로가 뚫렸거나 영안실 등의 흉상이 있는 경우엔 집 담장이나 외벽에 적당한 크기의 거울을 부착하면 대로상의 거칠고 탁한 기(氣)와 영안실의 불길한 기(氣)가 거울에 반사되어 집안으로 들어오지 못하게 하여 나쁜 기(氣)를 물리치는 방패 역할을 한다.

　거울은 매우 적극적이고 공격적으로 사람에게 해를 끼치는 흉한 기(氣)를 차단시켜 그 내부의 생기를 보호한다. 도심에서 흔히 보는 빌딩의 대형 반사 유리들도 외부의 영향력을 최소화할 수 있는 거울의 기능을 수행한다. 골목길이나 도로가 자신의 현관이나 대문을 향해 일직선으로 뻗어 있을 때 현관이나 대문의 윗부분에 맑은 거울을 달아두면 대로나 골목에서 보내지는 위압적이고 강력한 흉한 기(氣)를 되돌려 보낼 수 있다.

거울은 막히거나 답답한 공간의 기(氣)를 뚫어 주고 그 흐름을 촉진할 뿐만 아니라 공기가 탁한 곳에서 기(氣)를 맑게 해주는 정화작용도 하고 있다. 음식 냄새가 잘 빠져나가지 않는 부엌이나 퀴퀴한 냄새가 많은 화장실에 통거울을 적당한 크기로 벽면에 부착하면 탁한 기운을 풀어서 맑고 순한 생기로 변화시키게 된다.

집안 분위기가 어두침침하면 반드시 조명을 밝게 해야 하고, 조명이 미치지 않는 곳이 있으면 전등을 새로 설치해 집안이 환한 느낌이 들도록 해야 한다. 거울이 기(氣)를 끌어 들이듯이 조명 또한 지나치는 생기를 끌어와 생기를 고양시키고 흐름을 촉진시켜 집안을 맑고 부드러우며 따뜻하게 만든다. 현관문을 열었을 때 자동 센서가 부착되어 환한 전등이 켜진 집과 앞을 분간하기 힘들 정도로 어두운 집은 발전의 정도가 다르다.

물론 조명 하나만으로 가운이 발전하는지 아닌지를 따지는 것은 너무 극단적인 비교이나 그렇게 어둡거나 환한 상태로 5년 넘게 살아간다면 분명히 생활의 차이가 난다는 게 풍수가들의 주장이다. 마당이나 정원에 적당한 밝기의 조명등이 설치된 집은 그렇지 않은 집보다 주변의 생기를 쉽게 끌어 모으는 것으로 알려져 있다.

너무 밝으면 취침시에 숙면을 방해하고 도둑의 침입도 불러올 수도 있지만 적당한 밝기라면 가족들에게 이로운 기운을 가져다 준다고 보는 것이다. 마당이나 정원이 아니더라도 처마에 매단 외등도 같은 효과를 낸다. 실내에서도 전기세를 아낀다고 촉수가 낮은 전등을 썼다가 그 아낀 것 이상으로 큰 대가를 치르는 수도 있다.

조명은 태양의 역할을 하기에 집안의 기운을 활기차고 따뜻하게 하며 습하고 탁한 기운을 맑게 해준다. 그런데 주부가 머무는 부엌이 어둡다면 탁한 기운을 풀어줄 수 없을 뿐만 아니라 주부의 활동도 위축되고 심리적으로도 소극성을 띠게 된다. 어둡고 서늘한 기운이 느껴지는 공간은 사람들이 자신도 모르게 피하게 되는데 이것은 기(氣)에 민감한 인체가 본능적으로 자기방어를 한다.

그러므로 주부 자신도 부엌에 들어가기를 꺼리게 되고, 가족들을 위해 맛있는 음식을 준비하려는 생각보다는 그저 의무감으로 부엌에 들어가게 되니, 음식맛도 맛이려니와 자신도 모르는 사이에 가족들에게 소홀해지거나 가족들이 주부를 기피한다. 풍수에서는 사람에게 해로운 기(氣)가 머문 공간에서 장시간 생활을 할 경우 그곳에 있던 사람에게서도 똑같이 해로운 기운이 방출된다고 보므로 가족들이 특별한 이유도 모른채 주부를 기피하여 밖으로 돌거나 가족간의 불화가 심해질 수 있다고 본다.

조명은 또한 여러 가지의 풍수적 비보책으로 쓰여진다. 예를 들면 요철이 있는 구조로 설계된 집일 경우 빠져나간 귀퉁이나 깎여진 구석에 외등을 설치하여 깎인 부분을 보완을 한다. 주택 풍수에서 움푹 들어간 귀퉁이 부분은 기(氣)의 순환이 안 되거나 조화롭지 못한 기운이 감돈다고 한다. 또한 그곳에서 생활하는 사람들에게도 불리한 일이 일어난다는 것이 풍수가들의 입장이다. 움푹 들어간 귀퉁이 부분의 결여된 기운을 보완하기 위한 장치로 깎인 부분에 조각상이나 정원석을 놓고 관상수를 심기도 하고, 외등을 켜서 밝히기도 하는데 밝은 전등은 꺾인 구석을 밝혀서 기(氣)의 순환을 돕고 모서리에서 방출되는 예리한 기(氣)를 부드럽게 완화시켜 주므로서 풍수 인테리어에 자주 이용되고 있다.

무조건 생활풍수 이론을 따르면 좋은 운이 저절로 들어온다기 보다는 자신과 어울리는 집안 분위기를 만들면 당연히 기분이 좋아지고 쉽게 피로가 풀려 건강하게 살아갈 수 있다는 뜻으로 이해하는 것이 옳다. 자신에게 유리한 기운을 모으는 풍수의 방법에 따라 자신이 손수 꾸민 집에서 살게되면 행복해질 것이고 따라서 매사에 능률이 오를 것은 당연하다.

현대의 주부들은 대부분 살림살이가 점차 커지는 규모를 큰 평수로 이사가는 것으로 인식하며 넓은 집에 대해서 무조건적인 호감을 가지나, 집은 인간의 영혼과 정신, 삶 그 자체를 담고 있는 큰 그릇으로 크기가 너무 커도 너무 작아도 좋지 않다. 사람이 사는 공간, 생활의 터전으로서 알맞은 주택의 크기는 5~10평/명으로 5인 가족이면 25평에서 50평 정도의 집이 알맞다.

집은 생활의 터전이지만 집 자체는 가만히 놓여 있는 움직이지 않는 부동으로 음(陰)의 성질이다. 늘 움직이는 사람은 유동으로 양(陽)의 성질을 가지고 있으므로 사람 수에 비해 집이 지나치게 크면 음양(陰陽)의 조화가 깨진다. 집안에는 생기가 흐르지 못하니 건강을 해치고 운기를 가로막는 나쁜 기(氣)가 흐르게 된다.

집을 한 동안 비워두었다가 돌아와 처음 문을 열고 들어가 사람이 살지 않던 빈방에 들어갈 때 한순간 밀려드는 서늘한 한기를 느끼듯 집이 너무 커서 빈 공간이 생길 경우 이와 같이 한기, 냉기가 자신도 모르는 사이에 실내를 흘러다니며 가족들에게 영향을 미치게 된다. 넓은 집이 결코 좋은 것만은 아니나 때에 따라서 집의 평수와 사람의 심리적 관계를 이용해서 풍수상의 긍정적인 해결책을 찾을 수도 있다.

평소에 소심하고 내성적인 사람도 좀더 넓은 방에 인테리어를 화려하게 꾸미고 넓은 공간에서 거주하면 심리적으로 대범해지고 활달해지게 된다. 방이 지나치게 넓고 클 경우엔 주의력이 산만해지고 마음이 차분하게 안정되지 않아 사람이 가벼워 보이고 어수선하며 과대망상증에 사로잡히기 알맞다.

어린이의 경우는 공부방이 너무 넓으면 폐쇄적인 성격을 가지거나 유달리 외로움을 타기도 하며 대인관계에서도 자신이 없어져 사회의 적응력이 낮아지기도 한다. 어린이의 경우는 어른들 기준보다 다소 좁은 공간을 공부방으로 쓰게 해야 심리적으로 안정되어 주의력이 산만해지지 않고 학업에 몰두할 수 있다. 소심하고 집안에만 틀어 박혀 있는 타입의 어린이라면 공부방의 분위기를 밝고 온화하게 해주고, 공부방을 아침의 햇볕이 잘 들어오는 동쪽 방위에 오게 하고 동쪽으로 적당한 크기의 창문이 있으면 좋다.

동쪽은 만물의 시작과 활력의 근원인 태양이 떠오르는 방위이니 심신에 양기(陽氣)를 불어넣어 쾌활한 성격으로 바뀔 수도 있다. 지나치게 넓은 평수에서 생활해보면 처음에는 환상적이지만, 가족 구성원 개인의 사생활이나 취미를 충분히 보장받는 공간에서 장기간 살다 보면 심리적으로 느슨하게 이완되어 가족간의 결속력도 약해지고 유대감도 상실되어 삶의 의욕이나 희망이 상실되며 나중에는 우울증, 권태감, 무기력증에 빠지게 되기도 한다.

바쁘게 살아가는 현대인은 가족간에도 생활의 시간대가 서로 다르므로 각자의 기호에 맞게 실내 구조가 배치된 넓은 집에서 살면 어떤 경우에는 서로 얼굴조차도 보지 못한 채로 2~3일이 지날 때도 있게 되므로 가족간의 감정적 교류나 안부를 염려할 틈도 생기지 않게 되고 따라서 가족 공동체로서의 소속감도 느끼지 못한다.

집안에 생기가 흘러다니게 하려면 가상학적으로 길상도 중요하지만 그 안에서 생활하는 가족들 간의 교류도 중요하다. 사람과 사람은 서로의 기(氣)를 주고 받아야만 길흉이 적절히 상쇄되어 해악에 대한 방어 능력도 길러지고 운세상의 에너지도 강화된다. 가족끼리 서로 어울리고 부대끼면서 생활해야만 집안에 생기와 활기가 넘치고 화목한 분위기도 생긴다.

아버지와 어머니, 아들과 딸과 같이 반대되는 음양(陰陽)의 기운이 한 공간에서 서로 교류하고 함께 내재되어 있어야 집안의 기운도 적당한 긴장감, 생기를 보유한 채 가족들에게 이롭게 작용한다.

어머니와 딸로만 구성된 집, 아버지와 아들로만 구성된 집보다는 남자와 여자의 성별이 적절히 조화를 이루어 구성된 집이 생기가 융결된다. 남자는 양(陽)이요, 여자는 음(陰)이기 때문에 집안의 기운이 음양(陰陽)상의 조화를 이루기 위해서는 남녀 가족이 적당히 뒤섞여 다소 와자지껄하더라도 가족끼리 한테 부대끼면서 살아가야 한다는 것이 풍수적 입장이기도 하다.

10. 동사택(東四宅)과 서사택(西四宅)

동서사택(東西四宅)은 가상법의 대종으로 양택(陽宅) 길흉 판단에 많이 이용하는 중요한 방법 중의 하나이다. 현대 도시에서는 단독주택보다 아파트나 빌라 등의 공동 주택에 사는 사람이 많아서 양택삼요(陽宅三要), 팔택가상론(八宅家相論)의 개념은 언뜻 보기에 무의미해져 버렸다.

공동 주택에는 대문도 없으려니와 집 자체가 본인의 선택에 따라 지어진 것이 아닌, 이미 지어진 집에 들어가 살기 때문에 팔택 가상론에 따른 방위의 개념은 예전에 비해 그 중요성이 덜해졌다. 하지만 현대의 주거지에서 현관문은 예전의 대문 역할을 하므로 그대로 대치해도 된다. 따라서 현대의 주택풍수에서도 대문(현관) 안방(침실) 부엌의 3대 가상으로 풍수상의 길흉을 논할 수 있다. 특히 대문이나 현관은 안팎의 경계를 구분짓는 구조물이자 밖의 공기와 실내의 공기가 교차되는 매우 중요한 곳이다. 이곳을 통하여 외부의 신선한 기(氣)와 실내의 탁한 기(氣)가 교차되고 순환된다.

동서사택(東西四宅)은 주가(主家) 또는 출입문을 기본으로 하며 문(대문) 주(主 : 안방) 조(灶 : 부엌) 등 양택삼요(陽宅三要)를 위시하여 객실, 옥내의 각방·우물·화장실·하수구·창고 등 기타 집안의 각종 편의시설물의 위치 길흉을 하나하나 판단하는 방법이다. 양택삼요(陽宅三要)인 경우는 특히 자오묘유(子午卯酉) 건곤간손(乾坤艮巽)의 정 중앙선에서 약간 비껴 있어야 된다.

본명성 조견표

本命性	여자	1白坎	9紫離	8白艮	7赤兌	6白乾	5黃艮	4綠巽	3碧震	2黑坤
	남자	5黃坤	6白乾	7赤兌	8白艮	9紫離	1白坎	2黑坤	3碧震	4綠巽
해당연도		1932 壬申	1931 辛未	1930 庚午	1929 己巳	1928 戊辰	1927 丁卯	1926 丙寅	1925 乙丑	1924 甲子
		1941 辛巳	1940 庚辰	1939 己卯	1938 戊寅	1937 丁丑	1936 丙子	1935 乙亥	1934 甲戌	1933 癸酉
		1950 庚寅	1949 己丑	1948 戊子	1947 丁亥	1946 丙戌	1945 乙酉	1944 甲申	1943 癸未	1942 壬午
		1959 己亥	1958 戊戌	1957 丁酉	1956 丙申	1955 乙未	1954 甲午	1953 癸巳	1952 壬辰	1951 辛卯
		1968 戊申	1967 丁未	1966 丙午	1965 乙巳	1964 甲辰	1963 癸卯	1962 壬寅	1961 辛丑	1960 庚子
		1977 丁巳	1976 丙辰	1975 乙卯	1974 甲寅	1973 癸丑	1972 壬子	1971 辛亥	1970 庚戌	1969 己酉

나이는 입춘일을 기준으로 한다.
52년 2월 4일생은 51년생이 되고,53년 2월 3일은 52년생이 된다.

동사택(東四宅)은 1백감(百坎 : 북쪽) 3벽진(碧震 : 동쪽)

4록손(綠巽 : 동남) 9자리(紫離 : 남쪽)

서사택(西四宅)은 2흑곤(黑坤 : 서남) 6백건(白乾 : 서북)

7적태(赤兌 : 서쪽) 8백간(白艮 : 동북)

동서사택(東西四宅)은 본명(本命)이나 집의 좌(坐)가 위의 방위에 있을 때 적용한다. 본명(本命)이 5황(黃)인 경우는 남자는 2흑곤궁(坤宮)으로, 여자는 8백 간궁(艮宮)으로 한다. 예를 들면 1945년생 남자는 1백 감궁(坎宮)으로 동사택(東四宅)에 맞고, 여자는 5황으로 8백 간궁(艮宮)으로 서사택(西四宅)에 맞으며, 집의 좌(坐)가 북쪽(남향집)이면 동사택(東四宅)이고, 좌(坐)가 서쪽(동향집)이면 서사택(西四宅)이다.

지표면에는 언제나 보이지 않는 힘이 흐르는데, 동기(東氣)와 서기(西氣)로 나눈다. 동기(東氣)는 지표면에서 상승하는 기운이고, 서기(西氣)는 하강하는 기운이다. 오행(五行) 중 수(水 : 북), 목(木 : 동·동남), 화(火 : 남)는 동기(東氣)이고, 토(土 : 동북·서남)와 금(金 : 서·서북)은 서기(西氣)이다.

동사택(東四宅)은 동기(東氣)가 통과하는 방위에, 서사택(西四宅)은 서기(西氣)가 통과하는 방위에 자리잡은 집이다. 동기(東氣)는 같은 동기(東氣)와는 잘 어울리만 서기(西氣)와는 어울리지 못하고, 서기(西氣)도 같은 서기(西氣)와는 잘 어울리지만 동기(東氣)

와는 조화를 이루지 못한다. 집 중심부에는 동기(東氣)든 서기(西氣)든 한 가지만 모여 있는 것이 좋다. 동기(東氣)와 서기(西氣)가 혼합되면 기운이 탁해져 나쁜 집이 된다.

대문의 방위도 집의 방위만큼 중요하다. 대문은 단순히 사람이 출입하는 공간이 아니라 바람을 집 안으로 들여보내는 중요한 역할을 한다. 대문으로 좋은 바람이 들어오면 그 집에 좋은 기운이 흐르고, 나쁜 바람이 들어오면 좋지 않은 기운이 흐르게 된다. 대문의 방위도 집의 방위를 볼 때와 마찬가지로 건물과 마당을 포함한 전체 대지의 중심에서 나경(羅經)으로 대문이 있는 방위를 측정한다. 대문의 위치가 동기(東氣)에 있으면 동사택(東四宅), 서기(西氣)에 있으면 서사택(西四宅)이다. 건물이 동사택(東四宅)이면 대문도 동사택(東四宅)인 것이 좋고, 건물이 서사택(西四宅)이면 대문도 서사택(西四宅)이 좋다.

건물과 대문이 서로 다른 기운이면 좋지 않다. 집 안에서 중심 공간의 위치는 집 안의 중심에서 나경(羅經)으로 기운이 모이는 곳을 찾는다. 집이 정남을 향하면 남쪽에서 들어오는 바람은 집의 북쪽 중심에 모인다. 그러므로 중심 기운은 북쪽이 된다. 북쪽 방위는 동기(東氣)를 띤다. 이런 집 안에 출입구와 창문이 남쪽에 있으면 출입구는 중심에서 보아 남쪽에 있는 것으로 구분된다. 남쪽 방위도 동사택(東四宅)에 해당하므로 남향인 건물에서 중심이 북쪽에 있고 출입문이 남쪽이나 남동쪽에 있으면 드나드는 좋은 기운과 기존의 좋은 기운이 어울려 발전하는 공간이 된다.

오행(五行)은 좋은 일이든 나쁜 일이든 그 자체가 사건을 만드는 원인이 된다. 동쪽 대문인 경우 집주인은 목재·합판·목가구·농사에 종사하면 크게 성공한다. 이는 동쪽의 나무 기운이 대문을 통해 집 안으로 들어오기 때문이다. 집과 대문의 방위는 오행(五行)상 상생(相生)을 이루는 것이 좋다. 집이 정북에 있으면 수(水) 기운을 받기 때문에 대문은 목(木) 기운을 받는 것이 좋으나, 같은 집이라도 대문이 남서쪽에 있으면 흙에 해당하여 상극(相剋)되어 좋지 않다.

방위를 분석하는 기준은 동서사택(東西四宅)·음양(陰陽)·오행(五行) 세 가지이나 가장 많은 비중을 차지하는 것은 동사택(東四宅)과 서사택(西四宅)이다. 세 요소의 비중을 살펴보면 동서사택(東西四宅)이 60%, 음양(陰陽) 방위가 20%, 오행(五行) 방위가 20%를 차지한다고 볼 수 있다. 또한 오행(五行)이 같은 것끼리 있으면 10% 정도로 볼 수 있다.

예를 들어 남향 건물(坎坐 : 북)은 북쪽이 중심점이다. 이 중심 기운은 동사택(東四宅) 기운이며, 출입구가 남동에 있으면 동사택(東四宅)이다. 그러므로 60%의 생기를 확보한다. 여기서 음양(陰陽)으로 분석하여 보면 북쪽은 팔괘(八卦)의 중남 방위이고, 남동쪽은 장녀 방위에 해당하므로 음양(陰陽)이 어울려 20%의 생기를 이루게 된다. 또한 오행(五行)으로 보면 북쪽은 수(水)이고 동남쪽은 목(木)으로 수생목(水生木)의 상생(相生)을 이루어 20%의 생기를 이루어 모두 100%의 실내 기운을 이룬다.

가옥의 좌(坐)로 본 대문과 부엌의 길흉(坎坐 : 남향)

문·부엌	음양	오행	%	비 고
북	불배합	비화	70	집안이 화평하며 발전하나 나중에는 불리하다.
북동	불배합	상극	0	건강과 재산을 모두 잃는다. 가족이 불화하며 질병·단명·궁핍 등이 따른다.
동	불배합	상생	80	상생이나 순양(純陽)끼리 만났으니 나중에는 자손이 끊어진다.
동남	배합	상생	100	남자는 총명하고, 여자는 미인이며 부귀를 겸한다.
남	배합	상극	80	덕행과 학식이 높고, 건강과 재물이 늘어나, 자손이 창성한다. 대부대길이다.
서남	배합	상극	20	건강과 재산을 모두 잃는다.
서	배합	상생	40	재물이 흩어지고 부녀자에게 질병이 따른다.
서북	불배합	상생	20	비록 상생이나 불길하다. 특히 여자가 외롭다.

가옥의 좌(坐)로 본 대문과 부엌의 길흉(艮坐 : 서남향)

문·부엌	음양	오행	%	비 고
북	불배합	상극	0	관재·구설·화재·도난·패륜 등이 따르고, 재물이 빠져나간다.
북동	불배합	비화	70	순양(純陽)에 비화(比和)이니 재물은 늘어나나 아내와 자식을 극하며 고독하다.
동	불배합	상극	0	집안이 불안하고 질병·손재·빈궁 등이 따르며 아내와 자식을 극한다.
동남	배합	상극	20	건강과 재산이 모두 빈약하다.
남	배합	상생	40	초년에는 좋은 것 같으나 시간이 지나면 불화가 생긴다. 남자는 병약하고 부녀자는 극성스럽다.
서남	배합	비화	90	재산이 풍족하며 벼슬이 오르고, 자손이 창성하며 효도한다.
서	배합	상생	100	대길하니 인정(人丁)이 왕성하고, 재물이 늘어나 부귀창성한다.
서북	불배합	상생	80	가정이 창성하며 부귀가 족하나 오래 지나면 과부가 생긴다.

가옥의 좌(坐)로 본 대문과 부엌의 길흉(震坐 : 서향)

문·부엌	음양	오행	%	비 고
북	불배합	상생	80	경사가 많이 생기고 출세가 빠르나 나중에는 불리하다.
북동	불배합	상극	0	단명·질병·관재 등이 따른다.
동	불배합	비화	70	부귀를 겸하나 순양으로 부녀자가 단명하고 인정이 드물다.
동남	배합	비화	90	부귀가 창성하며 모든 발복이 무궁하다.
남	배합	상생	100	부부해로하고 장수부귀한다.
서남	배합	상극	20	모자간에 불화하고 재산이 있으면 건강하지 못하다. 만일 건강하면 재산이 없다.
서	배합	상극	20	건강과 재산을 모두 잃는다.
서북	불배합	상극	0	흉사가 생겨 인명과 재산을 모두 잃는다.

가옥의 좌(坐)로 본 대문과 부엌의 길흉(巽坐 : 서북향)

문·부엌	음양	오행	%	비 고
북	배합	상생	100	건강과 부귀를 겸한다.
북동	배합	상극	20	각종 질병에 시달리며 단명한다.
동	배합	비화	90	부귀가 발하고 훌륭한 자손을 두어 가문을 빛낸다.
동남	불배합	비화	70	부녀자가 가권을 쥐고, 재물이 있으나 남자가 단명한다.
남	불배합	상생	80	부귀가 속발하고 부녀자가 준수하나 결국에는 과부가 나온다.
서남	불배합	상극	0	건강을 잃고 심지어는 목숨까지 위험하다. 사업에 실패를 거듭한다.
서	불배합	상극	0	집안에 항상 불화가 따르고 질병으로 고생한다.
서북	배합	상극	20	초년에는 잠시 길하나 사업에 실패하고 재산상의 손해가 따른다.

가옥의 좌(坐)로 본 대문과 부엌의 길흉(離坐 : 북향)

문·부엌	음양	오행	%	비 고
북	배합	상극	80	수화상극이 아니라 수화기제라 부귀를 누리며 아들을 많이 둔다.
북동	배합	상생	40	초년에는 부귀하나 오랜 뒤에는 인정이 패하며 부녀자가 강폭해진다.
동	배합	상생	100	아들이 모두 출세하며 집안이 화목하고 항상 부귀가 따른다.
동남	불배합	상생	80	남녀가 선량하며 부귀를 겸하나 오랜 뒤에는 양자가 들어온다.
남	불배합	비화	70	재산은 발전하나 가족의 건강이 좋지 않고 고독하다.
서남	불배합	상생	20	집안이 화목하지 못하고 여자가 살림을 꾸려나간다.
서	불배합	상극	0	질병으로 많은 식구가 고생하며 죽으고, 재산이 저절로 줄어든다.
서북	배합	상극	20	건강과 재산이 모두 불길하다.

가옥의 좌(坐)로 본 대문과 부엌의 길흉(坤坐 : 동북향)

문·부엌	음양	오행	%	비 고
북	배합	상극	20	사업이 실패하며 재산 손실이 크고, 중남이 먼저 대가 끊긴다.
북동	배합	비화	90	토지가 늘어나며 부귀장수하고, 자손이 창성하며 부녀자가 현숙하다.
동	배합	상극	20	질병과 사고가 연발하며 재산을 잃어 매우 궁색해진다.
동남	불배합	상극	0	각종 질병으로 단명하며 우환과 소송으로 재산이 모두 탕진된다.
남	불배합	상생	20	집안에 불화가 겹치고 질병으로 고생한다.
서남	불배합	비화	70	초년에는 재산이 늘어나나 나중에는 여자가 호주가 된다.
서	불배합	상생	80	집안이 화목하고 재산은 있으나 자손이 귀하다.
서북	배합	상생	100	부귀하며 자손이 창성한다. 사업에 성공하여 재산이 많이 늘어난다.

가옥의 좌(坐)로 본 대문과 부엌의 길흉(兌坐 : 동향)

문·부엌	음양	오행	%	비 고
북	배합	상생	40	사업에 실패하여 재산을 잃고 음탕하며 도박을 즐긴다.
북동	배합	상생	100	총명하며 수려한 자식이 나오고, 충신효자가 많으며 부귀가 극진하다.
동	배합	상극	20	외롭게 고생하며 불행한 일을 당한다.
동남	불배합	상극	0	집안에 우환과 질병이 연이어 발생하고 과부가 생기며 빈궁하다.
남	불배합	상극	0	남녀 모두 단명하고 집안에 시끄러운 일이 많이 생긴다.
서남	불배합	상생	80	재산이 늘고 가문이 융성해지나 노모가 딸을 편애하여 불화가 생긴다.
서	불배합	비화	70	초년에는 재산이 발하나 오랜 뒤에는 남자가 단명하여 과부가 나온다.
서북	배합	비화	90	사업이 성공적으로 이루어지며 명예도 얻는다.

가옥의 좌(坐)로 본 대문과 부엌의 길흉(乾坐 : 동남향)

문·부엌	음양	오행	%	비 고
북	불배합	상생	20	인정이 불왕하고 질병과 손재가 따른다.
북동	불배합	상생	80	집안이 화목하고 재산이 늘어나나 남자 위주로 여자가 외롭다.
동	불배합	상극	0	불의의 사고가 계속되고 건강과 재산을 잃고 질병도 계속된다.
동남	배합	상극	20	불의의 사고가 계속되고 재산과 명예를 잃는다.
남	배합	상극	20	질병과 우환으로 고생하고 하는 일마다 손해를 본다.
서남	배합	상생	100	자손이 창성하며 부귀영화가 오래 간다.
서	배합	비화	90	집안이 화목하며 출세가 연속되고, 재산은 저절로 늘어난다.
서북	불배합	비화	70	건강과 재산이 점차 늘어나나 가정에 불화가 따른다.

11. 상가와 점포

　도시의 상점들은 대개 도로변에 줄지어 늘어서 있다. 이러한 점포들은 크든 작든 간에 도로와 맞닿아 있는 상점은 같은 평수라도 도로와 평행으로 길어 보이는 직사각형상일 경우에는 좋지 않은 흉상으로 판단된다. 다시 말해 도로를 따라서 옆으로 펼쳐진 것처럼 설계된 상점은 업종에 따라 다르긴 하지만 불리하다.

　도로에 접해진 상점의 경우 앞으로 펼쳐보이는 직사각형보다는 안으로 깊숙하게 들어가 보이는 직사각형의 상점이 수입면에서 훨씬 더 유리하다. 흔히 옆으로 넓은 상점이 더 많은 진열장을 확보하기 때문에 장사가 잘 될 것이라고 생각한다. 그러나 지나가던 행인이 도로변에 있는 상점의 진열된 상품을 보고 상점안으로 들어가자 마자 안쪽의 벽에 가로막히는 느낌을 가지게 된다. 안쪽의 공간이 깊지 못하기 때문이다. 무엇인가 물건을 구경하면서 사려고 하지만 상점의 문으로 금방 내다보이는 밖에서는 사람들이 끊임없이 바쁘게 지나간다.

　그것을 보면 왠지 자신도 바빠지는 기분이 되며 초조한 느낌이 들게 된다. 결국 진열된 상품을 차분하게 구경하지 못하고 상점을 나오고 만다. 그 반면에 안으로 깊숙하게 들어가 있는 상점은 비록 상점의 전면 즉 출입면은 좁지만 들어가 보니 그안은 생각보다 많은 물건들이 진열되어 있음을 느끼게 된다.

　더구나 깊숙하기 때문에 행인들의 분주한 모습도 보이지 않아서 차분한 마음으로 물건을 구경하고 구입한다. 상업 입지에 있어서 우리가 제일로 치는 것은 길가의 조건인데 도로의 폭과 종류, 구조 등이 고려된 후 도로가의 종류에 따라서 인구를 끌어들이거나 내보내는 기여도에 따라 상권 가치에 영향을 미치고 있다. 일반적으로 상업지라 함은 교통인구가 하루에 5,000~6,000명 정도의 보행인구가 되면 상업화할 수 있는 지역으로 보게 된다.

그러나 가로폭이 너무 넓으면 건너편의 보행 인구를 차단하고, 너무 좁으면 보행에 지장을 주게 되므로 상업의 종류와 점포 규모에 따라 입지를 결정해야 한다. 상가는 대부분 같은 업종끼리 모여서 상권을 이루는 집재성 점포나 국부적으로 중심지에 입지하여 있는 집중성 점포가 있는가 하면 여러 종류가 서로 하나의 상권을 중심지에 모여 이루는 집심성 점포 또는 서로 일정한 거리를 두어야 유리한 산재성 점포 등 업종에 따라 입지하는 유형이 다르다.

이들 모두 각 업종에 따라 취급하는 물건의 특성이나 대상 고객의 연령 생활수준 등이 모두 고려되어야 하는 복합적인 차원에서 다루어지게 되는데 이는 같은 상권이 있다 하더라도 주택지가 바로 인접해 있다면 주택이 밀집된 방향쪽의 상가가 더욱 유리해질 것이며 언덕으로된 길가에서는 비탈이 시작되기 직전에서 대개의 경우 구입결정을 하기 때문에 이러한 심리적 배려도 필요하지만, 하나의 건물에서 볼 때는 상점의 위치가 어느 방향에 있느냐에 따라 잘 되는 집이 있고 잘 되지 않는 집이 있게 되는 원리를 오행(五行) 팔괘(八卦)의 상의(象意)에 따라 연관해 보면 재미있는 결과가 나오게 된다.

예를 들면 목욕탕을 경영하고자 하는 사람이 목욕탕을 지을 장소와 출입문을 내고자 할 때는 목욕탕은 항상 많은 물을 사용하고 담아두는 곳이기 때문에 수(水)의 기운이 왕성한 곳이 된다. 이러한 수(水)의 기운을 더욱 좋게 해주려면 비화되는 북쪽이나 상생(相生)시켜주는 금(金)의 방위가 가장 좋게 되므로 서쪽에 위치하면 계속 번영을 하게 되며 반대로 남쪽인 경우에는 수(水)가 계속 남쪽의 화(火)를 극하므로 소모가 생겨 수입은 비록 있으나 지출이 많아서 사업은 하나마나 한 결과가 나오게 된다.

토(土)가 되는 단지의 중심부나 진술축미(辰戌丑未)의 방위에 있게 되면 주변으로부터 잦은 마찰을 불러 일으켜 결국 골치가 아파 손을 들게 된다는 이론인데, 이 이론은 형이상학적 의미만을 가진 게 아니고 실제 주변의 여러 사례에서 맞아 떨어지고 있다. 같은 업종끼리 모인 집중성 점포의 경우에서도 비슷한 규모로 시작했던 점포가 해가 지나면서 돈을 많이 번 점포가 있는가 하면 별로 신통치 않은 상점도 나오게 되는데, 안경점과 보석상이 비교적 많은 거리에서도 귀금속의 경우는 서북쪽 코너에 위치한 점포가 훨씬 손님이 많고 안경점은 남쪽을 향한 가게가 많고 손님도 많다.

공구상가 은행 밀집지역 등 어디에서나 특정적으로 손님이 더붐비는 집을 발견할 수 있는데 이처럼 어느 특정한 방위가 어느 업종에 훨씬 더 유리한 작용을 하게 됨을 실제 상가의 번영도에서 확인할 수 있게 된다. 다만 여기에서 첨언하고자 하는 것은 어느 방위가 좋다고 그냥 다 좋고 어디가 나쁘다고 다 나빠진다는 생각은 가지지 말아야 한다. 방위의 선택은 환경상 유리한 것 뿐이지 그 업을 꾸려나갈 사업가의 전략에서 상품의 선택, 진열방법, 고객에 대한 서비스의 자세, 숙련도, 직업관, 추진력 등 실제 운영자의 자질에 따라 성패의 결과가나오는 것이므로 방위 선택이 잘 되었다고 그냥 저절로 번영하지 않는다는 점을 명심해야 한다.

장사가 순조롭게 잘 되려면 경영수완이 중요한 것은 두말할 필요가 없지만, 종업원들의 사기 또한 매우 중요하다. 북쪽방위에 더욱이 위험선상(자오의 정중앙)에 凹부분, 화기, 입구 등이 있을 때 그곳에서 일하는 사람의 의욕은 저하되기 마련이다.

특히 북쪽에 입구가 있을 경우에는 어떤 사람을 고용해도 금방 사직해 버리는 등 종업원과 관련된 마찰이 생길 수 있다. 북쪽방위에 배열하기에 적합한 것은 생선회집에서 사용하는 커다란 수족관이다. 때문에 상점입구 부근이 고객들의 시선을 쉽게 끌 수 있다고 방위를 불문하고 입구에다만 놓으려는 것은 큰 잘못이다. 북쪽 동쪽 동남쪽 서북쪽의 위치에다 놓으면 손님의 발길이 끊일 새가 없게 된다. 호텔·양식집·까페 등을 개업할 때 북쪽을 밖으로 돌출시키는 것이 장사가 잘 되게하는 비결이다.

상점의 북쪽이 대로에 접해 있으면 쉽게 상하는 물품을 판매하는 것이 적합하다. 생선가게·정육점·과일가게 ·주류 등은 상품을 북쪽에 진열하는 것이 아주 좋다. 단지 주의해야할 것은 입구가 북의 정중앙 선상에 있어서는 안 되며 만약 그렇게 되면 손님이 있을 수 없으니 부득이 한 경우에는 유리를 이용해 쇼윈도우나 진열대를 만들어서 보완을 해야 한다. 주류·상하수도·횟집·생수·수산물·찻집 등이 좋다.

도로를 사이에 두고 마주한 앞 상점은 잘 되는데 같은 업종임에도 불구하고 상점에 가장 좋은 물건을 진열해 놓아도 손님이 드물다면 반드시 한번쯤 체크해 볼 필요가 있다. 예를 들어 입구가 동북방위에 있다면 무슨 장사를 하든지 간에 헛수고만 할 뿐 이득이 없다. 손님도 없을 뿐 아니라 간혹 들어오는 손님들도 당신의 돈을 빼앗아 갈 뿐이다. 동북방에 오수(汚水) 혹은 화기(火氣)가 있으면 종업원들은 열심히 일하지 않을 뿐아니라 손님에 대한 태도도 불손하여 상점의 이미지도 흐리게 된다. 또한 동북방의 엘리베이터도 종업원의 능력을 저하시켜 불의의 사건이 발생하기가 쉽다.

일반적으로 길운을 부르는 돌출부분도 상점이 돌출부분에 위치하게 되면 길상이 되지 못하고 오히려 흉상이 되어 경영상 순조롭게 돈을 벌 수가 없다. 더 불가사의한 것은 동북방위에 진열된 상품이 항상 팔리지 않고 남아도는데 그 물건이 다른 가게에서는 날개 돈친 듯이 팔리며 호평을 받는다.

동북방 돌출부분이 가게 안에서나 상가의 위치에서 이상적인 곳에 자리잡고 있어서 손님들의 눈에 쉽게 띄지만 역시 장사는 잘 되지 않는다. 건축·요식업·창고임대업·숙박업·부동산 중개업·보험 영업소 등이 좋다.

동쪽방위의 입구는 동남쪽 남쪽에 버금가는 길상으로 특히 물건을 다루지 않고도 머리만을 쓰는 일에 적합하다. 때문에 일반적인 작은 상점들 보다는 광고기획 영화기획사 설계사무소 등 기획력으로 승부를 거는 회사가 더 유리하다. 상가내에서도 작은 점포가 아닌 사무소가 한순간에 발전하는 경우가 바로 그 예인 것이다.

밖으로 돌출되도록 증축하는 것은 판매고를 높이는 하나의 요점인데 동쪽방위의 돌출은 특히 병의원, 음악, 미술과 유관한 자유업, 건축업, 어업과 관련된 사업에 가장 적합하다. 일반적인 상점의 경우 북방은 그냥 방치하거나 음식점에서 사용하는 커다란 물통을 놓기에 이상적인 위치이다. 불을 사용하는 점포인 경우는 화기를 동쪽이나 동남쪽, 남쪽에 두는 것이 이상적이다.

특히 손님 앞에서 직접 고기를 구워주는 불고기집 등은 화기가 점포의 중앙에 위치하면 손님의 발길을 끊는 결과를 낳게 되며 또한 화재로부터도 자유롭지 못하니 절대로 피해야 한다. 전기·과일가게·꽃집·목재상·발전기 제조업·전산 계통·엔진·수목원 등이 좋다.

장사를 하는데 있어서 입구는 상당히 중요한 지점인 것은 손님 혹은 모든 장사의 접촉은 입구를 통해 진입되기 때문이며 좋은 방위에 위치한 입구에서 들어오는 사람이니 좋은 손님이자 유력한 支持者이며 또한 이상적인 접촉인 것이다. 반대로 나쁜 방위에 위치한 입구에서 들어오는 사람은 나쁜 손님이 많으며 그러므로 돈을 벌지 못하는 손님들이 많다.

동남방의 입구는 그것이 상점이든 사무실이든 매우 이상적인 입구이다. 작은 회사나 백화점처럼 비교적 많은 사원을 고용하고 있는 상점에서는 더더욱 출입문을 동남쪽에 설치해야 한다. 만일 큰 길에 접하도록할 수 있으면 더 이상 좋을 수 없지만 설령 작은 뒷 골목이라도 입구는 동남방에 두는 것이 타당하다.

더 만전을 기하려 한다면 동남방의 위험선상(동남방 정중앙선상)에 나무나 화초를 심으면 장사는 분명히 잘 할 수 있다. 또한 동남방의 철(凸) 부분 역시 대길상이다. 동남방에 '신용 또는 교제시의 신뢰'라는 의미도 포함되어 있다. 이곳에 철(凸) 부분을 증축한다면 장사 혹은 사업은 신임을 얻게 될 것이고 사람들과의 관계 역시 상당히 충실해 질 것이다. 여행사·해외무역·목재상·지업사·제지공장·유통 계통·운수업 등이 좋다.

동남방위와 마찬가지로 남쪽의 입구도 어떤 장사를 하든 행운을 가져온다. 남쪽에는 명성·명예 획득의 의미를 암시하고 있으므로 새로 개업하는 상점, 혹은 개인의 이름으로 대중을 끌어들이는 정치가의 사무실 등에 더욱 효과적이다.

설사 남쪽이 대로에서 조금 벗어난 거리라도 입구는 그곳에 만드는 것이 타당하다. 입구를 설치하는데 있어서 단지 사람이 많이 다니는 눈에 뜨이는 곳만을 고집하여 좋지 않은 방위에 설치하게 되면 그동안의 피와 땀도 헛수고가 된다. 남쪽의 입구는 물론 장사에는 적합하지만 풍속관계의 영업 오락방면 귀금속 등은 예외로 한다. 식당·여관·술집·음식점 등 불을 사용하는 장사는 화기를 남쪽에 놓아두면 불의의 사고 같은 것은 없을 뿐더러 오히려 이익을 많이 남길 수 있다. 그러나 정남 방위를 통과하는 위험선상에 놓을 경우 길상은 흉상으로 변화므로 반드시 주의해야 한다. 위험선이나 사선은 담장을 이용해 막는 것이 이상적이다. 안과·조명기구점·출판사·인쇄사·사법서사·언론·교육·연예 관련 매니저 사무실 등이 좋다.

입구가 서남방에 있으면 무슨 장사를 해도 수익을 올릴 수 없다. 일은 일대로 하고도 돈은 벌리지 않고 종업원들 역시 의욕이 없으니 그야말로 바쁘면 바쁠 수록 궁한 상황의 전형이다. 보통의 경우라면 길상인 돌출도 이곳 서남방에 위치하면 곧 큰 흉상으로 변한다. 사업상의 발전은 논외로 하더라도 경영조차 부실하고 부채가 누적되어 결국은 파산하고야 만다.

서남방에 오수(汚水)나 화기가 있을 경우 종업원들은 아주 게으르게 되고 서남방에 진열된 상품은 비록 다른 상점에서는 잘 팔리는 물건이라 하더라도 여기서는 하나도 팔리지 않는다. 매일 서남방위에 있는 엘리베이터나 계단을 이용하는 종업원이나 경영자는 능력이 저하하게 되며 서로간에 합심하기 어려우니 불의의 사고를 당하기 쉽다. 때문에 서남방에 사람들의 출입이 잦은 입구를 만든다든가 많이 쓰는 방을 만드는 것은 절대로 금해야 한다. 일반적으로 가장 좋은 용도는 잘 쓰지 않는 창고 자료실 등을 배치한다.

그러나 서남방으로 대로를 끼고 있어 어떻게든 서남방에 출입문을 내야하는 경우에는 문짝을 45·로 틀어서 달아 좋은 방향으로 열리도록 하면 된다. 유아놀이방·유치원·산부인과·간호 관련·

곡물상·농산물 유통업·부동산 중개업 등이 좋다.

　서방의 입구는 일반적으로 경영자에게는 의욕을 저하시키고 일의 효율도 떨어지게 하는 흉상이다. 남방에서 거론한 풍속영업, 오락 방면, 보석상의 경우에는 아주 큰 길상이다. 만약 네거리에서 어느 위치에 점포를 열 것인가를 결정하는 입장이라면 바로 이 방향을 선택하면(오락 계통·보석상) 된다. 그때의 입구는 약간 밖으로 돌출시키는 것이 좋다. 더구나 서쪽 방위에는 물에 관련된 화근을 놓아두면 안 된다.

　그렇지 않으면 상점내에서 만사가 순탄하지 않으며, 종업원들도 안정하기 어렵다. 만일 화근이 위험선상(서쪽 정중앙)에 있을 경우에는 대우가 아무리 좋고, 월급을 월등히 많이 주어도 오래 견디는 종업원이 없으니 주의해야 한다. 마찬가지로 물과 유관하나 분수대나 연못의 방식으로 사용하는 것은 오히려 장사가 잘 되는데에 도움을 주는 비결이다. 특히 여관 호텔 연회장 등 규모가 크고 사람도 많은 곳은 사람과 물의 규모가 서로 보완작용을 하여 아주 훌륭한 효과를 만들어 낸다.

　그래도 역시 방위는 유의해야 하는데 이 서쪽방위나 동북, 서남, 중심에는 물과 관련된 것을 엄금해야만 장사가 순탄하게 발전할 수 있다. 금속세공업·보석상·유흥업·오락실·노래방·목욕탕·편의점·치과·전당포·금융 관련업·증권사 등이 좋다.

　서북방위의 입구는 일반 주택으로 보자면 길상이다. 그러나 위험선상에 설계된 입구는 점포나 영업장소로써는 부적합하여 고객도 드물고 영업실적도 부진하다. 부지관계나 혹은 입구가 상가의 행인이 많은 곳에 두기 위하여 부득이 서북방에 배치해야만 할 경우에는 다른 방위는 모두 길상으로 여겨도 좋으며, 출입구 주변이나 진입로에 화초를 놓는 것도 좋은 방법이다.

서북방에 위치한 돌출 역시 길상이어서 뻗어나가는 종류의 장사를 하면 뜻대로 잘 된다. 서북방에는 금전의 유통, 저축의 의미도 가지고 있으므로 이 방위에서 밖으로 돌출된 부분은 자금회전을 좋게하고 저축도 늘게 된다. 일단 들어온 돈은 쓸데없이 낭비하지 않게 되며 유효적절하게 쓰게 된다. 돌출부분은 서북방위에 있어야만 장사가 순탄한 것이지 동남방이 돌출되었을 경우에 잘 되길를 바라는 것은 무리이다.

반대로 이 방위에 요(凹) 부분이 있을 때는 믿을 만한 자본을 빌리기 어렵게 되며, 보증인도 찾을 수 없고, 자금회전이 여의치 않아 골머리를 앓게 된다. 사장실·총수실·사회적 유명인사나 권력자의 사무실·자동차 대리점·금속 정밀 분야·귀금속 판매상·제철업 등이 좋다.

4장. 용론(龍論)

1. 용어의 이해

(1) 양택거주지(陽宅居住地)와 음택안장지(陰宅安葬地)

풍수지리에는 양택(陽宅)과 음택(陰宅)으로 구분되어 있다. 음택(陰宅)은 묘지명혈지(墓地名穴地)를, 양택(陽宅)은 양택명당지(陽宅名堂地)를 주로 연구한다. 즉 사거지(死居地)인 묘지와 생거지(生居地)인 택지의 길흉과 적부(適否)를 산형의 지세와 음양이법(陰陽理法)으로 가리는 것이 풍수지리의 핵심과제이다.

(2) 길지(吉地)와 흉지(凶地)

길지는 용혈(龍穴)의 기세가 생동하여 지중에는 생기가 모여 있고 국세가 안정되어 있고 따뜻하고 아름다우며 편안한 땅을 말하고, 흉지는 용혈(龍穴)의 기세가 나약하여 사기(死氣)가 많고 국세는 흐트러져 있으며 광풍만이 왕래하여 주위가 음산하고 춥고 어둡고 불안한 땅을 말한다. 명당길지(名堂吉地)를 얻어 생활하면 생전에 부귀강녕할 것이고, 명당진혈(名堂眞穴)을 얻어 안장하면 죽은 후에도 무탈안녕하고 후손도 부귀창성한다.

(3) 사신사(四神砂) : 청룡 · 백호 · 주작 · 현무

우리는 용호(龍虎)라는 말을 자주 듣는데, 용호(龍虎)는 좌청룡 우백호를 말한다. 혈지(穴地)를 중심으로 현무와 주산(主山)은 혈(穴)의 뒤를, 주작은 안산(案山)이 되어 전응(前應)하며 청룡은 왼쪽을 보호하고 백호는 오른쪽을 보필하여 혈지(穴地)를 전후좌우, 즉 사방에서 호위한다.

이와 같은 명칭은 형상에 따른 것이 아니라 우주의 4호신론에 의함이다. 따라서 풍수지리에서 혈장(穴場)을 좌측에서 감싸주고 보위하는 장사(長砂)는 청룡이 되고, 우측에서 감싸주는 장사(長砂)는 백호가 된다. 사람에 비유하면 청룡은 왼팔이요, 백호는 오른팔에 해당한다.

(4) 주룡(主龍)

용(龍)은 산을 말한다. 산 중에서도 맥을 이루는 산의 능선을 의미한다. 능선은 산의 움직이는 형체를 나타내기 때문이다. 풍수지리에서는 이 능선을 주룡(主龍) · 내룡(來龍) · 용맥(龍脈) 또는 용(龍)이라 부르기도 한다. 모든 능선 중에서 혈(穴)을 맺을 수 있는 능선을 일괄하여 주룡(主龍)이라고 한다. 용(龍)이라 이름하는 연유는 산맥의 기세가 마치 나는 용(龍)과 비슷하기 때문이다.

주룡(主龍)은 혈장(穴場)의 기본이므로 부실하고 천박한 용(龍)은 결코 진혈(眞穴)을 맺지 못하고 한낱 능선에 불과하다. 따라서 주룡(主龍)은 생기가 용맥(龍脈) 속에 흘러야 한다. 용(龍)이 참다워야 혈(穴)을 맺는다는 것은 풍수지리의 기본원칙이다.

(5) 형기론(形氣論)

용(龍)의 형기(形氣)란 용(龍)의 형세적 변화 현상을 말하고, 주룡(主龍)의 기세를 바탕으로 한 외적의 형상을 말한다. 이러한 형기(形氣)적 용세(龍勢)에는 용(龍)의 행도, 개장(開帳) 천심(穿心)에 기복과 과협(過峽) 굴곡이 거듭되면 기세가 왕성한 생왕룡(生旺龍)이 된다. 이와 반대의 경우를 사절룡(死絶龍)이라고 한다.

(6) 이기론(理氣論)

이기법(理氣法)이란 용(龍)의 길흉을 포태법(胞胎法)·구성법(九星法) 등의 이기법(理氣法)에 의해 생왕룡(生旺龍)·사절룡(死絶龍)을 구분하는 방법으로 진혈(眞穴)을 만드는 용(龍)은 형기(形氣)나 이기법(理氣法)에 맞게 되어 있다. 어느 하나에도 결함이 있으면 진룡(眞龍)이 아니다.

(7) 생왕룡(生旺龍)과 사절룡(死絶龍)

기세 있는 생왕룡(生旺龍)이란 태조산(太祖山) 또는 소조산(小祖山)에서 주산(主山), 현무를 거쳐 혈(穴)에 이르기까지 기세 있게 내려온 용(龍)을 말한다. 즉 소조산(小祖山)에서 혈(穴)에 이르는 과정에서 개장(開帳)·천심(穿心)·기복·굴곡 활동이 활발한 용(龍)을 말한다. 이와 반대되는 용(龍)을 사절룡(死絶龍)이라 한다. 즉 기세가 약하고 용체가 상하고 병들고 나약하고 추악하게 보이며, 조종산(祖宗山)이 모호하고 산수가 상배(相配)하지 못한 용(龍)을 말한다.

(8) 용(龍)과 맥(脈)

용(龍)과 맥의 관계는 나무가 용이라면 나뭇가지는 맥에 해당되며 그 내면에 흐르는 수액은 기(氣)에 해당한다. 맥이 너무 크고 길면 기가 약하고, 지나치게 곧으면 기가 죽고, 맥이 너무 넓으면 기가 쇠약하고, 맥이 너무 조잡하면 기가 나쁘다.

(9) 간룡(幹龍)과 지룡(枝龍)

나무에 줄기와 가지가 있듯이 용(龍)에도 간룡(幹龍)과 지룡(枝龍)이 있다. 간룡(幹龍)은 본신룡(本身龍)이고, 지룡(枝龍)은 본신룡(本身龍)에서 분맥(分脈)된 용(龍)을 말한다. 간룡(幹龍)에도 대간룡(大幹龍)과 소간룡(小幹龍)이 있고, 혈(穴)은 주로 소간룡(小幹龍)에서 이루어진다. 나무에 열매가 열리는 이치와 같다. 줄기가 번성해야 가지와 꽃, 열매가 충실하듯이 주룡(主龍)의 행도가 장원하고 생왕(生旺)해야 진결(眞結)이 되고 발복도 크고 오래간다.

용(龍)의 원근과 장단은 수리 수십리 수백리로 천차만별이고, 주룡(主龍)의 장단에 따라 화복도 다르다. 주룡(主龍)의 장원과 장대함에 따라 수원(水源)의 대소원근도 달라진다. 대간룡(大幹龍)에는 대강대하수가, 소간룡(小幹龍)에는 대계수(大溪水)가, 지룡(枝龍)에는 소계곡수가 흐르게 마련이다. 주룡(主龍)의 규모와 물의 대소가 조화를 이루어야 음양(陰陽)의 이치에 맞는다.

(10) 용(龍)의 면(面)과 배(背)

우주만물에는 앞(面)과 뒤(背)가 있게 마련이다. 양(陽)에 해당하는 면(面)은 밝고 아름다우며 유정하고, 음(陰)에 해당하는 배(背)는 어둡고 험하며 무정한 뒤쪽 음지이다. 모든 물체의 중요한 부분은 밝고 유정한 양면에 나타나기 때문에 사람도 그렇고 용혈(龍穴)도 다를 바가 없다. 혈(穴)도 용세(龍勢)가 밝고 수려하며 좌우의 용호(龍虎)가 유정하며 산수가 융합하는 용(龍)의 면에서 결혈(結穴)한다. 어두운 뒤쪽인 배(背)에서는 결혈(結穴)할 수가 없다. 즉 용(龍)의 면(面)은 양명수려하며 산수가 취합한 유기다정한 곳이고, 용(龍)의 배(背)는 용세(龍勢)가 조잡하고 산천이 급하여 무기무정한 곳이다.

방위로 음양(陰陽)을 따지면 남쪽은 양(陽)이고 북쪽은 음(陰)이지만, 용(龍)의 면(面)과 배(背)의 구분에는 동서남북을 가리지 않는다. 북향의 용(龍)도 밝고 수려하며 용호(龍虎)와 물의 관계가 유정하면 산의 앞면으로 대지를 맺을 수 있다. 혈(穴)을 찾으려면 먼저 용(龍)의 면(面)과 배(背)를 확인하는 것이 순서이다.

(11) 용(龍)의 행지(行止)

심혈(尋穴)을 할 때는 용(龍)이 나가다 멈추고, 물이 감돌아 생기도 멈추는 곳을 찾아야 한다. 용(龍)이 멈춘 곳에 생기도 뭉친다. 용맥(龍脈)이 멈추면 땅 속에 생기도 쌓이고, 용맥(龍脈)이 진행하면 생기 역시 계속 흘러가기 때문에 혈(穴)을 맺을 수 없다.

(12) 정룡(正龍)과 방룡(傍龍)

같은 조종산(祖宗山)에서 출발한 용맥(龍脈)에도 정룡(正龍)과 방룡(傍龍)이 있다. 정룡(正龍)은 산의 중심을 이루는 중추적 산줄기를 말하고, 기세가 활발한 용(龍)이다. 방룡(傍龍)은 기세의 변화가 없는 경직된 능선을 말하고, 정룡(正龍) 곁에 붙어 있는 용(龍)이다.

정룡(正龍)은 조종산(祖宗山)의 중출정맥(中出正脈)으로 개장(開帳)·기복·과협(過峽)을 거쳐, 좌우의 용(龍)이 지켜주는 가운데 기세 있게 행진하는 용(龍)이다. 방룡(傍龍)은 비록 정룡(正龍)과 같은 산에서 출발했어도 독립성이 없이 정룡(正龍)의 옆에 붙어 다니면서 정룡(正龍)을 지켜주는 단순한 능선이다.

정룡(正龍)은 기세가 생동적인 주맥(主脈)으로 진혈(眞穴)을 융결할 수 있는 진룡(眞龍)이고, 방룡(傍龍)은 정룡(正龍)을 도와주는 호종사 역할의 용호(龍虎)에 불과하다.

(13) 용(龍)의 개장(開帳)과 천심(穿心)

용(龍)의 개장(開帳)이란 태조산(太祖山)에서 떠난 용(龍)이 몇 가닥의 큰 줄기로 나누어지는 것을 말한다. 길룡(吉龍)은 출발부터 넓게 양쪽으로 장막을 펼쳐 중심룡(正龍)이 보호를 받는 가운데 중심맥을 유지하면서 굴곡과 기복을 거듭하며 기운차게 내려간다. 개장(開帳)은 마치 봉황이나 학이 날개를 펴는 모습으로 벌리는 것은 말하고, 천심(穿心)은 마치 나무의 큰 줄기와 같은 역할을 하면서 산 전체의 중심축을 이루는 것을 말한다. 이것을 벌의 허리(蜂腰) 또는 학의 무릎(鶴膝)에 비유하기도 하며, 과협(過峽) 또는 결인처(結咽處)라고도 한다.

산이 개장(開帳)하여 양쪽 날개가 주룡(主龍)을 보호하지 않으면 기(氣)가 흩어져 무력하고, 기맥이 용(龍)의 중심을 뚫지 않으면 역시 기(氣)가 좌우로 흩어져 혈장(穴場)까지 흐르지 못하므로 결혈처(結穴處)까지 진기(眞氣)를 모우지 못한다. 대개의 경우 주산(主山)에서 생왕룡(生旺龍)으로 내려오다가 현무정(玄武頂)을 이루고, 그곳에서 개장(開帳)하여 청룡과 백호를 이룬 다음 과협(過峽)을 하여 뇌두(腦頭)를 만들며, 그 아래에 혈장(穴場)을 이루는 것이 보통이다. 개장(開帳)과 천심(穿心)이 혈(穴)을 이루는 조건이라고는 하나 절대적인 것은 아니다. 개장(開帳) 없이도 주룡(主龍)이 기복과 과협(過峽) 등을 이루어 혈(穴)을 맺는 경우도 있다.

(14) 용(龍)의 기복

용(龍)의 기복은 용(龍)의 행진에서 기세가 생왕(生旺)함을 나타내는 증거이다. 이때 솟구친 곳을 기(起)라 하는데 산봉우리를 말하고, 엎드린 곳을 복(伏)이라 하는데 과협(過峽) 또는 결인처(結咽處)를 말한다. 풍수지리학에서는 수려하고 유연하며 질서정연하게 기복이 반복된 용(龍)을 생동하는 길룡(吉龍)이라 하고, 기복과 변화 없이 가파르게 내려오는 용(龍)을 흉룡(凶龍)이라 한다. 용(龍)은 행진과정에서 기복의 반복과 좌우 굴곡이 분명해야 아름답고 군센 생왕룡(生旺龍)이다.

(15) 용(龍)의 박환(剝換)

용(龍)의 박환(剝換)이란 한 마디로 용(龍)이 살기를 벗으려고 모습을 바꾸는 것을 말한다. 조잡하고 험악하고 가파른 용(龍)에서는 결코 진혈(眞穴)이 맺어질 수 없다. 오직 산과 용(龍)이 살기가 없고 순화된 밝은 산, 부드러운 맥에서만 결혈(結穴)이 이루어지기 때문에 박환(剝換)은 꼭 필요하다. 용(龍)의 형체가 넓은 것이 가늘어지고, 가는 것이 넓어지고, 급하게 내려오다 완만해지고, 석골로 내려오다 토사로 변화는 것 등이다. 박환(剝換)을 통해서 용(龍)은 살기가 없어지고 수려하며 유연하게 변한다. 박환(剝換)이 이루어지지 않고 조악한 때를 벗지 못하면 혈(穴)을 맺지 못한다.

(16) 용(龍)의 과협(過峽)

생왕룡(生旺龍)으로 중요한 부분의 하나가 용(龍)의 과협(過峽)이다. 과협처(過峽處)란 산의 봉우리와 봉우리 사이의 가늘고 얕은 고개를 말한다. 용(龍)의 길흉이 과협(過峽)으로 판정되기도 한다. 다시 말해 과협(過峽)이란 전진하는 용(龍)의 생기를 모아 묶어놓은 용(龍)의 허리이며 생기의 결인처(結咽處)이다.

(17) 용(龍)의 지각(枝脚)

용(龍)이 행진할 때는 반드시 봉우리가 있고, 능선에는 짧은 지각(枝脚)이 붙는다. 이때 산의 원기는 주맥(主脈)으로 흘러가고, 남은 기(氣)는 지각(枝脚)이 되어 용(龍)의 받침대 역할을 한다. 요도지각(橈棹枝脚)은 배의 노와 같고, 사람이나 짐승의 다리와 같다. 배에 노가 없으면 행선할 수가 없고, 동물도 다리가 없으면 행보할 수 없는 것과 같다. 주룡(主龍) 역시 지각(枝脚)이 없으면 전진이 어렵고, 어렵게 행도해도 무력한 용(龍)이 되어 결혈(結穴)하지 못한다.

(18) 입수(入首)

소조산(小祖山)에서 시작해 혈장(穴場)까지 내려온 용(龍)을 입수룡(入首龍)이라고 한다. 입수(入首)는 혈(穴) 뒤에서 가장 가까운 도두일절(到頭一節)을 말한다. 즉 주산(主山)에서 혈장(穴場)에 이르기까지의 용(龍)의 머리부터 꼬리까지를 입수룡(入首龍)이라 한다. 입수(入首)는 용(龍)의 머리와 몸통을 이어주는 목만을 말한다. 입수처(入水處)가 혈장(穴場)에서 20~30m 떨어진 곳도 있다.

(19) 혈장(穴場)

혈장(穴場)은 뇌두(腦頭)·선익(蟬翼)·구첨(毬簷)·장구(葬口)·박구·합금(合襟)·순전(脣氈) 등 혈(穴)을 둘러싸고 있는 전체를 말한다.

뇌두(腦頭) : 혈(穴)은 입수룡(入首龍)의 생기가 뇌두(腦頭)에 뭉쳐야 한다. 인체에서도 두뇌가 모든 기관을 조정하듯 뇌두(腦頭)는 혈(穴)에서도 매우 중요하다. 만약 뇌두(腦頭)를 파손하면 그 혈(穴)은 쓸모 없다.

혈토(穴土) : 혈(穴)은 산천의 정기가 응결한 곳이다. 혈(穴) 중의 토색과 토질은 각양각색이나, 다른 곳의 토색이나 토질과는 다르다. 윤기가 있고 습기가 적당하며 대혈(大穴)일수록 토색이 황홀하다. 만약 혈(穴)이라고 생각했던 곳의 흙이 퇴적잡토이거나 버슬버슬한 무기허토, 습기가 많은 점토, 석맥홍토, 사력토이면 결코 진혈토(眞穴土)가 아니다.

혈증사과(穴證四科) : 결혈(結穴)할 때는 혈성(穴星)을 만드는데, 이 혈성(穴星)을 구첨(毬簷)이라 한다. 구첨(毬簷)에는 하나의 평탄한 와(窩)가 있는데, 장구(葬口)라 하며 혈(穴)이다. 장구(葬口)의 앞을 자세히 살펴보면 소명당(小明堂) 즉 박구(薄口)가 있다. 다시 말하면 구(毬)와 첨(簷)의 양방으로 수세(水勢)가 나뉜다.
  수세(水勢)는 우수(雨水)가 있을 때 은은하게 흘러 장구(葬口), 즉 혈(穴)을 싸고돌아 은은하게 박구지하(薄口之下), 즉 소명당(小明堂) 앞에서 합금(合襟)한다. 이것을 금어계수(金魚界水)라 한다. 이 구첨(毬簷)·장구(葬口)·박구(薄口)·합금(合襟)을 사과(四科)라 하며 혈(穴)을 증명한다.

순전(脣氈) : 순전(脣氈)은 진혈(眞穴)의 여기(餘氣)가 나타난 곳으로, 사람의 얼굴에 비유하면 턱에 해당한다. 입수(入首)를 거쳐 통맥한 생기가 뇌두(腦頭)와 毬(구)를 거쳐 혈심(穴心)에서 뭉쳐지고, 남은 기가 혈장(穴場) 아래에 뭉친 곳을 말한다.

선익(蟬翼) : 뇌두(腦頭)에서 벌린 좌우의 미사(微砂)를 선익사(蟬翼砂)라 한다. 오행(五行)의 명칭은 인목(印木)이라 하고, 진혈(眞穴)을 보호하는 역할을 한다. 매미가 속날개와 겉날개가 있는 것처럼 내선익(內蟬翼)과 외선익(外蟬翼)이 나타나면 내선익(內蟬翼)을 연익(軟翼), 외선익(外蟬翼)을 경익(硬翼)이라고 한다. 뇌두(腦頭)의 양쪽에서 좌우로 뻗어내린 미사(微砂)를 선익사(蟬翼砂)라 하고, 뇌두(腦頭) 직전 결인처(結咽處)에서 뻗어내린 미사(微砂)를 연익사(燕翼砂)라 한다.

그리고 현무정(玄武頂) 또는 그 위에서 개장(開帳)한 사(砂)를 청룡 백호라 한다. 그러나 현무정(玄武頂)에서 개장(開帳)하지 않고 소조산(小祖山)에서 뻗어내린 사(砂)가 청룡과 백호의 역할을 하는 경우도 있고, 외청룡 외백호의 역할을 하는 경우도 있다. 선익(蟬翼)·연익(燕翼)·내청룡·내백호·외청룡·외백호가 거듭거듭 감싸줄수록 길하다. 용호(龍虎)보다는 연익사(燕翼砂)가, 연익사(燕翼砂)보다는 선익사(蟬翼砂)가, 경익(硬翼)보다는 연익(軟翼)이 더 길하다. 보통 선익(蟬翼)이 잘 나타나는 곳이 드물기 때문에 진혈(眞穴)에서도 알아보기가 매우 힘들다.

구첨(毬簷) : 구(毬)는 승금(腦頭)과 혈(穴) 사이에 있어 상수(相水)를 나누어 주고 정기를 혈(穴)로 이어주는 중요한 역할을 한다면, 첨(簷)은 혈(穴) 앞에서 이루어지는 상수(相水)의 합금처(合襟處) 안에 생긴다. 때문에 진혈(眞穴)을 구성하는 혈증은 구(毬)와 첨(簷)이므로 혈장(穴場)을 구첨(毬簷)이라고도 한다. 구첨(毬簷)에 대한 해설도 구구하여 구(毬)가 곧 승금(腦頭)이라는 사람도 있고, 구(毬)와 첨(簷)을 동일시하여 뇌두(腦頭)가 곧 구첨(毬簷)이라는 사람도 있다. 그러나 구첨지간(毬簷之間)에 필거혈토(必居穴土)라 했으니 구(毬)와 첨(簷)은 혈(穴)의 위와 아래에 없어서는 안될 혈증으로 대단히 중요하다.

합금(合襟) : 합금(合襟)은 한복의 저고리깃이 만나는 곳을 말하는데, 혈(穴) 뒤에서 나뉜 물이 혈(穴) 앞에서 다시 합치는 것을 말한다.

(20) 안산(案山)

안산(案山)에는 본신(本身)에서 출발한 용호(龍虎)가 길게 혈(穴) 앞까지 회포(回抱)하여 정대(正對)한 안산(案山)과 외산으로 이루어진 것이 있다. 이 밖에도 호수와 같은 물이 안산(案山)을 대신하는 경우도 있고, 높지 않은 평지의 혈(穴)에서는 혈장(穴場)보다 약간 높은 밭이나 언덕이 안산(案山)을 대신하기도 한다. 이 모두가 원진수(元辰水)나 바람을 거둬 내당(內堂)을 주밀하게 하고,

혈지(穴地)에 생기를 모으려는 데 목적이 있다. 안산(案山)은 바르게 상대하고 멀지도 높지도 않으며, 반배하지 않고 유정하며, 거칠지 않고 살기가 없어야 한다.

(21) 조산(朝山)

조산(朝山)은 안산(案山) 뒤에 열립한 여러 산을 말하고, 혈산(穴山)을 향해 다정하게 조응(照應)해야 길하다. 조산(朝山)은 혈산(穴山)과 마주보고, 그 위용이 혈산(穴山)과 대등해야 한다. 안산(案山)만 있고 조산(朝山)이 없거나, 안산(案山)도 있고 조산(朝山)도 있거나, 안산(案山)도 조산(朝山)도 다 없는 경우가 있다. 사(砂)는 혈(穴)과 가까울수록 영향력이 크기 때문에 안산(案山)이 더 긴밀하고 조산(朝山)은 그 다음이다.

(22) 낙산(樂山)

낙산(樂山)은 주로 횡룡(橫龍) 입수(入首)된 혈장(穴場)에서 뒤가 허한 것을 보호해 주는 산이다.

특락(特樂) : 먼 산이 특래하여 혈(穴) 뒤의 허한 곳을 보호해주는 산을 말한다.

차락(借樂) : 혈(穴)을 맺는 횡룡(橫龍)보다 먼저 개장(開帳)한 횡룡(橫龍)이 혈(穴) 뒤를 병풍처럼 보호해주는 산을 말한다.

허럭(虛樂) : 비록 혈(穴) 뒤에 크고 작은 여러 산이 있어도 낮고 작은 산들이 흩어져 혈(穴) 뒤에서 보호해주지 못하는 산들을 말한다.

낙산(樂山)은 혈(穴) 뒤에 단정하게 탁립(卓立)하여 혈장(穴場)을 잘 보호해주면 족하고, 본신룡(本身龍)이든 객산이든 차별이 없다. 낙산(樂山)은 혈(穴)에서 보여야 길하나, 내명당(內名堂) 내에서만 분명하게 보이면 된다.

(23) 수구(水口)

수구(水口)는 명당수(名堂水)가 나가는 곳을 말하고, 파구(破口) 또는 거수처(去水處)라고도 한다. 명당(名堂)에 들어온 물은 반드시 나가야 한다. 그렇지 못하면 부패하여 사람이 상하고 재물을 잃는다. 얕고 급하게 직거(直去)하면 매우 흉하다. 수구(水口)에 나성(羅星)·북진(北辰)·화표(華表)·한문(捍門) 등의 사(砂)가 중첩되어 있으면 수구(水口)가 자연히 아름다워진다.

(24) 수구사(水口砂)

수구사(水口砂)는 수구(水口)를 기이한 금성(禽星 : 동물 모양)으로 관란(關欄 : 막아서)하여 명당수(名堂水)가 급하게 직거(直去)하는 것을 막는 귀중한 사격(砂格)이다. 수구사(水口砂)는 주로 수구(水口) 양쪽에 우뚝솟아 있거나 수중에 암석으로 되어 있다. 각종 수중 기암을 통칭 금성(禽星)이라고 한다.

한문(捍門) : 수구(水口)의 양쪽에 탁립(卓立)해 있는 기봉(奇峰)을 말한다.

화표(華表) : 수구(水口)의 물 가운데 우뚝솟아 있는 기묘한 한 개의 기둥바위를 말한다.

북진(北辰) : 두 가지 학설이 있는데, 하나는 화표(華表)에 비해 웅대한 거암괴석이 수중에 우뚝 솟아 있는 것이고, 다른 하나는 수중에 일월이나 동물형상의 기암괴석을 말한다.

나성(羅星) : 수구(水口) 밖에 있는 특이한 작은 산을 말한다.

2 용(龍)

곤륜산. 중국의 북서쪽에 있다. 세계에서 제일 높은 에베레스트도 곤륜산에서 뻗어나간 줄기의 하나이고, 양균송의 수미산도 곤륜산의 다른 이름이다. 지구의 모든 산맥과 산악의 총조종산(祖宗山)으로 북으로 흘러간 산맥은 천산산맥으로, 천산산맥은 다시 흥안령산맥으로 이어져 수만리를 흘러 다시 횡락(橫洛)하여 동북으로 흘러 장백산맥이 되었다.

장백산맥의 일대간룡(一大幹龍)은 우리 백의민족의 발상지인 만주를 거쳐 백두산에 이르고, 백두산에서 남으로 흐르는 대간룡(大

幹龍)은 마천령산맥으로 팔도강산에 널리 퍼져 명혈대지를 수없이 결실하여 운기를 기다리고 있으며, 앞으로 많은 인재가 나올 것이다. 산맥에 혈(穴)이 결실되는 것은 창조의 원리요, 진화의 법칙이다. 그러므로 혈(穴)을 찾고자 하는 사람은 먼저 음양교배(陰陽交配)의 원리를 알아, 산맥의 흐름에서 결실처를 찾는 것만이 창조주의 신비를 엿볼 수 있다는 것이다.

혈(穴)이란 우주창조의 법칙에 따라 추호도 어긋남이 없이 고정된 일정한 장소에 불과 1~2평밖에 안 되는 지구창조 당시부터 이미 정해진 곳이다. 이는 인간사회의 둘도 없는 지귀한 보화가 되어 자손에게 부귀영화를 누리게 한다.

지리풍수학은 인간의 생존과학이며 생활과학이다. 인간은 모체에 포태될 때부터 죽어서 백골이 소골될 때까지 자연법칙의 범주에서 이탈할 수 없고, 현세를 사별한 후 백골이 흙에 묻혀 대자연의 영향력 아래 자손들에게 절대적인 영향을 준다. 백골이 혈(穴)이 아닌 흙에 묻히면 멀지않아 부식되어 없어지지만, 혈(穴) 중에 묻히면 대자연의 생명력을 얻어 그 백골은 부식되지 않고 황골이 되어 영원히 남는다.

또 지리풍수학은 양택론(陽宅論)과 음택론(陰宅論)으로 구분하나, 원리는 같다. 단, 양택론(陽宅論)은 혈(穴)의 정기가 지표면에 널리 퍼져 필성(弼星)으로 작혈(作穴)했을 뿐이다. 또한 양택(陽宅)은 거주하는 사람이 이주하면 그 양택(陽宅)이 발휘하는 영향력은 중단되고, 음택(陰宅)은 백골을 파내지 않으면 영원하다. 그러므로 우리는 항상 음택(陰宅)과 양택(陽宅)의 영향을 받으며 살아간다.

1. 용맥(龍脈)과 혈(穴)

　용맥(龍脈)의 맥(脈)이란 산과 산이 꼬리를 물고 앞으로 전진하는 것을 말하고, 산맥은 여러 산의 집단을 말한다. 용(龍)은 산과 산 또는 하나의 산에서 능선을 따라 트림하듯 이어져가는 형태를 말한다. 용(龍)은 기복과 종횡의 회전을 자유자재로 구사하며 움직이다가 물 근처에 와서 동작을 멈춘다.

　맥(脈)은 형체요 용(龍)은 정신이라고 할 수 있다. 끝없는 시간(宙)과 공간(宇)을 지배하는 우주의 대생명력과 창조력에 의해 창조된 지구는 양(陽)에 속하는 태양에서 빛과 열을 받아 만물이 창조되었고, 높은 곳은 산맥이 되어 음(陰)에 속하고, 낮은 곳은 바다와 하천이 되어 양(陽)에 속한다. 지구가 자연적으로 보유하고 있는 대생명력은 전적으로 산과 하천에 있다.

　하나의 산맥은 반드시 한줄기의 물과 같이 흘러가니 산수동로(山水同路)요 음양동행(陰陽同行)이다. 양 수(水) 사이에는 반드시 산맥이 있고, 양 산맥간에는 반드시 하천이 있다. 그러므로 한 산맥이 대간맥(大幹脈)일 때는 백리 혹은 천리를 흘러가 산맥이 다하여 같이 흘러온 하천 또는 강과 음양상배(陰陽相配)하여 꽃을 피우고 열매를 맺으니 이를 혈(穴)이라고 한다.

2 혈(穴)과 작용

혈(穴)의 생성과정을 보면 태조산(太祖山)에서 낙맥(落脈)하여 긴 여정에 오를 때부터 음양이기(陰陽二氣)의 대생명력과 오기(五氣)의 정기를 받아 출맥(出脈)한다. 즉 오행(五行) 중 어느 하나의 정기를 받아 목적지를 향해 출발한다. 십리 백리 천리의 여정을 마치고 목적지에 도달하면 태조산(太祖山)에서 수기(受氣)의 강약에 따라 혈(穴)의 대소가 결정된다. 여정이 끝나면 산수동로(山水同路)라 함과 같이 산은 음(陰)이요 수(水)는 양(陽)이니 비로소 음양(陰陽)이 결합하여 보금자리를 만든다.

백리 천리를 행룡(行龍)해 왔어도 보금자리는 불과 1~2평밖에 안 된다. 이 1~2평밖에 안 되는 곳을 혈(穴)이라 한다. 이 혈(穴) 앞에 작은 평지가 생기는데 평탄한 곳을 명당(明堂)이라고 한다. 이 1~2평밖에 안 되는 혈(穴)을 맺으려고 십리 백리 천리를 행룡(行龍)하면서 지중의 정기를 모아 음정상승(陰精上昇) 양정하강(陽精下降)의 원리로 감응되어 천기(天氣)와 지정(地精)이 교감되어 결혈(結穴)되니 이것이 곧 대생명체의 개화결실이다.

이러한 대혈(大穴)에 부모의 백골을 묻으면 우주의 대생명력과 오기(五氣)의 작용을 받아 영원히 부식되지 않는다. 혈(穴)에 들어간 백골은 이기(二氣)의 대생명력과 오기(五氣)의 연관작용으로 우주의 정령과 동화되어 일대 생명력을 보유한다. 그리하여 이 백골에서의 에너지는 틀림없이 선조의 정기를 받고 태어난 직계자손만이 에너지의 싸이클과 합치된다.

이로 인해 그 혈(穴)에 가득찬 우주의 정기는 직계자손에 절대적인 영향을 준다. 팔도강산에 혈(穴)은 많지만 수천 년간에 혈(穴)이 100개가 있다면 그 중 1~2개 소나 썼을 정도이니, 혈(穴)을 얻기란 극히 어려운 일이다. 또한 창조주께서 혈(穴)을 만드실 때 혈(穴)마다 함정을 만들어 악인이 쓰면 화를 받게 되어 있다.

3. 용법(龍法)

산맥의 흐름 즉 용맥(龍脈)은 간룡(幹龍)과 지룡(枝龍) 두 가지로 구분한다. 간룡(幹龍)은 산맥의 원맥(原脈)을 말하고, 이 간룡(幹龍)에서 분맥(分脈)하여 흘러간 산맥을 지룡(枝龍)이라는 것을 숙지해야만 혈(穴)의 대소를 판별할 수 있다. 대간룡(大幹龍)이 행룡(行龍)하여 명당(名堂)을 결실하면 대원국(大垣局) 즉 왕도처를 결국하고, 작은 혈(穴)은 왕후장상지지부터 대부대귀지지를 맺는다. 지룡(枝龍)은 행룡(行龍)하여 결실하면 소부귀지지를 맺는데, 간룡(幹龍)에도 대간룡(大幹龍) 소간룡(小幹龍) 등 차이가 많다.

4. 태조산(太祖山)과 소조산(小祖山)

태조산(太祖山)은 하나의 산맥이 처음 출발하는 산을 말한다. 암석으로 된 높고 험준한 모양으로 멀리서 보면 구름 중에 솟아 수려하기 비할 데 없지만, 가까이서 보면 기암괴석이 가득하여 감히 접근하기 어려운 높은 산을 말한다. 그 중에서도 염정성(廉貞星 : 火星 : 도봉산·금강산·대둔산 등)은 마치 톱날처럼 수많은 날카로운 봉우리가 구름 속에 있는 흑황색의 석산(石山)으로 가장 존귀한 태조산(太祖山)이다.

이는 화(火)에 속하는 화성(火星)이고, 용루(龍樓)와 보전(寶殿) 두 가지로 구분하여 부른다. 이는 산 중의 제왕이며 가장 존귀한 태조산(太祖山)으로, 대간룡(大幹龍)이 아니면 나타나지 않는다. 이를 취강산(聚講山 : 대둔산 등)이라고도 한다. 각 봉우리를 선인(仙人)으로 보고, 선인(仙人)들이 모여 강론한다는 의미이다. 강론이 끝나면 동서남북으로 분지벽맥(分枝擘脈)하여 각자 먼 길을 떠나는데, 이러한 산을 태조산(太祖山)이라고 한다. 염정(廉貞) 태조산(太祖山) 중 높이 솟은 봉우리(북한산의 백운대)를 용루(龍樓)라 하고, 높고 평평한 것(북한산의 보현봉)을 보전(寶殿)이라고도 한다. 여기서 제일 높은 봉우리가 가장 존귀하다.

소조산(小祖山 : 應星)은 앞으로는 혈장(穴場)과 마주보고, 뒤로는 태조산(太祖山)과 마주보는 산이다. 이 소조산(小祖山)은 4흉성 녹존성(祿存星)·염정성(廉貞星)·문곡성(文曲星)·파군성(破軍星)이 되어도 소조산(小祖山)이 될 수 없고, 3길성 탐랑성(貪狼星)·거문성(巨門星)·무곡성(武曲星)이나 5길성 탐랑성(貪狼星)·거문성(巨門星)·무곡성(武曲星)·우필성(右弼星)으로 이루어진다.

태조산(太祖山)에서 하나의 용맥(龍脈)이 수십리 수백리를 행룡(行龍)하여 결혈(結穴)할 때는 소조산(小祖山)을 이룬다. 그러므로 이 소조산(小祖山)을 응성(應星)이라고도 한다. 이 소조산(小祖山)의 규모를 관찰하여 혈(穴)의 미악과 대소를 판단할 수 있고, 혈(穴)의 오행(五行)도 구분할 수 있다.

5. 지룡행룡(枝龍行龍)과 평양행룡(平洋行龍)

지룡(枝龍)은 간룡(幹龍) 행룡(行龍) 때 분지벽맥(分枝擘脈)하여 이루어지고, 다시 분지(分枝)하여 생성된다. 지룡(枝龍)은 간룡(幹龍) 결혈(結穴)에 비할 바가 아니다. 간룡(幹龍)은 극소수이나 지룡(枝龍)은 도처에서 볼 수 있다. 평양룡(平洋龍)은 높은 산의 대간룡(大幹龍)이 수백리를 행룡(行龍)하여 평양에 떨어지거나 대강 하변이나 해변가에 출양(出洋)하여 살기를 탈피하고 개화결실하면 천하의 대지를 이룬다. 물 건너 수십백리 산천이 멀리 내응하여 성곽을 형성하고, 국세가 광활하고 기상이 활대하여 대성·대현·대귀의 대혈(大穴)이 결혈(結穴)된다.

높은 산에서는 성봉(星峰)에서 진룡(眞龍) 결혈(結穴)을 찾지만 평양에서는 수세(水勢)를 따른다. 수세(水勢)를 관찰하면 용맥(龍脈)의 진행을 알 수 있으니 양수(兩水)간의 진룡(眞龍)을 파악할 수 있다. 수행(水行)이면 진룡(眞龍)도 행진 중이니 양수(兩水)가 상회하여 합류하면 진룡(眞龍)도 머문다. 수진용진(水盡龍盡)이면 곡포상교(曲抱相交)하여 대결(大結)한다. 은은미미하게 구부(丘阜)를 형성하여 장심(掌心) 중에 와(窩)나 겸형(鉗形)으로 나타난다. 와(窩)나 미돌(微突 : 주로 돌처에서 1~2척 아래에 혈이 있다) 중에서 혈(穴)을 찾아야 한다.

6. 박환법(剝換法)

박환(剝換)은 모든 살기와 조잡한 악기를 탈피하고 새로운 옷으로 갈아 입는 것을 말한다. 태조산(太祖山)은 멀리서 보면 수려하고 아름답지만, 가까이서 보면 악석과 괴석이 많고 살기가 만산하며 매우 조잡하다. 이와 같은 살기와 조잡한 흉기를 벗고 수려한 성봉(星峰)으로 변하는 것을 박환(剝換)이라 하고, 흐르는 산맥도 유눈(柔嫩)해진다.

식물의 열매가 열리는 곳은 원줄기가 아니라, 원줄기에서 돋아난 눈지(嫩枝)이다. 이와 같이 산맥도 유눈(柔嫩)한 생지에서 결혈(結穴)한다. 큰 산이 갑자기 낙맥(落脈)하여 작은 산으로 변하거나, 대단과협(大斷過峽)을 하면 악산은 반드시 수려한 봉우리와 용맥(龍脈)으로 변모한다. 이런 것을 박환(剝換)이라고 한다.

과협(過峽)은 산과 산을 잇는 벌의 허리나 학의 무릎처럼 잘록한 산줄기 부분을 가리키고, 보통은 무슨 고개라고 부른다. 과협(過峽)은 산과 산의 생기를 이어주는데, 이것이 좋아야 내룡(來龍)의 생기도 충만해진다. 과일의 꼭지와 같은 역할을 한다. 과협(過峽)

전에는 양변 각이 제송(齊送)하고, 대단(大斷) 후에는 양변 각이 제영(齊迎)하는데, 이를 과협(過峽)이라 한다. 이는 중간의 본맥을 보호하기 위함이고, 이때의 양변 각을 영송각(迎送脚)이라고 한다.

7. 산의 앞과 뒤

사람도 앞뒤가 있듯이 산에도 앞뒤가 있다. 얼굴이 있는 앞면은 밝으며 광채가 있고 부드러우나, 뒷면은 어둡고 거칠 듯이 산도 그 같은 이치이다. 명당(名堂)은 산의 앞면에만 있기 때문에 명당(名堂)을 찾으려면 먼저 산의 앞과 뒤를 구분할 줄 알아야 한다. 앞뒤를 구분하려면 산의 형태를 정확하게 관찰해야 한다. 앞면은 평탄하고 안정적이며 지면에 밝은 기운이 서려 있고, 뒷면은 굴곡이 심하며 험한 바위가 불규칙하게 있고 지면이 어둡고 험하다. 그리고 앞면은 대개 들판을 향하며 높은 산을 등지고 있다. 산의 앞과 뒤를 구분할 줄 알면 명당(名堂)을 찾는 일이 쉬워진다.

집터를 정할 때도 반드시 산의 앞면에 집을 지어야 가정의 발전을 기대할 수 있다. 아름다운 산이 집터를 바라보는 지세에서는 여러 사람에게 존경과 사랑을 받지만, 산 뒤에 살면 배반을 당하거나 손해를 보는 등 모든 일이 잘 풀리지 않는다.

5장. 구성론(九星論)

　우리 생활에 지대한 영향을 주는 북두칠성과 그 옆에 있는 두 개의 별을 합하여 구성(九星)이라 하는데, 산천과 비교해보면 매우 비슷하다는 것을 알 수 있다. 양균송 선생의 재천구성론(在天九星論)을 지리학에 대입한 결과, 산의 많은 비밀이 풀리면서 혈(穴)의 생성에도 일정한 법칙이 있다는 것을 알게 되었다. 지금은 천문학이 발달하여 몇백억 광년 밖에 있는 은하계를 연구하고, 블랙홀이니 우주니 반우주니 하는 마당에 무슨 구성(九星)이냐고 비웃는 사람도 있겠지만 이것은 엄연한 사실이다.

　구성(九星)은 모든 현상의 기본이 된다. 구성(九星)을 모든 산과 산맥에 적용한 결과 하나의 일정한 법칙으로 정립되고, 질서정연하게 어떤 결과에 도달한다. 따라서 구성론(九星論)을 이해해야만 심룡심혈(尋龍尋穴)을 할 수 있으니, 어렵고 지루하더라도 반드시 숙지하기 바란다.

지리학에서는 제1성은 탐랑(貪狼)이라 하는데 목(木)에 속하고, 제2성은 거문(巨門)이라 하는데 토(土)에 속하고, 제3성은 녹존(祿存)이라 하는데 토(土)에 속하고, 제4성은 문곡(文曲)이라 하는데 수(水)에 속하고, 제5성은 염정(廉貞)이라 하는데 화(火)에 속하고, 제6성은 무곡(武曲)이라 하는데 금(金)에 속하고, 제7성은 파군(破軍)이라 하는데 금(金)에 속하고, 제8성은 좌보(左輔)라 하는데 토(土)에 속하고, 제9성은 우필(右弼)이라 하는데 금(金)에 속한다.

또 구성(九星)을 오행(五行)으로 분별했고, 이것이 산천이 되어 행룡(行龍)할 때 구성(九星)을 분별하여 금목수화토(金木水火土)로 나눈다. 구성(九星) 오행(五行)은 기조지성(起祖之星), 행룡지성(行龍之星), 결혈지성(結穴之星), 보좌지성(補佐之星) 등을 말하는데, 2성이나 3~4성이 겸대(兼帶)로 이루어지는 경우가 많다. 이러한 것으로 용(龍)의 크기를 알 수 있다. 그리고 구성(九星)이 변하는 것을 관찰하여 결혈지(結穴地)의 크기를 알 수 있다.

구성(九星)에는 길체와 흉체가 있다. 탐랑(貪狼)·거문(巨門)·무곡(武曲)은 3길존성이라 하여 길성이고, 좌보(左輔)·우필(右弼)도 길성이다. 녹존(祿存)·문곡(文曲)·염정(廉貞)·파군(破軍)은 네 가지는 흉성이다. 이상과 같이 3길성·5길성·4흉성이 있으며, 형상의 미오(美惡)와 오행(五行)의 생극(生剋), 음양(陰陽)의 순역(順逆)에 따라 화복·길흉·화갱(火坑)·주보(珠寶)가 결정된다.

머리가 둥글며 종을 엎어놓은 것 같은 것은 금(金)에 속하고, 머리가 뾰족하며 높은 것은 목(木)에 속하고, 굴곡과 파동이 있는 것은 수(水)에 속하고, 돌로 된 머리 부분이 톱날이나 불꽃처럼 날카 롭고 높이 솟아 있는 것은 화(火)에 속하고, 머리 부분이 모가나 병풍 같은 것은 토(土)에 속한다.

이와 같이 성봉(星峰)의 머리 형태를 관찰하여 오행(五行)을 분별한다. 또 머리 부분이 둥글며 모난 것은 금토(金土) 겸체이고, 둥글며 굴곡이 있는 것은 금수(金水) 겸체이다. 구성(九星)은 강유가 같지 않고, 산룡(山龍)의 형태도 같지 않다. 그러므로 산룡(山龍)을 관찰하면 그 봉우리의 머리를 보고 산룡(山龍)의 정신과 오행(五行)을 분별하여 어느 구성(九星)에 속하는지를 알 수 있다.

구성(九星)이 행룡(行龍)할 때 성체를 구분하지 못하면 용(龍)의 근본정신을 알 수 없다. 이는 심혈(尋穴)의 근본문제이기도 하다. 성봉(星峰)의 종류와 형태는 다양하기 때문에 판별하기가 쉽지 않다. 하나의 성봉(星峰)도 보는 방향에 따라 달라 정확하게 구분하기가 매우 어렵다. 예를 들어 뾰족한 첨체(尖體) 탐랑성(貪狼星)은 어떤 방향에서는 정상이 평평한 얕은 산으로 보이기도 한다. 이처럼 방향에 따라 전혀 다르게 보이니 관찰하는 방법을 정확하게 알아야 한다. 우선 성봉(星峰)의 머리와 몸체와 지각(枝脚)으로 구분하고, 겸대성(兼帶星)의 여부도 판별해야 한다.

구성(九星)이 행룡(行龍)할 때 박환처(剝換處)에서 생기는 성봉(星峰)의 형상은 각각 다르다. 탐랑(貪狼)은 첨순(尖筍), 무곡(武曲)은 복종(覆鐘), 거문(巨門)은 돈홀(頓笏), 녹존(祿存)은 돈고(頓鼓), 염정(廉貞)은 첨염(尖炎)의 5가지 성봉(星峰)은 방향에 따라 다르게 보이니 출맥처(出脈處) 정면에서 관찰해야 한다. 그리고 문곡(文曲)은 측면 성봉(星峰), 파군(破軍)은 타미주기(拖尾走旗), 좌보성(左輔星)은 두고두저(頭高頭低)이니 측면에서 관찰해야 한다. 그러나 우필성(右弼星)만은 형태가 없고 높낮이에 따라 변한다. 지중암행하는 것이 우필성(右弼星)이다.

이상과 같이 구성(九星)을 구분하는 방법은 정면과 측면 두 가지가 있으니 자세하게 관찰해야 한다. 태조산(太祖山)에서 낙맥(落脈)하여 행룡(行龍)할 때 응성(應星)이 어느 구성(九星)인가를 알면 어느 오행(五行)인지와 혈(穴)의 형태도 알 수 있다.

① 탐랑성(貪狼星)은 첨순(尖筍 : 산머리가 뾰족한 모양)이며 각이 없고 목(木)에 속한다. 유두혈(乳頭穴 : 혈판이 1~2평이나 3~4평으로 넓지 않다)을 맺는다.

② 거문성(巨門星)은 방체(方體 : 네모 모양)이며 각이 없고 토(土)에 속한다. 겸채혈(鉗釵穴)을 맺는다.

③ 녹존성(祿存星)은 두원미방(頭圓微方)이며 각이 많고, 과호(瓜弧)와 같으며 토(土)에 속한다. 소치혈(梳齒穴 : 얼레빗 모양)이나 겸채혈(鉗釵穴)을 맺는다.

④ 문곡성(文曲星)은 아미형으로 각이 없고 수(水)에 속한다. 장심혈(掌心穴)을 맺는다.

⑤ 염정성(廉貞星)은 석봉이 날카롭게 높이 솟으며 무각(無脚)이고 화(火)에 속한다. 여벽형(밭을 가는 보습 모양)을 맺는다.

⑥ 무곡성(武曲星)은 머리가 둥글며 종이나 솥을 엎어놓은 모양이고, 각이 없으며 금(金)에 속한다. 원와형(圓窩形 : 혈판이 넓다. 20~30평 되는 곳도 있다)을 맺는다.

⑦ 파군성(破軍星)은 전두고탁(前頭高卓) 주기지형(走旗之形)이며 금(金)에 해당한다. 첨사창형(尖似槍形 : 날카로운 창)을 맺는다. 각은 직협(直夾)하고 둥글지 않으며 대횡개장(大開橫帳)하기도 한다.

⑧ 좌보성(左輔星)은 두고두저형(頭高頭低形)으로 어깨가 둥글며 양각(兩脚)은 양쪽으로 뻗고 토(土)에 속한다. 반원형(半圓形)으로 결혈(結穴)해 연소형(半窩形)과 괘등형(掛燈形)을 맺는다.

⑨ 우필성(右弼星)은 지중은행하며 금(金)에 속하고, 은은융융 결혈(結穴)하며 용(龍)에 따라 수시로 변한다.

1. 탐랑성(貪狼星 : 木)

탐랑성(貪狼星)의 형태는 뾰족하여 마치 죽순과 같고, 단정하며 용립(聳立)하여 수려하다. 탐랑성(貪狼星)에는 5가지의 길체와 7가지의 흉체가 있다. 첨(尖)·원(圓)·평(平)·직(直)·소탐랑(小貪狼)은 길체이다. 의(欹)·사(斜)·공(空)·도(倒)는 간사한 사람이 나오고, 석(石)·파(破)는 흉함을 당하며, 측(側)은 성직자나 독신자가 나오는 흉체이다.

이 탐랑성(貪狼星) 아래에는 장군대좌형(將軍大坐形)이 있다.

2. 거문성(巨門星 : 土)

거문성(巨門星)은 정상이 한일(一)자 모양으로 평평하고, 머리 양쪽에 각이 있다. 이 일(一)자의 중심에서 횡으로 출맥(出脈)하면 거문성(巨門星)이라 한다. 평첨탐랑(平尖貪狼)과 같으나 거문성(巨門星)은 횡으로 낙맥(落脈)하고, 평첨탐랑(平尖貪狼)은 일(一)자의 정두(頂頭) 끝에서 낙맥(落脈)한다.

거문성(巨門星)에는 두 가지가 있다. 고대방정(高大方正 : 낮은 것)한 것은 병(屛), 재고대방정(再高大方正 : 높은 것)한 것은 돈홀(頓笏)이라 하는데 각이 없다. 만일 산머리가 의사측파(欹斜側

破)이면 흉체이다. 출맥(出脈)이 행룡(行龍)할 때 지엽이 많지 않
으면 멀리 가지 못하고 관협(關峽)이 적다. 천심(穿心) 출맥(出脈)
하여 행룡(行龍)할 때는 양방에서 호위하는 산맥은 본신(本身)에
붙어 따라간다. 정절지봉(旌節之峰 : 祿存星)이 옹호하며, 도검지
산맥(刀劍之山脈 : 破軍星)이 호송한다. 이같이 출맥(出脈)할 때는
양방에서 정절지봉(旌節之峰)과 도검지산맥(刀劍之山脈)이 호송하
고, 앞에서는 의관리(衣冠吏 : 둥근 봉우리)가 맞이한다.

  거문성(巨門星)의 천심(穿心) 출맥(出脈)이 행룡(行龍)할 때는
양을 몰고 가는 것처럼 소소원봉(小小圓峰)이 나타나 따라간다. 이
때 양방에는 의관리(衣冠吏) 즉 원봉(圓峰)이 호위한다. 또한 평지
야산에서 과협(過峽)을 형성할 때는 종적을 감춰 맥을 잃은 듯이

거문성(巨門星)

보이고, 횡과(橫過)할 때는 동서로 은은하게 나타나 마치 포사(抛梭)와 같고, 곡과(曲過)할 때는 소소하게 기복하는 것이 마적(馬蹟)과 같고, 활과(闊過)할 때는 천전(穿田)이나 도평(渡坪)하는 것이 마치 주사(蛛絲) 같아 하나의 척맥(脊脈)이 은은하게 나타난다.

이상과 같이 질단과협(跌斷過峽)할 때나 평평한 곳에서 단맥(斷脈)할 때는 반드시 좌우에서 호위산이 보호해야만 한다. 홀로 행룡(行龍)하는 것은 거문정체(巨門正體)가 아니라 공망룡(空亡龍)이다. 또 천주과협(穿珠過峽)할 때는 주(珠)는 개면(開面)해야 하고, 맥은 가늘며 위곡(委曲)하고, 좌우에서는 음사(陰砂 : 청룡·백호)가 호위해야 한다. 만일 천주(穿珠)시 주판과 같이 직천(直串 : 꿰는 것)하면 흉격이다. 천주(穿珠)는 소형의 원돈(圓墩 : 구슬같이 둥근 봉우리)을 몇 가닥의 실로 꿴 것 같이 맥이 통과하는 것을 말한다.

거문(巨門)은 수리나 20~30리 행룡(行龍)하여 결혈(結穴)한다. 그리고 낙혈(落穴) 직전에 방봉(方峰)을 이루어 혈(穴) 뒤에 옥병(玉屏)을 두른 것 같이 한다. 이 거문존성(巨門尊星)은 불의불사(不敧不斜 : 기울지 않아야 한다)하고 방정단정한 형태로 깨지거나 쭈글쭈글하면 안 된다. 그렇지 않으면 거문존성(巨門尊星)이 아니라 겸대성(兼帶星)이며 흉체이다.

거문성(巨門星)이 행룡(行龍)할 때는 많은 호위산이 가까이서 따르고, 정룡(正龍)은 언제나 중심으로 행룡(行龍)한다. 또 지각(枝脚)이 많으면 녹존(祿存) 겸대성(兼帶星)으로 거문성(巨門星)이 아니다. 거문성(巨門星)은 양각이 횡장(橫帳)하여 중심에서 출맥(出脈)할 때는 개(个)자로 출맥(出脈)하는데, 이를 오동지(梧桐枝)라고도 한다. 개(个)자 출맥(出脈) 후 소소원봉(小小圓峰)을 이루어 행룡(行龍)하고, 좌우에는 원봉(圓峰)과 마기(馬旗) 도검지산(刀劍之山)이 호송한다. 과협(過峽)할 때는 봉요(蜂腰) 질단과협(跌斷過峽)을 이루고, 평행 천주(穿珠) 행룡(行龍)한다. 결혈(結穴)할 때는 초암(草庵)과 같이 은은하게 혈(穴)을 맺는다. 거문(巨門) 결혈(結穴)은 채겸혈(釵鉗穴)을 이루는 것이 일반적이고, 호숫가나 강가에 결혈(結穴)할 때는 간간이 와혈(窩穴)을 맺기도 한다.

3. 녹존성(祿存星 : 土)

녹존성(祿存星)은 돈고형(頓鼓形 : 산꼭대기가 평평하고 전체가 둥글둥글한 모양, 북을 엎어놓은 모양)이다. 몸은 원체(圓體)이며 산꼭대기는 평평하여 거문성(巨門星)과 비슷하다. 그러나 거문(巨門)은 어깨에 각이 있지만 녹존성(祿存星)은 미원체(微圓體)이다. 하생다각(下生多脚)하여 각의 형태는 과호(瓜瓠)와 같다. 과(瓜)는 원체(圓體)이고, 상부두신(上部頭身)은 돈고(頓鼓) 형상이며, 좌우 양각이 원전(圓轉)하고, 각의 형태는 상세하비형(上細下肥形)이다.

돈고형(頓鼓形)은 녹존성(祿存星)의 머리와 몸체를 말하는 것이고, 과호(瓜瓠)는 지각(枝脚)의 형상을 말한다. 본룡(本龍)과 지각(枝脚)은 상세하비형(上細下肥形)으로 과호진처(瓜瓠盡處)에는 소봉이 있는 것이 일반적이다.

이 녹존성(祿存星)이 개면(開面)하여 여러 갈래의 지각(枝脚)을 좌우로 분출하고, 중심의 본룡(本龍)이 출맥(出脈)할 때 자세히 살피지 않으면 소봉을 살필 수 없다. 이 소봉은 가장 중요한 것으로 대록대살처(帶祿帶煞處)이다. 본신(本身)은 정상이 아니라 용(龍)의 출맥처(出脈處), 즉 산허리의 출맥처(出脈處)에서 나타난다.

이 소봉이 원정(圓淨)하고 지각(枝脚)이 없으면 소위 대록녹존(帶祿祿存)이라 하여 길체이고, 박환성(剝換星)이 아니라 날카로운 각이 많아 마치 방게나 거미 같으면 대살녹존(帶煞祿存)이라 하여 흉체이다. 이 소봉이 원정(圓淨)하며 지각(枝脚)이 많지 않고, 횡배(橫排)하며 검같이 날카로우면 살화위권(煞化爲權)·선출무귀

녹존성(祿存星)

(先出武貴)격이니 대록녹존(帶祿祿存)으로 길체이다.

녹존성(祿存星)은 거문성(巨門星)처럼 단정하지 않아 그만큼 발복하지는 않는다. 그러나 정체 녹존성(祿存星)은 형세가 웅후하며 단정하고, 조봉(朝峰)이 수발(秀拔)하면 거문성(巨門星) 못지 않게 발복한다. 녹존성(祿存星)이 결혈(結穴)할 때 소원봉(小圓峰)이 본신(本身)을 위요(圍繞)하여 대록녹존(帶祿祿存)이 정결하고 부귀가 비상하다. 반드시 장상공후지지(將相公侯之地)를 이룬다.

녹존(祿存)을 결혈(結穴)할 때는 간간이 석간괴혈(石間怪穴)이 생긴다. 또 지각(枝脚)으로도 길흉을 분별할 수 있다. 녹존성(祿存星)이 결혈(結穴)할 때는 전후좌우의 지각(枝脚)은 혈의 앞면 좌우에 반드시 작은 봉우리가 환요(還繞)한다. 이것은 녹존성(祿存星)의 지각(枝脚) 진처(盡處)에 소원봉(小圓峰)이 나타나하기 때문이다. 이 소원봉(小圓峰) 역시 대록(帶祿)인지 대살(帶煞)인지를 구별해야 한다. 대록(帶祿) 길체이면 무각(無脚)이고, 지각(枝脚)이 분다하면 대살녹존(帶煞祿存)이다. 녹존성(祿存星)의 발응은 무관으로 현귀하거나 문관으로 병권을 장악한다.

거문성(巨門星) 두방(頭方-네모 모양)과 녹존성(祿存星) 두미방(頭微方 : 네모이나 약간 둥글다)은 혼동하기 쉽다. 녹존성(祿存星) 돈고형(頓鼓形)은 두방정평(頭方頂平) 신원체(身圓體)이다. 두방체(頭方體)나 미방(微方)이고, 자세히 보면 양방에 각이 있는 것이 아니라 원전(圓轉)했고, 그 아래를 살펴보면 다족(多足)이라는 것을 알 수 있다. 이것이 녹존(祿存)이다.

거문성(巨門星)은 두방(頭方)이며 파쇄되지 않고, 하부에 지각(枝脚)이 없으니 거문존성(巨門尊星)이다. 거문성(巨門星)과 녹존성(祿存星)은 두신(頭身)은 비슷하나 아랫부분 주위가 다족(多足)이냐 무족(無足)이냐로 구분한다.

녹존성(祿存星)이 박환(剝換)하지 않았을 때는 돈고(頓鼓) 과호형(瓜瓠形)으로 성봉(星峰)하나, 평지 낙맥(落脈)하여 행룡(行龍)할 때는 요처(凹處)가 면(面)이고 철처(凸處)가 배(背)가 된다. 이것이 횡산사면(橫山梭面)이다. 뒷면 요처(凸處)는 무각(無脚)이고, 마치 보필성(輔弼星)처럼 보이며, 다른 것의 앞면과 같아 혼동하기 쉽다. 앞면은 다각이며 보필성(輔弼星)이 아니다. 다각처가 녹존성(祿存星)의 앞면이며 큰 이전처임을 알아야 한다. 결혈(結穴)할 때도 이와 같은 형태이다. 결혈(結穴)할 때 다각처 중간의 양처가 혈맥이다. 이곳이 횡산사면(橫山梭面)의 결혈처(結穴處)이다.

또 행룡(行龍)할 때 돈고(頓鼓) 과호(瓜瓠) 낙맥(落脈) 후 평지에 떨어지면 종적을 알 수 없고, 사적(砂磧)이나 난석이 점재할 뿐 맥의 행적을 알 수 없다. 이렇게 수리 혹은 수십리를 행룡(行龍)하여 갑자기 횡산사면(橫山梭面) 등으로 재기하여 결혈(結穴)하는 것이 진짜 녹존성(祿存星)이다.

횡산(橫山)은 각단자(脚短者)이고, 사면(梭面)은 각장자(脚長者)이다. 사면(梭面)이 곡절직행이면 문곡성(文曲星)이고, 횡행하여 유족(有足)이면 녹존성(祿存星)이고, 필성(弼星)은 무지(無枝)이고, 보성(輔星)은 양족(兩足)이 횡배(橫排)한다. 이 횡산사면(橫山

棱面)은 소치형(梳齒形)이며, 등은 보필성(輔弼星)과 같다. 그러나 앞면에 각이 많으므로 보필성(輔弼星)이 아니라 녹존성(祿存星)이다. 이 횡산사면(橫山棱面)은 혈산(穴山)이고, 혈형(穴形)은 와(窩)·겸(鉗)·유(乳) 3길을 겸한다.

녹존성(祿存星)은 문무겸비지성이다. 주문(主文)이면 복록이 오래 가고, 주무(主武)이면 장병권(掌兵權)한다. 녹존대성(祿存大星)의 행도는 장원하며 국(局)이 크다. 구성(九星)이 행룡(行龍)할 때는 반드시 녹존성(祿存星)이 필요하다. 파군(破軍)-녹존성(祿存星)으로 인하여 장세가 있고, 문곡성(文曲星)으로 인하여 도맥(渡脈) 행룡(行龍)한다.

만일 용루(龍樓) 보전(寶殿) 아래 돈기(頓旗) 대녹존성(大祿存星) 출신시 양변에 3길성이 내보(來輔)하면 녹존(祿存) 행룡(行龍)의 최귀룡(貴龍)이다. 또 행룡(行龍)할 때 구성(九星) 겸대(兼帶)이면 역시 녹존대룡(祿存大龍)이고, 대룡(大龍) 심혈(尋穴)할 때는 반드시 원결(遠結)이니 대강하변에서 찾아야 한다. 천하의 산은 대개가 파군(破軍) 녹존성(祿存星)이다. 녹존대성(祿存大星)은 파군성(破軍星)과 같이 능히 구성(九星)을 겸대(兼帶)한다.

4. 문곡성(文曲星 : 水)

문곡성(文曲星)은 수성(水星)에 속하고, 형태는 사행(蛇行)과 같다. 뱀이 굴곡하여 가는 것과 같이 곡절을 한다. 문곡성(文曲星)은 구성(九星) 중에서 가장 유순하고, 다른 것은 용립(聳立)하지만 문곡성(文曲星)은 용립(聳立)하지 못한다. 큰 산을 이룰 때도 용립(聳立)하지 않고, 산 정상에 미미한 기봉(起峰)이 연접 생출하여 물이 흐르는 것과 같은 모양을 한다.

맥기(脈氣)가 왕성할 때는 측면 성봉(星峰)하여 아미형으로 3~4봉이 곡절 행맥(行脈) 중에 나오니, 기봉(起峰)을 못하고 미미하게 반기정(半起頂)한다. 이와 같이 측면 성봉(星峰)이면 길체이다. 그러나 산만하고 관활하여 성봉(星峰)하지 못하고 행룡(行龍)할 때는 살망(撒網)이라 하며 흉격이다. 성봉(星峰) 불성봉(不星峰)에 따라 길흉이 달라진다.

문곡성(文曲星)은 누전(樓殿) 아래에서 출맥(出脈)할 때나 분종

문곡성(文曲星)

출맥(分宗出脈)할 때 쉽게 간파할 수 있다. 분종출맥(分宗出脈)한 후에 성봉(星峰)하지 못하고 평행 곡절하여 수리를 행룡(行龍)한다. 다른 8성은 각자 특기 성봉(星峰)하여 용맥(龍脈)의 골기 즉 정신을 표현하나, 문곡성(文曲星)은 측면 성봉(星峰) 즉 행맥(行脈)할 때 좌우 측면에 소봉이 아미 형태로 연접하여 좌우에 3~4봉이 나온다.

문곡성(文曲星)은 곡절하여 행룡(行龍)함으로써 연접하여 생출하는 아미 형태의 소봉은 좌우로 엇갈려 생출하나 직행한다. 이는 분종낙맥(分宗落脈) 행룡(行龍) 초에 볼 수 있다. 이 후 문곡성(文曲星) 행룡(行龍)은 기봉(起峰)없이 평행 수리나 수십리를 행룡(行龍)하다, 3길존성이나 5길존성 중 일봉이 돈기(頓旗)하면 기세는 크게 변하여 점차 잡출 성봉(星峰)이나 탐랑(貪狼)·거문(巨門)·무곡(武曲) 보필(輔弼) 5길성이 나타난다. 이때 길성이 많이 나오면 길하고, 흉성이 많이 나오면 흉하다.

이 후 아미성은 보필성(輔弼星)으로 접생하여 결혈(結穴)한다. 이때 대봉만은 적고 주로 잡출 성봉(星峰)이며 대부분이 저왜성(低矮星)이다. 문곡성(文曲星)이 저평지 행룡(行龍)할 때는 불기봉(不起峰)이고, 굴곡이 심할수록 길룡(吉龍)이다. 직경이 관활하여 살망(撒網) 같으면 흉룡(凶龍)이다.

문곡성(文曲星)은 변성(變星)이므로 8성이 행룡(行龍)할 때 모두 문곡성(文曲星)으로 인하여 행룡(行龍)이 되고, 다른 것으로 변모할 때도 역시 문곡성(文曲星)으로 인하여 도맥변성(渡脈變星)이 된다. 8성은 모두 문곡성(文曲星)이 없으면 행룡(行龍)하지 못한다. 행맥(行脈)할 때 곡절하면 문곡성(文曲星)이다. 문곡(文曲) 행룡(行龍)은 질서가 없고 잡출 성봉(星峰)하는 것이고, 8성 행룡(行龍)할 때 중간에 문곡성(文曲星)이 없으면 곡절 행주(行走)하고 탈태환골하여 존성이 될 수 없다.

평지에서는 사행(蛇行) 모양을 하며 측면으로 미미하게 기봉(起峰) 생봉(生峰)하여 점차 보필(輔弼)로 변하여 결혈(結穴)한다. 높은 곳이면 앙장형(仰掌形), 낮은 곳이면 평리작혈(坪裏作穴)한다. 작혈(作穴) 발응은 남자는 단모하며 아내덕으로 관직에 나가고, 득재득미색하고 여작궁빈후비(女作宮嬪後妃)에 이르니 문곡성(文曲星)의 소생이다.

또한 조산(朝山)이 염정(廉貞) 작조(作祖)일 때는 외유내강과 지모를 겸비한 인물이 나온다. 만일 측면 성봉(星峰)이 없고 산만하여 살망(撒網)과 같이 관활하면 여탕남음·과부추문·관송·남녀괴병이 생기고, 여손이 많이 출생하여 오래가면 대가 끊긴다. 문곡룡(文曲龍)의 길흉은 기봉(起峰)이냐 불기봉(不起峰)이냐에 있으니 자세히 연구해야 한다.

5. 염정성(廉貞星 : 火)

염정성(廉貞星)은 화성(火星)에 속하며, 태조산(太祖山)의 70%를 차지한다. 형태는 높고 정상의 암석은 톱날같이 날카롭다. 산은 갈

도봉산

라져 절벽을 이루어 마치 불꽃같고, 적흑색의 석봉으로 되어 있다. 불꽃 같은 첨봉은 천정에 높이 솟아 강렬한 양정(陽精)을 발산하고, 두표(斗杓)의 3성 중의 하나이다.

　태조산(太祖山) 즉 용루(龍樓) 보전(寶殿)을 이루어 이로부터 5길성인 탐(貪)・거(巨)・무(武)・보필성(輔弼星) 등이 나타난다. 첨탐랑(尖貪狼)과 다른 것은 첨탐랑(尖貪狼)은 뾰족하며 청수하나, 염정(廉貞)은 한층 더 높은 봉우리를 형성하며 적흑색의 석신(石身)은 톱날처럼 날카롭고 험준하다.

6. 무곡성(武曲星 : 金)

무곡성(武曲星)은 3길 금성(金星)이며 북두의 제6성이다. 무곡성(武曲星)은 복종형(覆鐘形)과 복부형(覆釜形) 두 가지가 있고, 금성(金星) 원체(圓體)를 말하며 복종형(覆鐘形)은 두원(頭圓)이며 몸통은 높고 면(面)은 평평하고 무각(無脚)이다.

복부형(覆釜形)은 머리가 둥글며 약간 평평한 형이고, 복종형(覆鐘形)은 태양금(太陽金), 복부형(覆釜形)은 태음금(太陰金)이다. 복종형(覆鐘形)과 원탐랑(圓貪狼)은 비슷하나, 복종(覆鐘)은 두원이신용립(頭圓而身聳立) 원체(圓體)이며 면(面)은 평평하고, 원탐랑(圓貪狼)은 두원이신용립(頭圓而身聳立)하여 몸통은 4면이 같다.

무곡성(武曲星) : (복부형(覆釜形)

복부형(覆釜形)과 좌보성(左輔星)과도 동일시되나, 복부형(覆釜形)은 무각(無脚)이나 좌보성(左輔星)은 양각이 횡배(橫排)한다. 복부형(覆釜形)에 다족(多足)이면 녹존성(祿存星)이다. 무곡성(武曲星)은 행룡(行龍) 결혈(結穴)할 때 와혈(窩穴)로 부귀겸전지지를 이룬다. 무곡성(武曲星)은 출맥(出脈)할 때는 반드시 양방에 보필성(輔弼星)이 따르고, 중간으로 낙맥(落脈)하여 결혈(結穴)하고 원와혈(圓窩穴)을 결실하며 부귀면원지지를 형성한다. 행룡(行龍)할 때는 단단속속 역시 단속지정(斷續之情)이 있다.

무곡(武曲) 귀룡(貴龍)은 낙맥(落脈)할 때는 박환(剝換) 대단(大斷)하고, 도속처(倒續處)에 반드시 사인월(梭印月) 형상으로 박환(剝換) 보성(輔星)이 환출(換出)되며, 1개 처에 사인월(梭印月)이 나타난다. 즉 2개의 보성(輔星)이 3~3, 2~2 짝지어 행맥(行脈)하며 전관후협(前關後峽)하여 단속(斷續)하면 행룡(行龍)은 점차 용약분등(勇躍奔騰)하여 돈기(頓旗) 대종부성(大宗釜星)을 흘립한다. 이후 작은 무곡성(武曲星)을 이루는데, 탐(貪狼星)의 종소돈대(從小頓大)와 같다. 그리고 탐랑(貪狼) 돈대(頓大) 후 소봉과 같이 여러 번 박환(剝換)한다. 이처럼 박환(剝換)할 때 정신(正身) 좌우에는 대전호(大纏護)가 있고 탐랑(貪狼)의 난맥(亂脈)과는 다르다. 이같이 행룡(行龍) 낙혈(落穴)하여 대와혈(大窩穴)을 이룬다. 무곡성(武曲星) 낙혈(落穴)할 때 반드시 박환(剝換) 보성(輔星)하니 사인월(梭印月)이다. 무곡성(武曲星) 뿐 아니라 구성(九星) 행룡(行龍) 낙혈(落穴)할 때는 반드시 보성(輔星)으로 박환(剝換)한다.

① 탐랑성(貪狼星)은 낙혈(落穴)할 때는 부구(浮龜) 형태로 환출(換出)하고, 유두혈(乳頭穴)을 맺는다.

② 거문성(巨門星)은 낙혈(落穴)은 복두형(幞頭形)으로 환출(換出)하고, 거문(巨門)의 양다리처럼 채겸혈(釵鉗穴)을 맺는다.

③ 녹존성(祿存星)은 오공절(蜈蚣節)과 같은 형태로 환출(換出)하고, 녹존(祿存)이 지각(枝脚)이 많은 것처럼 소치혈(梳齒穴)을 맺는다.

④ 문곡성(文曲星)은 비사대사(飛梭帶絲)의 형태로 환출(換出)하고, 평리장심혈(坪裏掌心穴)을 맺는다.

⑤ 염정성(廉貞星)은 소치(梳齒) 형태로 박출보성(剝出輔星)하고, 여벽혈을 맺는다.

⑥ 무곡성(武曲星)은 사인월(梭印月)로 박출보성(剝出輔星)하고, 원와혈(圓窩穴)을 맺는다.

⑦ 파군성(破軍星)은 번개치는 모양으로 박환(剝換) 보성(輔星)하고, 과모혈(戈矛穴)을 맺는다.

⑧ 좌보성(左輔星)은 복두(幞頭) 형태로 박출보성(剝出輔星)하고, 연소형(燕巢形)과 괘등혈(掛燈穴) 등 반원와혈(半圓窩穴)을 맺는다.

이상과 같이 구성(九星) 행룡(行龍) 결혈(結穴)할 때는 혈산(穴山)은 반드시 그 산의 근본정신에 따라 박출보성(剝出輔星)으로 나타나고, 결혈(結穴)할 때는 반드시 보성(輔星)에 따라 나타난다.

양택(陽宅)과 음택(陰宅)은 산취수회(山聚水會)한 대강대하변이나 산환수요(山環水遶)한 소계소간(小溪小澗)에 결혈(結穴)할 때는 그 용(龍)의 조종(祖宗) 정신에 따라 나타난다. 구성(九星)의 경중과 발복의 장단, 혈(穴)의 형태는 그 용(龍)의 정신에 따라 결정된다. 혈산(穴山)의 주봉(主峰)에 따라 혈(穴)의 형태가 결정된다.

행룡(行龍) 형태는

① 탐랑(貪狼) : 관협중정신(關峽中正身). 잠행 단단속속.

② 거문(巨門) : 의관리(衣冠吏) 즉 원봉(圓峰)이 나타나고, 유각(有脚) 위룡(衛龍)한다.

③ 무곡(武曲) : 전관후협(前關後峽). 인종중중(引從重重)하다.

출맥(出脈) 형태는

① 탐랑성(貪狼星) : 중간 출맥(出脈)이 진(眞)이다.

② 거문성(巨門星) : 개(个)자 출맥(出脈) 후 30리 내외.

③ 무곡성(武曲星) : 박환(剝換) 3~4회

혈락(穴落) 상태는

① 탐랑성(貪狼星) : 여러 번 박환(剝換) 후 산허리에 낙혈(落穴).

② 거문성(巨門星) : 4위고호(四圍高護 : 사방이 높게 보호하며) 혈(穴)은 초암(草菴)과 같다.

③ 무곡성(武曲星) : 행지(行至) 수리 후에 낙혈(落穴)

7. 파군성(破軍星 : 金)

　파군성(破軍星)은 펄럭이는 깃발 형상이며, 태조산(太祖山)의 30%를 차지한다. 앞은 높고 뒤는 낮은, 달리는 깃발 같다고 하여 주기지상(走旗之狀)이라고 한다. 이것은 옆에서 본 것이다. 정면에서 보면 뒤가 보이지 않고, 날카로우며 높은 봉우리가 험한 산세를 이루며 기울어진 모양이고, 지각(枝脚)은 날카로운 흉성이다. 좌우의 계수(界水)는 지각(枝脚)과 같이 직협(直夾)한다. 행룡(行龍)할 때도 계수(溪水)가 직협(直夾)하고 결혈(結穴)할 때도 그렇다. 그러므로 파군(破軍) 작혈(作穴)은 과모(戈矛 : 창)와 같다.

　천하의 산은 대부분 파록성(破祿星)이고 순수한 5길은 매우 드물

파군성(破軍星)

다. 파군(破軍)이나 녹존성(祿存星) 중의 겸대(兼帶) 5길성은 여러 곳에서 발견할 수 있다. 이 겸대(兼帶) 5길성을 잘 분별할 수 있어야 용(龍)과 정혈(定穴)을 알 수 있으니 주의해서 살펴야 한다. 파군성(破軍星)의 지각(枝脚)은 직협(直夾)하며 혈형(穴形)은 과모(戈矛)와 같은 형상이다.

8. 좌보성(左輔星 : 土)

좌보성(左輔星)은 복두형(幞頭形)이고, 양각이 있어 횡평하게 출맥(出脈)한다. 두고두저(頭高頭低)의 크고 작은 둥근 봉우리가 전고후저(前高後低), 전소후대(前小後大), 혹은 낙타등이나 장고(杖鼓) 같기도 하다. 좌보(左輔) 정형은 반드시 아랫부분에 양각이 횡배(橫排)되어 평행한다. 이 양각은 각자 귀룡(貴龍)이 된다.

좌보성(左輔星)은 우리나라에서는 보기 드물다. 진좌보성(眞左輔星)은 고산은 두고두저(頭高頭低)의 복두형(幞頭形)으로 양각이 횡배(橫排)하고, 낮은 곳에서는 곤구(輥毬)와 같고, 평지에서는 복립형(覆笠形)으로 역시 양각의 횡배(橫排)는 같다.

좌보룡(左輔龍)이 고기(高起)하면 복두(幞頭), 저처(低處)이면 복립(覆笠)이다. 이것이 입원좌보룡(入垣左輔龍)이며 좌보(左輔) 자행룡(行龍)이다. 이때 문곡성(文曲星) 우필성(右弼星)과 다른 것은 무곡(武曲)-우필(右弼)은 아미형이고 직천(直串)하여 행맥(行脈)하며 각이 없다.

좌보(左輔) 복립형(覆笠形)은 원형이며 양각이 횡배(橫排)한다. 고산의 좌보성(左輔星)은 복두형(幞頭形)이고, 그 아래 나란이율(螺卵梨栗 : 울퉁불퉁한 모양) 등의 형체로 출현한다. 낮은 곳에서는 곤구(輥毬)와 같고, 평지 낙맥(落脈)할 때는 복립형(覆笠形)으로 나타나며, 동일한 것은 모두 다 양각이 횡으로 평행한다. 9성이 행룡(行龍) 결혈(結穴)할 때는 반드시 박환(剝換) 보성(輔星)으로 변출하니 이 보성(輔星)은 반드시 필요하다.

① 탐랑성(貪狼星) 박환(剝換)할 때 포구 형태로 그 아래 유각횡배(有脚橫配)하여 마치 부구형(浮龜形)으로 나타나며 이를 하령(下嶺)이라 하고, 대단(大斷) 후 점점 고기(高起)할 때는 추

좌보성(左輔星)

복주(推覆舟)가 나타난다. 유두혈(乳頭穴)을 맺는다.

② 거문성(巨門星)은 박환(剝換) 보성(輔星)할 때 개환(改換)함이 없고 복두형(幞頭形)이다. 평중행룡(平中行龍)할 때 단부단(斷復斷) 하고, 고산에서 과협(過峽)할 때는 심단심단(甚短甚斷)한다. 채겸혈(釵鉗穴)을 맺는다.

③ 녹존성(祿存星)은 박환(剝換) 보성(輔星)할 때 오공절(蜈蚣節)을 형성하고, 미미한 단각이 신변(身邊)에 나타난다. 소치형(梳齒形)을 맺는다.

④ 문곡성(文曲星)은 박환(剝換)할 때 사형(梭形)으로 대사곡곡(帶絲曲曲) 행맥(行脈)하며 비사(飛梭)와 같다. 평리장심혈(坪裏掌心穴)을 맺는다.

⑤ 염정성(廉貞星)은 박환(剝換)할 때 소치형(梳齒形)으로 생출변모하고, 소치(梳齒) 중앙으로 출맥(出脈)한다. 여벽혈을 맺는다.

⑥ 무곡성(武曲星)은 박환(剝換)할 때는 사인월(梭印月)의 형태로 동시에 나타나고, 혈형(穴形)은 와혈(窩穴)을 맺는다.

⑦ 파군성(破軍星)은 박환(剝換)할 때 두신(頭身)은 좌보형(左輔形)과 같고, 양각은 양창직협(兩槍直夾)이나 주전(走電) 등의 형태로 나타난다. 과모혈(戈矛穴)을 맺는다.

⑧ 보성(輔星)-파군(破軍)할 때는 머릿부분은 복두(幞頭) 불개환(不改換)이고, 양각은 곡권(曲拳) 같으며 날카롭고, 포구형(抛毬形)으로 나타난다. 반와혈(半窩穴)을 맺는다.

⑨ 우필(右弼)-파군(破軍)은 아미형으로 양각이 횡배(橫排)한다.

9. 우필성(右弼星 : 金)

　우필성(右弼星)은 정형이 없다. 필성(弼星)의 출맥처(出脈處)는 8
성 행룡(行龍)할 때 낙맥(落脈)이나 과협(過峽)할 때 평탄한 곳이
다. 평탄하여 맥로가 묘연하므로 은요행(隱曜行) 또는 은장형(隱藏
形)이라 한다. 산맥 천전(穿田) 과협(過峽)할 때 홀연 행적이 묘연
하고 맥로가 평탄한 것이 바로 필성(弼星)이다. 험준한 산룡(山龍)
이 단맥과도(斷脈過渡)할 때 변하여 평탄하게 된다. 즉 박환(剝換)
하여 필성(弼星)으로 입맥하니 험준한 산의 살기가 길기로 변한다.
　필성(弼星)으로 흉기는 길기로 변하니, 필성(弼星)이 많이 나타나
면 길기도 많아진다. 낙맥(落脈) 박환(剝換)한다는 것은 흉기가 변
하여 길기가 되는 것을 의미한다. 산룡(山龍)이 대단(大斷)하여 필
성(弼星)으로 과도하면 흉기가 변하여 길기가 된다. 4흉룡(凶龍)은
대단(大斷)하여 천전도수(穿田渡水)하면 흉기는 소멸되고 길기로
환출(換出)하여 겸대(兼帶) 5길성이 되어 비로소 결혈(結穴)한다.
　필성(弼星)은 본래 정형이 없고 8성에 따라 박환(剝換)하는 장소
에 은은암암 잠적하여 은장형(隱藏形)으로 나타난다. 8성 낙맥처
(落脈處), 과협(過峽) 단맥처(斷脈處), 천전도수처(穿田渡水處), 8
성 입수(入首) 낙맥처(落脈處)에서 맥로가 지중으로 암래한다. 또
보일듯 말듯 나타나는 것이 우필성(右弼星)이다.

탐랑성(貪狼星)

탐랑성(貪狼星) : 유두혈(乳頭穴)

부여 내산면 지티리의 JP조부묘. 유두혈(乳頭穴)

쌍유혈(雙乳穴)

오서산 거문성(巨門星)

와겸혈(窩鉗穴 : 이토정 가족묘)

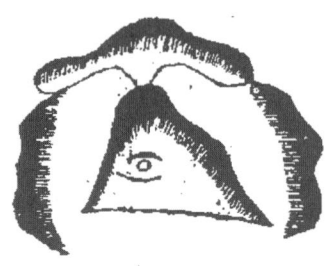
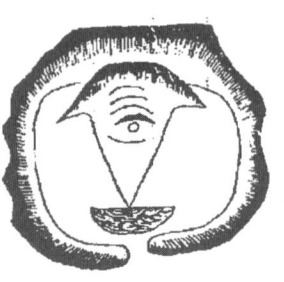

여벽측혈(犁鐴側形)　　　　　여벽정형(犁鐴正形)

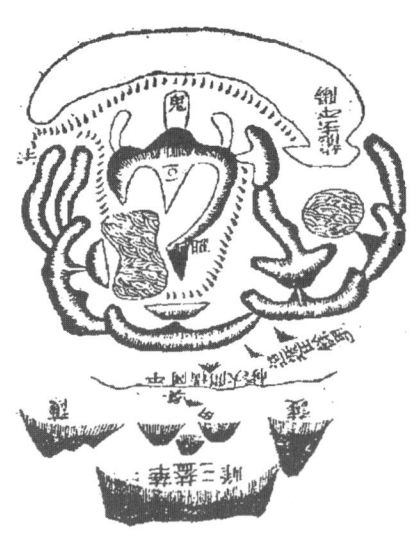

여벽대혈(犁鐴大穴)

염정성(廉貞星) : 여벽혈(犁鐴穴)

충남 홍성의 평사낙안(平沙落雁) : 문곡성(文曲星)

충남 홍성의 평사낙안(平沙落雁 : 掌心穴)의 혈처(穴處)

연세대학교 뒷산인 안산이 녹존성으로 홍익대 뒷산인 와우산에 소치혈인 와우혈을 만들었다.

문수산 복종혈(覆鐘穴)

월명산 복종혈(覆鐘穴)

월명산 복종(覆鐘) : 무곡성(武曲星) : 와혈(窩穴)

파군성(破軍星) 과모혈(戈矛穴) : 오대산 적멸보궁의 과모혈(戈矛穴)의 여기(餘氣)

가야산 석문봉에서 출맥(出脈)한 남연군 묘소가 과모혈(戈矛穴)임

좌보성(左輔星) : 연소형(半窩形)

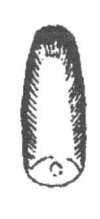

원두요상(圓頭凹象)

괘등측결(掛燈側結)

괘등정결(掛燈正結)

측결(側結)

연소앙정결(燕巢仰正結)

계소저결(雞巢低結)

좌보성(左輔星) : 반와형(半窩形)

필성(弼星) : 천등산에서 필성(弼星)으로 행룡(行龍)하여 행주형(行舟形)을 결혈(結穴)함

10. 심룡법(尋龍法)

용루(龍樓) 보전(寶殿)에서 낙맥(落脈)하여 수십리 수백리를 행룡(行龍)함에 있어서 그간 무수한 성봉(星峰)과 지각(枝脚)과 또 수십리 수백리를 하나의 대룡(大龍)이 행룡(行龍)할 때 점유지역이 크면 클수록 대룡(大龍)이며 대혈(大穴)을 맺고, 작으면 작을수록 소룡(小龍)이며 소혈(小穴)을 맺는다.

또한 행룡(行龍)하는 용(龍)을 자웅으로 분별한다. 자룡(雌龍)은 낮게 행룡(行龍)하여 비만하고, 웅룡(雄龍)은 높게 행룡(行龍)하여 척룡(脊龍)이 된다. 하나의 산맥이 행룡(行龍)할 때 정룡(正龍)이 높게 행룡(行龍)하면 그 지룡(枝龍)은 낮게 행룡(行龍)하며 정룡(正龍)을 호위한다. 또한 정룡(正龍)이 낮게 행룡(行龍)할 때는 지룡(枝龍)은 높아서 정룡(正龍)을 원근간에서 호위하며 행룡(行龍)한다. 이와 같이 자웅이 상배(相配)하여 행룡(行龍)하니 정룡(正龍)이 자룡(雌龍)이냐 웅룡(雄龍)이냐를 식별하면 정룡(正龍)과 지룡(枝龍)은 자연히 구분할 수 있다.

자웅의 행룡(行龍)을 식별하여 정룡(正龍)을 알 수도 있으나, 산의 봉만을 감별하여 식별할 수도 있다. 정룡(正龍)은 항상 단정하게 성봉(星峰)을 이룬다. 어느 구성(九星)이든 단정한 성봉(星峰)을 형성한다. 그러나 지룡(枝龍)은 능히 기정(起頂)은 하나 성봉(星峰)을 이루지 못하거나, 성봉(星峰)을 이루어도 비봉(飛峰 : 斜峰)을 형성하며 단봉을 형성하지 못한다. 이와 같이 산의 성봉(星峰)을 관찰하여 정룡(正龍)과 지룡(枝龍)을 식별할 수도 있다.

정간룡(正幹龍)의 행룡(行龍)은 양방 호탁(護托)산의 지룡(枝龍)이 절절히 성봉(星峰)하여 중첩한 기창(旗槍)과 같이, 좌우에서 정룡(正龍)을 호위하며 정룡(正龍)을 따라 행룡(行龍)한다. 이때 좌우의 높은 봉우리를 따라 심룡(尋龍)하면 허사가 된다. 정간룡(正幹龍)은 양변 성봉(星峰)들의 중간으로 성봉(星峰)을 형성하지 않고 관협(關峽)의 중간으로 행룡(行龍)하니 세밀히 관찰해야 한다.

정간룡(正幹龍)은 행도가 장원무궁하다. 행도 중에 간간이 숙소에 들어가 여장을 풀고 쉬어가는 것과 같이 중간에 간간이 혈(穴)을 맺는다. 행룡(行龍) 도중에 5길 성봉(星峰)하여 분지벽맥(分枝擘

脈)하고 결혈(結穴)한다. 이때 앞면의 산수는 정다우나 뒷면의 호
룡(好龍)이 회포(回抱)하지 않으면 불결지이다.

정룡(正龍)이 행룡(行龍)하여 양대수(兩大水) 합수처(合水處) 또
는 물이 환포(還抱)하고 양방의 배후 호룡(好龍)이 회전하여 좌우
를 전호(纏護)하며 전면에 포전하며 4면의 산수가 단취(團聚)하면
간룡(幹龍)이 결혈처(結穴處)에 도달한 것이니 대결(大結)하여 정
간룡(正幹龍)의 융결처가 된다. 융결이란 용(龍)이 결혈처(結穴處)
에 도달하여 뒷면에 있던 호탁(護托)이 앞으로 나와 회전하여 혈
(穴)의 전산(纏山)이나 탁산(托山)이 되고, 앞면의 봉만이 찬취(攢
聚)하고 수성(水城)이 환포(還抱)하여 하나의 용(龍)이 정본혈(正
本穴)을 맺는 것을 말한다.

정룡(正龍)이 행룡(行龍) 도중에 홀연 3길성이 될 때는 지룡(枝
龍)이 조락(早落)하여 결혈(結穴)하고, 뒤의 산룡(山龍)이 2중~3
중 회포(回抱)하여 전안(前案)이 다정하면 결혈(結穴)하기는 하나
반은 허화(虛花)이다.

또한 대룡(大龍) 간룡(幹龍) 진처(盡處)에는 양대수(兩大水)가
반드시 상교(相交)하니 번드시 정간룡(正幹龍) 본혈(本穴)을 맺으
나, 아무리 4면을 회고해도 혈정(穴情)과 앞면에 조안산(朝案山)이
없고, 양대수(兩大水)는 상교(相交)했으나 수겁(水劫)하고 혈맥이
보이지 않으며 풍취(風吹)하면 결혈지(結穴地)가 아니다.

이때는 간룡(幹龍)이 전신(轉身)하여 높은 곳에 있음을 알아야
한다. 발길을 돌려 높은곳을 찾아보면 멀리 있는 조산(祖山)은 조

산(朝山)으로 작응하고, 앞의 여러 산은 배읍하여 여러 갈래 물이 조입(朝入)하고 산수는 취회(聚會), 혈후(穴後)의 탁산(托山) 전산(纏山)은 여러 겹 9~10중 난기융융하여 바야흐로 진룡진결(眞龍眞結)의 대지를 찾을 수 있다. 이때 양대수(兩大水)는 혈(穴)을 멀리서 상교(相交)하고, 혈전(穴前)에는 산곡수가 감아도는데, 이를 회룡고조혈(回龍顧祖穴)이라 한다.

용루(龍樓) 보전(寶殿)에서 하나의 간룡(幹龍)이 사루하전(辭樓下殿) 천리 혹은 4~5백리를 행룡(行龍) 결혈(結穴)하는데까지 원거리를 답사한다는 것은 쉬운 일이 아니다. 수십 백리를 답사하는 것이 원칙이나 혈장(穴場)에서도 능히 혈(穴)의 대소와 행룡(行龍)의 정신을 알 수 있다. 하나의 간룡(幹龍)이 사루하전(辭樓下殿)하여 수십백리를 행룡(行龍)할 때 정간룡(正幹龍)은 성봉(星峰)을 이루지 않고, 성봉(星峰)한 것은 전부 지각(枝脚)으로 호위지룡(護衛之龍)이라 한다. 행룡(行龍)할 때 성봉(星峰)을 이루어 출장행맥(出帳行脈)할 때 좌우의 지룡(枝龍) 즉 호위룡(護衛龍)은 절절이 성봉(星峰)하여 정룡(正龍)을 호위하여 행룡(行龍)하는 것을 말하고, 정룡(正龍)은 행룡(行龍)할 때 성봉(星峰)하지 않는다는 것은 아니다.

정간룡(正幹龍)은 출장행룡(出帳行龍)할 때 대부분은 성봉(星峰)을 이루지 않으나, 일단 단맥(斷脈)할 때는 평지에 떨어져 천전도수(穿田渡水)하고, 기봉(起峰)할 때는 하늘을 찌를 듯이 높이 솟아 수려한 봉우리를 이룬다.

정간룡(正幹龍)이 행룡(行龍)할 때는 시시단부단(時時斷復斷)의 특성이 있으니 주의 깊게 살펴야 한다. 지룡(枝龍)은 절절이 높게 성봉(星峰)을 이루나 단부단(斷復斷)의 특성이 없고, 정간룡(正幹龍)은 분지벽맥(分枝劈脈)하여 무수히 지룡(枝龍)을 만들며 뻗어나가고, 호위지룡(護衛之龍)은 절절이 성봉(星峰)하여 공웅지세(空雄之勢)이나 지각(枝脚)이 짧아 원포(遠布)하지 못한다.

결혈(結穴)할 때도 정간룡(正幹龍)이 진(盡)하여 대결(大結)하고, 지룡(枝龍) 역시 결혈(結穴)하나 본혈(本穴)에 비할 바가 아니다. 호위지룡(護衛之龍)도 박환(剝換) 낙맥(落脈)하여 3길성 후 결혈(結穴)한다.

간룡(幹龍)이 사루하전(辭樓下殿) 이후 출장과협(出帳過峽) 수십 백리하여 양대수(兩大水) 상교처(相交處)나 대수(大水) 전회처(纏回處)에 도달하면 정간룡(正幹龍)의 대결처(大結處)이므로 홀연 응성(應星) 즉 소조산(小祖山)을 형성한다. 이는 3길존성이나 5길존성으로 수려하며 단정하고, 양변으로 대개장(大開帳)하여 혈(穴)의 좌우를 포전하여 혈 앞을 십리 이십리를 회전하여 혈처(穴處)를 바라보며 단정하게 안산(案山)을 이루며 외명당(名堂)을 형성하고 양산은 교쇄하여 관문을 이루어 외수구(外水口)를 만든다.

소조산(小祖山)에서 양변으로 대개장(大開帳)할 때 이 양방의 호위지룡(護衛之龍)은 절절이 성봉(星峰)하여 공웅지세(空雄之勢)를 이룬다. 이는 정간룡(正幹龍)을 불가침의 형세로 타룡(他龍)의 불가침, 타수(他水)의 불가침, 바람의 불가침 등의 절대적인 형세로 정간룡(正幹龍)을 호위한다. 이와 같이 좌우 지룡(枝龍)이 중수가 많을수록 역량이 크고, 외수구(外水口)도 중중관쇄(重重關鎖) 8~9중이면 왕후장상지국을 이룬다.

정간룡(正幹龍)은 중간 출맥(出脈) 불기성봉(不起成峰) 저평은연 행룡(行龍)하며 단속지정(斷續之情)이 있고, 반드시 대국을 이룬다. 호위지룡(護衛之龍)은 절절이 성봉(星峰)할 때 단정하지 못하여 비봉(飛峰)이 된다. 뒷면은 기울어지고 앞면은 직락(直落)하여 일변으로 탁립(卓立)한 형태이다.

수십백리를 행룡(行龍)할 때도 정간룡(正幹龍)의 성봉(星峰)은 항상 구성(九星) 중 것이든 단정한 봉우리를 형성하나, 지각(枝脚)의 성봉(星峰) 형태는 정형이 아니라 사봉(斜峰)을 이룬다. 그러나 이 지룡(枝龍)의 사봉(斜峰)도 재차 박환(剝換) 낙맥(落脈)하여 3 길성이나 5길성으로 박환(剝換)한 후 결혈(結穴)한다.

또한 양변의 지룡(枝龍)은 정룡(正龍)의 협룡(峽龍)으로 혈(穴) 앞에 수구산(水口山)을 형성하고 파군(破軍)-녹존(祿存)으로 관국(關局)을 이룬다. 관국(關局)이 크면 혈대(穴大)이고, 관국(關局)이 작으면 혈소(穴小)하다. 관국(官局)의 대소는 수구산(水口山)의 대소를 말한다.

큰 간룡(幹龍)은 천리 혹은 4~5백리를 행룡(行龍)하고, 간룡(幹龍) 중에 지룡(枝龍)이 있고 지룡(枝龍) 중에 간룡(幹龍)이 있다. 큰 지룡(枝龍)은 백리 또는 수십리를 행룡(行龍)하는데 백리 중에 소간룡(小幹龍)이 있다. 지룡(枝龍)은 절절 성봉(星峰)하고, 간룡

(幹龍)은 단부단(斷復斷)한다. 간룡(幹龍)의 점거지역은 1~2시도, 지룡(枝龍)은 1~2개의 시군이다. 간룡(幹龍)은 대결(大結)하고, 지룡(枝龍)은 소결(小結)한다.

또 수세(水勢)를 관찰하여 간지룡(幹枝龍)을 구별할 수도 있다. 산수는 동로이니 하나의 용(龍)이 조산(祖山)에서 낙맥(落脈)할 때는 반드시 하나의 수(水)가 긴밀히 따라다니며 한 발자국도 떠나지 않는다. 이 수(水)는 결혈처(結穴處)에 도달하여 용(龍)과 자웅교배를 하여 용(龍)을 요포(繞抱)하며 거수(去水)한다. 그러므로 수원(水源)이 장원하면 대룡대결(大龍大結)이고, 짧으면 소룡소결(小龍小結)이다.

이 물은 혈(穴) 앞의 물이 아니라 외명당(外明堂)을 우회하는 하천을 말한다. 대수(水大)이면 대결(大結)하고, 소수(小水)이면 소결(小結)한다. 그러므로 대수(大水) 뒤에는 대룡(大龍), 소수(小水) 뒤에는 소룡(小龍)이다. 이는 조산(祖山)에서 낙맥(落脈)할 때 동행한 산수이다. 또 혈(穴)의 결(結)과 불결(不結)은 수구(水口)로 알 수도 있다. 수구교아(水口交牙) 거듭거듭 관쇄(關鎖)하여 협소하여 불통주의 형세이고, 그 내국은 관평하고 주위의 나성(羅城)이 주밀하여 무공결(無空缺)이면 반드시 이곳에는 결혈(結穴)이 있다.

또 안산(案山)과 조산(朝山)을 관찰하여 결혈(結穴)을 알 수도 있다. 공조동종(共祖同宗)으로 내룡(來龍)하여 즉 전술한 바와 같이 정간룡(正幹龍)을 호위하는 지룡(枝龍)은 혈(穴) 앞에 도달하여 공읍(拱揖)이나 공읍개면(拱揖開面)하여 혈(穴)과 상응(相應)

한다. 그러므로 혈(穴)은 안산(案山)으로도 알 수 있고, 조산(朝山)으로 증명할 수 있다. 즉 객산(客山)은 천리에서 내도(來到)하여 강을 사이에 두고 먼거리에 높이 솟아 조산(朝山)이 되어 영접하니 혈(穴)의 진실됨을 증명한다.

또 명당(明堂)을 관찰하여 결실 여부를 알 수도 있다. 뒷면 전산(纏山)의 여산(餘山)과 앞면 안산(案山)의 여기(餘氣)는 상주(相湊 : 물과 어울리는 것)하여 수구(水口)를 형성하여 수구(水口) 교아(交牙) 직결(織結)하고, 이 수구(水口) 안쪽이 평탄하고 관평하면 명당(明堂)이라 하여 결혈(結穴)한 것이다.

명당(明堂)에는 횡당(橫堂)과 직당(直堂)이 있는데, 횡당(橫堂)이 제일 좋다. 수세(水勢)는 궁대수격(弓帶水格)으로 혈처(穴處)를 포위하고, 수구(水口)는 거수(去水)할 때 굴곡하여 소수(消水)하는 것이 상격이다.

명당(名堂) 주위의 산세는 수려하여 무공결(無空缺)한 것이 좋다. 이같이 수구(水口) 직결(織結)하여 불통주(不通舟) 형세를 이루고, 내면이 관평하여 명당(明堂)을 형성했을 때 진기취처(眞氣聚處)이니 반드시 결혈(結穴)한 곳이다. 그러므로 입산심수구(入山尋水口) 등혈간명당(登穴看明堂)이다.

또한 간룡(幹龍)이 행룡(行龍)하여 해변가에 진(盡)하거나 양대수(兩大水) 합류처에서 진(盡)할 때, 간룡(幹龍)은 높고 수려하여 멀리서 보아도 알 수 있다. 이같이 중산중봉(衆山衆峰)이 어디서 취회(聚會)했는지, 취회처(聚會處)에서 명당(明堂)을 발견할 수 있다. 수구(水口)의 좌우 산이 교아(交牙) 직결(織結)하여 거듭거듭 관쇄(關鎖)한 내부에 진기(眞氣)가 응취하여 대결(大結)하므로 이는 의심할 여지가 없다. 큰 산일 때는 중봉이 밀집되어 있는 곳, 평양일 때는 중산(衆山) 취회처(聚會處)을 찾아야 한다.

지금까지는 직결(織結)할 때를 말했고, 회결(回結)의 심혈(尋穴)은 더 어렵다. 지룡(枝龍) 중에 간룡(幹龍)이 있고 간룡(幹龍) 중에 지룡(枝龍)이 있는데, 한 번에 정확하게 판단해야 한다. 대간룡(大幹龍)이 행룡(行龍)하여 해변에 진(盡)하거나 양대수(兩大水) 상합처(相合處)에 진(盡)했을 때, 좌우변에 진맥이 없고 풍산수겁(風散水劫)하여 혈정(穴情)이 없으면 대룡(大龍)이 회결(回結)했다는 뜻이다. 이때 주의할 것은 용진처(龍盡處) 혈형(穴形)은 주혈(主穴)이 아니라 소소혈(小小穴)이라는 것이다.

이때는 멀리 관찰하여 전산전수(纏山纏水)가 어디로 회전했는가를 살펴 회포처(回抱處)를 찾아야 한다. 그래도 혈형(穴形)을 발견할 수 없으면 회결(回結)로 판단한다. 그리고 전산(纏山)의 앞뒤를 살펴야 한다. 전산(纏山)의 앞은 항상 혈처(穴處)를 향한다는 것을 명심해야 한다. 산의 앞은 평탄하고 뒤는 석벽이나 급경사이다. 이같이 전산(纏山)의 앞이 향하는 방향을 찾아 역심(逆尋)해야 하니, 회전처를 돌아보면 많은 지엽 중에서 진맥을 발견할 수 있다.

멀리 있는 조종산(祖宗山)은 고수(高秀)하여 조산(朝山)이 되고, 앞면의 산 전부가 개면다정(開面多情)하고, 혈(穴) 뒤의 전탁산(纏托山)은 거듭 회포(回抱)하고, 혈(穴) 앞의 만수는 내조하고, 혈

(穴) 뒤의 전산(纏山)은 멀리서 수구(水口)를 만들고, 물속이나 물가에는 나성(羅星)이 새수구(塞水口)를 한다.

이는 대국에 일가혈(一佳穴)로 의심할 여지가 없다. 이 천장비혈(天藏秘穴)을 복인이 얻으면 왕후장상이 어렵지 않다. 다시 말하면 회결룡(回結龍)을 역심(逆尋)할 때 주산(主山)에 올라 앞뒤를 자세히 살펴보면 회결(回結) 방향인 주산(主山)의 앞면으로 출맥(出脈)한다. 그것이 최귀지이며 멀지 않은 곳에서 대국이 있다.

반대로 주산(主山) 뒤는 절벽처럼 낭떨어지다. 출맥(出脈)하여 주산(主山)의 앞뒤를 회포(回抱)하므로 귀산(鬼山)이나 낙산(樂山)이다. 이것 역시 혈형(穴形)이 있어 양변의 산수가 내호(來護) 조영(朝迎)하여 역시 가명당(佳明堂)이고, 조산(朝山) 조수(朝水)가 가혈(佳穴) 같으나 가혈(假穴) 즉 화혈(花穴)이니 주의해야 한다.

그리고 회결혈(回結穴)에서 기억할 것은, 순결혈(順結穴)에서는 하사(下砂)는 대개 역수(逆水)하여 역량이 가장 크나, 역결(逆結)할 때는 하사(下砂)가 순수(順水)로 나가는 것이 역량이 크다. 또한 홀연 여러 산이 내룡(來龍)하여 강변이나 양수(兩水) 상합처(相合處)에서 용진(龍盡)할 때 좌우 용상에서 심혈(尋穴)하여 양쪽 모두 혈형진(穴形眞)하면 혈(穴) 두 개가 모두 진혈(眞穴)이나 주혈(主穴)과 차혈이 있으니 세밀하게 관찰해야 한다.

또 수세(水勢)로 주혈(主穴)과 차혈을 분별할 수 있다. 수세(水勢)의 포전이 많이 유정하면 주혈(主穴)이고, 적으면 차혈이다. 지룡(枝龍)의 진혈(眞穴)이나 안산(案山) 역시 다정하다. 그러나 무수지국(無水之局)이 있다. 이는 혈처(穴處)에서 비록 수세(水勢)는 보이지 않으나 안산(案山)의 외면으로 조수(朝水)가 암암리에 순환하면 작은 혈(穴)이 아니라 상격지이다. 이때 안산(案山)이 역수(逆水)이면 복력이 매우 크며 발복도 빠르고, 순수(順水)이면 복력이 약하며 작다.

진룡(眞龍) 진혈(眞穴)이나 안산(案山)이 없는 국세가 있는데, 유수무안산지국(有水無案山之局)이나 면전의 명당(明堂) 외에서 수취(水聚) 4면의 산이 회포(回抱) 수구(水口)가 긴새(緊塞)하면 상등 길지이다. 안산(案山)·조산(朝山)·조수(朝水)·수구(水口)·명당(明堂) 등은 혈(穴)의 증거이지 반드시 혈(穴)이 성립되는 것은 아니다. 안산(案山)·수구(水口)·명당(明堂) 등은 선행하는 것이 아니라 결혈(結穴)한 후에 있다. 결혈(結穴)되면 자연히 성립되는 것이다. 혈(穴)의 결혈(結穴)과 불결혈(不結穴)은 결코 수세(水勢)·안산(案山)·수구(水口)·득수(得水)·득파(得破)·입향(立向) 등에 있는 것이 아니라, 본룡(本龍)의 결실 여부에 있다는 것을 잊어서는 안 된다.

진룡(眞龍)이 행룡(行龍) 결혈(結穴)하면 안산(案山)·조산(朝山)·명당(明堂)·수구(水口)는 천연자재하여 자신의 위치에 배치된다. 주객을 잘못 판단하면 영원히 미궁 속에서 빠져나오지 못할 것이다. 결실이 있고 나서야 안산(案山)과 조산(朝山)을 논하고, 수법(水法)과 입향(立向)을 논할 수 있다는 것을 명심해야 한다.

이제 심룡법(尋龍法)을 종합해보면 다음과 같다. 간룡(幹龍)과 정룡(正龍)은 시시단복단(時時斷復斷), 호룡(好龍)은 절절성봉(星峰)에 공웅지세(空雄之勢), 간룡(幹龍)과 정룡(正龍)은 지각(枝脚)이 원포(遠布), 지룡(枝龍)은 지각(枝脚)이 단축, 간룡(幹龍)은 당당하게 독행무정(獨行無情), 지룡(枝龍)은 다른 산의 조산(朝山) 전산(纏山), 간룡(幹龍)은 항상중앙행하며 거듭거듭 출장입장(出帳入帳)하고, 지룡(枝龍)은 항상 정룡(正龍)을 회포(回抱) 변각행(邊角行)한다.

하나의 간룡(幹龍)이 용루(龍樓) 보전(寶殿) 출맥(出脈)하면 제1성이 이 간룡(幹龍)의 정신이다. 이후 수백리 천리 행룡(行龍)하여 해변 양대수(兩大水) 상합처(相合處)에 도달하여 진(盡)하여 대혈(大穴)을 이룬다. 이 대혈(大穴)은 사루하전(辭樓下殿) 제1성의 정신에 의거하여 결혈(結穴)한다. 이 수백천리 행룡(行龍) 중에 단속(斷續) 지각(枝脚)이 활포하며 행룡(行龍)하나, 돈복처(頓伏處 : 휴식처)가 있으니 천리 여정의 휴식처라고 할 수 있다.

간룡(幹龍)이 행룡(行龍)할 때 단단속속(斷斷續續)이 1회이면 1회 전환하고, 1회 번신(翻身)이면 1회 단(斷)하며 동서남북으로 행룡(行龍)하고, 1회 단처(斷處) 즉 천전(穿田)이나 과협(過峽)이면 반드시 기봉(起峰)하여 3길성이나 5길성이 되어 분지벽맥(分枝擘脈)하여 결혈(結穴)한다. 이같이 천백리 행룡(行龍)할 때 간간이 돈숙처(頓宿處)에 소관국(小關局)을 형성하여 소소혈(小小穴)을 맺는다. 즉 행룡(行龍)이 미진할 때 일시 돈숙처(頓宿處)이다. 이때 정룡(正龍)은 회전 행룡(行龍)한다.

이때 행룡(行龍)하여 양대수(兩大水)의 상합처(相合處)나 해변에 진(盡)하여 3~4개나 8~10개의 산맥이 와서 진(盡)하면 반드시 8~10개의 수(水) 역시 같이 나타나 같은 수구(水口)로 사라진다. 이같이 10산 10수 취회(聚會)하면 산마다 결혈(結穴)한 것 같으나 이것을 분별할 때도 법칙이 있다. 먼저 귀천을, 다음은 장단을, 다음은 돈복(頓伏)을 관찰하면 진위를 따지기 쉽다.

첫째, 귀룡(貴龍)은 당당하게 자행하여 지각(枝脚)을 멀리 벌리고, 천룡(賤龍)은 지각(枝脚)이 짧으며 반화겁살(反花劫殺)에 단정한 봉우리를 이루지 못한다. 귀룡(貴龍)은 다른 산의 조산(朝山) 호탁(護托)산이 아니며 다른 산에서 보면 도시 무정하다. 호룡(護龍)은 정룡(正龍) 뒤에서 돌아나와 조산(朝山)이 되는 것이고, 역시 유혈(有穴)이나 천지(賤地)이다.

둘째, 간룡(幹龍)의 행거(行去)는 장원하며 귀룡격(貴龍格)이어야만 정룡(正龍)이다. 결혈지(結穴地)에서는 정룡(正龍)은 반드시 중장(中藏)하여 짧고, 호룡(護龍)은 길어 정룡(正龍)의 외곽을 감싸 안는다.

셋째, 정룡(正龍)은 단속지정(斷續之情)이 있으나 전산(纏山)에는 없다. 성봉(星峰)의 앞면을 자세히 살펴보면 정룡(正龍)은 앞면 토평처(土平處)로 낙맥(落脈)하고, 전산(纏山)의 앞면은 항상 정룡(正龍)을 향한다.

11. 명당(名堂) 찾는 법

　순진무구한 산야에는 진혈대지(眞穴大地)가 산재해 있어 적공유덕하고 효심이 지극한 사람을 기다린다. 맑은 마음과 밝은 눈과 지극한 정성으로 찾으면 반드시 참된 대지대혈(大地大穴)을 얻을 수 있으나, 공덕이 없는 사람이 허황되게 얻으려고 생각하면 안 된다. 따라서 대지대혈(大地大穴)을 얻으려면 덕을 쌓고 공을 닦은 다음 지극정성을 다하여 찾으면 하늘은 결코 버리지 않는다. 이것이 천도섭리이다.

　인간은 자기도 모르는 사이에 우연히 양택(陽宅)이나 음택(陰宅)의 혈(穴)을 얻어 자손대대로 어느 시기까지 영화를 누린다. 하늘이 비장한 혈(穴)은 반드시 선행을 한 사람만이 얻을 수 있다. 인류문명의 발달과 함께 지리학도 발달하여 이 학설에 달관한 학자가 있었으나 쉽게 발설하지 않고, 선행한 사람에게 인도했던 것이다. 그러나 이제는 옛날과 달라 발전 속도가 빠르기 때문에 감춰두었다가 파괴되기 보다는 공개하여 보호해야 한다.

　혈(穴)이란 하늘이 설계하여 땅이 지은 것이고, 창조주께서 깊이 비장한 보물 중의 보물로 유덕군자를 기다리고 있다. 산천의 정기는 용맥(龍脈)을 통하여 흐르니 마치 인체에서 기(氣)가 흐르는 것과 같다. 용(龍)이 진(盡)하고 맥의 끝이면 정령이 응취하여 혈(穴)이 된다. 또 혈(穴)이란 창조주의 헤아릴 수 없는 현묘한 공적으로 인간의 부귀영화와 생사화복을 관장하는 근간이다. 그러므로 혈(穴) 중에 인골을 매장하면 안개와 같은 옥로(玉露)가 응결된다. 이는 용맥(龍脈)의 정기가 응취했기 때문이다. 대지대혈(大地大穴)에 양택(陽宅)을 지으면 영기를 느끼는데 이는 천고의 비전이다. 아직은 첨단과학자들에게 관심 밖이나 생명과학 계통의 학자들이 관심을 가진다면 의외의 성과가 나올 수도 있다.

혈(穴) 중의 토질은 비토비석(非土非石)로, 오색토로 긴밀하며 기름을 뿌린 것같이 광윤하며 난기가 응결되어 있다. 혈(穴)이 아니면 그렇지 않다. 이런 혈(穴)에 백골을 매장하면 운명을 개조하는 것은 당연한 일이다.

하나의 산맥이나 간룡(幹龍)이 행룡(行龍)할 때 돈복처(頓伏處)나 낙맥처(落脈處)에 수없이 많은 대소혈(大小穴)이 결실되어 있으나 주혈(主穴)은 단 하나이다. 이 주혈(主穴)만이 최대혈인 것이다. 하나의 용맥(龍脈)이 용루(龍樓) 보전(寶殿)을 떠나 행룡(行龍) 초 제1성이 어느 구성(九星)이냐에 따라 주혈(主穴)이 결정된다. 조산(祖山)에서 박환(剝換) 낙맥(落脈)하는 제1성이 탐랑(貪狼)일 때는 수십백리를 행룡(行龍)하여 양대수(兩大水) 상합처(相合處)나 해안에 이르러 진(盡)하면 반드시 유두혈(乳頭穴)을 맺는다. 유두혈(乳頭穴)은 이 간룡(幹龍)에서 주혈(主穴)이다.

또 간룡(幹龍)이 행룡(行龍)할 때는 분지벽맥(分枝擘脈)하여 지룡(枝龍)이 분출된다. 이 지룡(枝龍)도 조산(祖山) 낙맥(落脈)할 때 역시 지룡(枝龍) 중 주혈(主穴)이 결정되니, 조산(祖山)이 낙맥(落脈) 박환(剝換)할 때 환골을 자세하게 관찰하는 것이 중요하다.

박환성(剝換星)을 관찰하여 용맥(龍脈)의 정신을 분별하면 주혈(主穴)을 예지할 수 있다.

대개 행룡(行龍) 결혈시 소조산(小祖山)이나 주산(主山)에서 낙맥(落脈)한 후에 심혈(尋穴)하기가 막연하다. 소조산(小祖山)이나 주산(主山)에서 낙맥(落脈)할 때는 여러 개의 맥이 흐르기 때문이다. 어떤 맥이 정맥(正脈)이고 어떤 맥이 호맥(護脈)인가를 살펴야 한다. 호룡(護龍)은 절절이 성봉(星峰)하여 웅강하고, 정룡(正龍)은 저복하여 단속지정(斷續之情)이 있으니 식별이 가능하다.

진룡(眞龍)과 가룡(假龍)이 있는 것 같이 혈(穴)에도 가혈(假穴)이 있다. 대개 진혈(眞穴)을 맺으면 반드시 가혈(假穴)이 따른다. 가혈(假穴)은 수미하고 진혈(眞穴)은 추졸하나 분별하기가 쉽지 않다. 가혈(假穴)은 청룡 백호가 다정하고, 혈형(穴形)이 단아하기 때문에 잘못 판단하기도 한다. 진혈(眞穴)은 기기괴괴하며 하사(下砂)가 없는 것 같고 고기(高起)하여 심혈(尋穴)하기가 어렵다. 그러므로 진혈(眞穴)을 얻으면 부귀영화를 누리나, 가혈(假穴)을 잘못보면 해인패절(害人敗絶)한다.

혈(穴)의 형상에는 와겸유돌(窩鉗乳突)의 사상격(四象格)과 기형괴혈(奇形怪穴)이 있다. 와겸유돌(窩鉗乳突)은 사상(四象)을 벗어나지 못하나 그 형상은 천태만상으로 한이 없다. 가혈허화(假穴虛花)는 유정하고 단교(端巧)한 것 같고, 괴형이혈(怪形異穴)은 언뜻 보기에 천지(賤地) 같기도 하고 추졸하여 버리는 경우가 많다. 그러나 호룡대혈(好龍大穴)은 괴혈(怪穴)을 많이 맺는다. 이것이 창조주의 뜻이며 비장이다. 용상성봉(龍上星峰)은 그 뿌리가 되고 진처결혈(盡處結穴)은 개화한 것이다. 그러므로 용상성봉(龍上星峰)은 구성(九星)의 종류에 따라 개화한다.

혈(穴)이란 용맥(龍脈)에서 나오니, 만일 혈(穴)이 용맥(龍脈)을 따르지 않으면 허화(虛花)이다. 그러므로 탐랑성(貪狼星)의 용상성봉(龍上星峰)이 뿌리가 되면 유두혈(乳頭穴)이고, 거문성(巨門星)이면 겸혈(鉗穴)이고, 무곡성(武曲星)이면 와혈(窩穴)이다. 또 겸대지기(兼帶之氣)가 있을 때는 모습이 변한다. 거문(巨門) - 파군(破軍)의 유두혈(乳頭穴)과 녹존성(祿存星)의 탐랑(貪狼) -녹존(祿存)의 와겸혈(窩鉗穴)이 그것이다.

12. 점혈법(點穴法)

백리 천리를 행룡(行龍)하여 불과 1~2평밖에 안 되는 좁은 장소에 결혈(結穴)하기 때문에 곳곳에 잘못된 점혈이 허다하다. 불과 1~2m나 2~3m 사이를 두고 잘못하는 경우도 많다.

3길성이나 5길성 특기(特起) 후 박환(剝換) 낙맥(落脈)하여 결혈(結穴)할 때는 본룡(本龍)의 개(个)자 중심맥으로 양변에는 이사(二砂)가 분출하여 청룡 백호가 되고, 가운데 맥(脈)은 결혈(結穴)한다. 결혈(結穴)할 때 생기는 혈성(穴星)을 구첨(毬簷)이라고 한다. 이 구첨(毬簷)에는 평탄한 와(窩)가 하나 있는데, 이를 장구(葬口)라 하며 혈(穴)이다. 이 장구(葬口) 아래를 살펴보면 소명당(小

名堂) 즉 박구(薄口)가 있다.

다시 말하면 혈성(穴星) 즉 구첨(毬簷) 양방에서 수세(水勢)가 양분된다. 이 수세(水勢)는 양수(兩水)가 있을 때 은은하게 흘러 장구(葬口) 즉 혈(穴)을 싸고돌아 박구(薄口) 아래 즉 소명당(小名堂) 아래에서 합금(合襟)한다. 이것을 금어계수(金魚界水)라 한다. 구첨(毬簷)·장구(葬口)·박구(薄口)·합금(合襟)을 사과(四科)라 하며, 혈(穴)을 증명하는 것이다.

용(龍)을 음양(陰陽)이나 자웅(雌雄)으로도 말한다. 음룡(陰龍)은 세척자(細脊者)이며 웅룡(雄龍)이고, 양룡(陽龍)은 평탄자(平坦者)이며 자룡(雌龍)이다. 웅룡(雄龍)은 복장형(覆掌形)이고, 자룡(雌龍)은 앙장형(仰掌形)이다. 도두입수처(到頭入首處)의 혈성(穴星)이 복장(覆掌) 같고 내세웅급자(來勢雄急者)이면 음락(陰落)이며 웅룡(雄龍)이다. 도두입수처(到頭入首處)가 앙장(仰掌) 같고 생와구(生窩口)이면 내세탄완(來勢坦緩)이며 양락자룡(陽落雌龍)이다.

또 도두입수(到頭入首)할 때 웅룡(雄龍)이며 혈처(穴處)가 복부형(覆釜形) 즉 와구(窩口)이면 음극양생(陰極陽生)이며 소양혈(小陽穴)이다. 웅룡래자혈자(雄龍來雌穴者)는 음래양수자(陰來陽受者)이다. 그러나 와혈(窩穴)이 아니라 혈(穴) 역시 복장지취(覆掌肢嘴)이면 태음혈(太陰穴)이다. 이는 용혈(龍穴)이 모두 음(陰)이며 웅(雄)이다. 음래음수자(陰來陰受者)이다.

또 도두입수처(到頭入首處)가 자룡(雌龍)일 때 혈처(穴處)가 소돌(小突)이면 양극음생(陽極陰生)이며 소음혈(小陰穴)이고 자룡래

웅혈자(雌龍來雄穴者)이다. 양래음수자(陽來陰受者)이다. 그러나 돌혈(突穴)이 아니라 앙장(仰掌)으로 와혈(窩穴)이면 태양혈(太陽穴)이고 용혈(龍穴)이 모두 양(陽)이며 자룡(雌龍)이며 양래양수자(陽來陽水者)이다. 태음혈(太陰穴)이면 반드시 혈처(穴處)에 미와처(微窩處)가 있고, 태양혈(太陽穴)이면 와(窩)에 미돌처(微突處)가 있다는 것을 기억해야 한다.

그리고 와혈(窩穴)에는 반드시 혈운(穴暈)이 있는데, 미미한 원형을 이루며 지문과 같다. 여기에 장사할 때 혈순(穴脣)을 파하면 안 된다. 또 소음혈(小陰穴)일 때 미돌처(微突處)를 파하면 안 된다. 이 두 가지는 모두 지중의 정수이다.

또한 재혈(裁穴)할 때는 혈성(穴星) 즉 구첨(毬簷)에서 합금(合襟)점으로 용(龍)의 정기가 상통함을 선을 그어 입혈(立穴)의 기준으로 삼아야 한다. 구첨(毬簷)을 1척 이내의 거리가 적당하다.

또 중요한 것이 심천(深淺)이다. 혈(穴)의 심천(深淺)을 헤아리는 것은 토피의 후박을 살피는 것이니, 혈(穴)의 토색을 잘 관찰해야 한다. 혈토(穴土)는 마치 계란과 같아 겉에는 토피가 있고, 다음에 약간의 신토(新土)가 있고, 이곳을 지나면 오색토가 있다. 오색토에는 비토비석의 습기가 있는데 광윤하며 미세한 분말로 계란의 노란자위와 같다. 이 층을 지나서 태심(太深)하면 용기(龍氣)가 상과(上過)한 것이다. 그러나 태천(太淺)하면 하과(下過)하여 무용지물이 된다. 혈(穴)의 심천(深淺)은 노출된 것도 있다. 깊은 곳은 10척이나 되는 곳도 있으니 자세하게 살펴봐야 한다.

6장. 사격론(砂格論)

사(砂)는 하나의 혈장(穴場)을 환요한 네 방위의 산수를 말하는데, 혈(穴)의 대소에 따라 길흉과 화복이 좌우된다. 사(砂)의 종류는 다양하며 수없이 많아 일일이 열거하기가 어렵다. 우선 본신(本身)의 사(砂)로는 청룡·백호·안산(案山)이 있고, 외공(外拱)의 사(砂)로는 조산봉만(朝山峰巒)·오성물상(五星物像)·삼길육수(三吉六秀)·귀인(貴人)·생왕(生旺) 관록(官祿)·마산(馬山)·물(水)의 사(砂) 등 한이 없다.

본신(本身)의 사(砂)로써 용호(龍虎)는 혈(穴)을 좌우에서 호위하는 것이며, 백호 청룡으로 나누고, 순룡(順龍) 결혈(結穴)할 때 역수(逆水)하면 역량이 크다. 그러나 용호(龍虎)가 머리를 쳐들고 대치하면 형제가 상투(相鬪)하여 불길하고, 교검형(交劍形)으로 용호(龍虎)가 배아(排牙)하면 대살주상인(帶煞主傷人)하며 패절한다.

역결(逆結)할 때 용호사(龍虎砂)가 순수이거(順水而去)이면 역량이 커 부귀가 오래간다.

또 사(砂)의 길흉은 맥기(脈氣)가 아니라 형태를 말한다. 그러므로 첨원방정해야 하며 굴곡활동을 해야 길하고, 사파쇄측주(斜破碎側走) 등의 형태는 불길하다. 화살처럼 혈처(穴處)를 향하거나 수(水)의 직사(直射)나 비사(斜飛) 등은 흉하다. 사(砂)는 단정하며 굴곡하여 전요회환(纏繞回還)해야 길체이고, 사파쇄측주(斜破碎側走) 전할천사(箭割穿射) 등의 형태는 모두 흉체이다.

천을(天乙) 태을봉(太乙峰)이 높이 솟아 있으면 극귀룡(極貴龍)이고, 금성(禽星)이나 수성(獸星)이 수구(水口)에 있으면 한림(翰林)에 몸을 담으며, 여러 봉우리가 하늘을 찌를 듯이 높이 안외(案外)에 있으면 적세공경(積世公卿)하고, 구곡수(九曲水)가 명당(名堂) 앞으로 들어오면 재상이 되며, 좌기우고(左旗右鼓)이면 무장이 병권을 쥐며 고축(誥軸)에 등과하고, 은병잔주(銀甁盞注)이면 부여석숭(富如石崇)이며, 옥대금어(玉帶金魚)이면 귀여배도(貴如裵度)이고, 아미산이 나타나면 여작궁비(女作宮妃)하며, 돈기다생(頓旗多生)이면 문사(文士)이고, 탁기문필(卓旗文筆)이면 정출대장(定出大將)이며, 천주봉(天柱峰)이 고기(高起)하면 수고여팽조(壽高如彭祖)이고, 수취천심(水聚天心)이면 자연히 부귀하며, 대창대고(帶倉帶庫)이면 부여도주(富如陶朱) 등 일일이 열거할 수가 없다. 그러나 용혈(龍穴)이 참하지 않으면 무용지물이 되며 해롭다.

1. 귀인(貴人)과 녹(祿)

1. 귀(貴)

갑무겸우양(甲戊兼牛羊) 을기서후향(乙己鼠猴鄉)

병정저계위(丙丁猪雞位) 임계토사장(壬癸兎蛇藏)

경신봉마호(庚辛逢馬虎) 차시귀인방(此是貴人方)

이 방위에 고봉이 수려하면 귀인(貴人)이 임한 것이다. 귀인(貴人)에는 진술(辰戌)이 없다.

天干	甲戊	乙己	丙丁	庚辛	壬癸
貴人	丑未	子申	酉亥	寅午	巳卯

坐向	甲	乙	丙	丁	庚	辛	壬	癸	乾	坤	艮	巽
貴人	丑未	子申	酉亥	酉亥	寅午	寅午	巳卯	巳卯	丑未酉亥	子申巳卯	酉亥	寅午
坐向	子	丑	寅	卯	辰	巳	午	未	申	酉	戌	亥
貴人	卯巳	寅午巳卯	丑未酉亥	子申	子申巳卯	寅午酉亥	酉亥	子申酉亥	寅午巳卯	寅午	寅午酉亥	丑未巳卯

1. 녹(祿)

갑록재인(甲祿在寅) 을록재묘(乙祿在卯)

병록재사(丙祿在巳) 정록재오(丁祿在午)

경록재신(庚祿在申) 신록재유(辛祿在酉)

임록재해(壬祿在亥) 계록재자(癸祿在子)

녹(祿) 방위에 산이 풍만하거나 첨원(尖圓) 방정하게 솟아 있으면 대길지이고, 녹수(祿水)가 상당(上堂)해도 대길지이다. 건곤간손(乾坤艮巽)은 무록(無祿)이나 사장생방(四長生方)이 고기(高起)하면 천하의 귀사(貴砂)이다.

2. 마산(祿山)

인오술마거신(寅午戌馬居申) 사유축마거해(巳酉丑馬居亥)

해묘미마거사(亥卯未馬居巳) 신자진마거인(申子辰馬居寅)

이상은 사국(四局)의 마산(馬山)이다. 마산(馬山)이 나타나면 최관국(崔官局 : 速發)이다. 자오묘유(子午卯酉) 건곤간손(乾坤艮巽)은 천마(天馬) 방위이다. 동방은 진궁(卯)이며 청총마(靑驄馬)라 하고, 남방은 이궁(午)이며 연지마(臙脂馬) 또는 천마(天馬)라 하고, 서방은 태궁(兌)이며 금마(金馬) 또는 백마(白馬)라 하고, 북방은 감궁(坎宮)이며 오리마(烏驪馬) 또는 오추마(烏騅馬)라 하고, 건궁(乾宮)은 어사마(御使馬) 또는 천마(天馬)라 한다.

간궁(艮宮)은 장원마(壯元馬)라 하고, 곤궁(坤宮)은 재상마(宰相馬)라 하며, 손궁은 무안마(撫按馬)라 한다. 이상은 팔괘(八卦) 방위로 최관국(崔官局)이다. 자생향(自生向)이나 자왕향(自旺向) 또는 정국(正局)의 마(馬)를 차마(借馬)하면 부귀가 빠르다.

십이포태(十二胞胎)에서 병(丙)의 녹(祿)은 사(巳)에 있으니 손사(巽巳)가 녹마(祿馬)이고, 임(壬)의 녹(祿)은 해(亥)에 있으니 건해(乾亥)가 녹마(祿馬)이고, 갑(甲)의 녹(祿)은 인(寅)에 있으니 간인(艮寅)이 녹마(祿馬)이고, 경(庚)의 녹(祿)은 신(申)에 있으니 곤신(坤申)이 녹마(祿馬)가 된다. 자생향(自生向)이나 자왕향(自旺向)에서 본국의 녹마(祿馬) 자리에 봉우리가 솟고 아름다우면 녹마(祿馬)를 얻은 것이니 부귀가 속히 온다.

3. 삼길육수방(三吉六秀方)

① 해묘경(亥卯庚) : 삼길방(三吉方)으로 이 방위가 풍만수려하면 자손이 부귀복록을 누리며 장수한다.

② 간병손신태정(艮丙巽辛兌丁) : 육수방(六秀方)으로 손(巽)과 신(辛), 간(艮)과 병(丙), 태(兌)와 정(丁)이 마주보거나 수려하면 귀인이고, 빼어나면 공복귀인(拱福貴人)이라 한다. 관직에서 권리를 얻으며 갑부가 되고, 마산(馬山)이 함께 솟으면 최관귀

인(最官貴人)이 되니 귀함이 속발한다. 좌(坐)나 향(向)에 관계 없이 이 방위의 봉우리가 수려하면 육수봉(六秀峰)이라 하여 매우 길하다. 녹(祿)·귀인(貴人)·역마(驛馬)를 겸하면 더 귀 하고 신속하다.

최관귀인(最官貴人) 녹마산(祿馬山)이 기봉(起峰)인즉 복여뢰(福 如雷)이다. 가령 을목룡(乙木龍) 묘입수(卯入首)할 때 을좌신향(乙 坐申向)이면 본국인 화국(火局)이 인오술(寅午戌) 마재신(馬在申) 이므로 신봉(申峰)이 마산(馬山)이고, 또한 신향(辛向)이니 신록재 유(辛祿在酉)이므로 유봉(酉峰)이 녹봉(祿峰)이고, 신향(辛向)이면 경신봉마호(庚辛峰馬虎)이니 오인(午寅)이 귀인이다. 그러므로 신 봉유봉오인봉(申峰酉峰午寅峰)이 수려하게 기봉(起峰)하면 귀인 (貴人) 녹마산(祿馬山)이다. 이를 최관국(最官局)이라 하며 복여뢰 지국(福如雷之局)이다.

묘룡(卯龍) 입수(卯龍入首)이면 묘룡(卯龍)의 귀인은 축미(丑未) 이고, 마산(馬山)은 사(巳)이니 축미사산(丑未巳山)이 기봉(起峰) 하면 입신출세에 의심할 여지가 없다. 또한 천록귀인봉(天祿貴人 峰)으로 향상(向上)·생왕(生旺)·관록 마산(馬山)이 교응(交應) 하거나, 정경신봉(丁庚辛峰)이 교응(交應)하면 반드시 자손의 발귀 가 극속하다.

또 간병이산(艮丙二山)은 천록산(天祿山)으로, 간(艮)은 병향(丙 向)의 향상(向上) 장생방(長生方) 간병이산(艮丙二山)이 문봉(文

峰)이면 가문이 크게 귀하고, 간병(艮丙) 생왕(生旺) 양방에 수려한 큰 봉우리가 기봉(起峰)하면 재산이 수만금에 이르고, 간병신(艮丙辛) 생왕묘(生旺卯) 삼봉기봉(三峰起峰)이면 소위 삼합연주격(三合聯珠格)으로 귀무가(貴無價) 자손대대 영화를 누린다.

손신(巽辛) 천을봉(天乙峰)·태을봉(太乙峰)·문봉(文峰)이 기봉(起峰)하면 반드시 문필가가 나온다. 묘경이산(卯庚二山)이 교응(交應)하면 부여석숭(富如石崇)이요, 손룡(巽龍)이 결혈(結穴)할 때 신봉(辛峰)이 특출하면 고시합격 등 빠르게 발복하여 소년등과하고, 신산(辛山)에 결함이 있으면 귀하게 되지 못한다.

신룡(辛龍) 입수(入首) 결혈(結穴)할 때 손봉(巽峰)이 수려하면 매우 귀하나, 결함이 있으면 귀격을 이루지 못한다. 예를 들어 을병인오술(乙丙寅午戌) 화국(火局)이 을목룡(乙木龍) 해묘미룡(亥卯未龍)에 갑묘(甲卯) 입수(入首)에 자좌(子坐)나 임좌(壬坐)를 하면 해묘미(亥卯未) 마재사(馬在巳) 병오향(丙午向)이니 병록(丙祿)은 재사(在巳)이며, 인오술(寅午戌) 마재신(馬在申)이며 병향(丙向)의 귀인은 병정(丙丁) 저계위(猪雞位)했으니 유해(酉亥)가 귀인(貴人) 방위이다. 그러므로 해유사신방(亥酉巳申方)이 기봉(起峰)하면 귀인(貴人) 녹마산(祿馬山)이 나타났으니 최관국(最官局)이며 속발부귀하나, 건해(乾亥) 입수(入首)를 범하면 하루아침에 패망하며 가문이 멸문지화를 면치 못한다. 지리학에서 가장 무서운 대살을 범하는 것이다. 4국이 모두 같으니 입향법(立向法)을 상세히 알아야 한다.

4. 안산사(案山砂)

 안(案)이란 책상과 같다는 뜻으로, 높으면 눈썹이고 낮으면 심장의 위치이다. 좌우로 치우치지 않아야 참다운 안(案)이다. 안(案)은 관(官)의 책상 같아 대소관원이 함께 편안히 앉아 사무에 임하는 것이다. 손을 뻗어 안(案)을 잡을 듯이 보이면 재물을 천만 관이나 쌓는다고 했고, 외방에 수려한 봉이 일천봉이 있어도 면전의 면궁만 못하다고 했다. 부귀와 벼슬길을 가장 빠르게 하는 것은 바로 안(案)에 있다. 다시 말해 안사(案砂)가 좋으면 문인과 관인이 많이 나온다.

 안산(案山)에는 본신(本身)에서 출발한 긴 용호(龍虎)가 혈(穴) 앞까지 회포(回抱) 정대(正對)한 것과, 외산으로 이루어진 것이 있다. 이 밖에도 호수와 같은 물로 대신하는 경우도 있고, 높지 않은 평지 혈(穴)에서는 혈장(穴場)보다 약간 높은 밭이나 언덕으로 대신하기도 한다. 이 모두가 원진수(元辰水)나 바람을 거두어 내당을 주밀하게 하고, 혈지(穴地)에 생기를 모으려는 데 목적이 있다.

 따라서 안산(案山)은 바르게 상대하고, 멀지도 높지도 않으며, 반배하지 않고 유정하며, 거칠지 않고 살기가 없어야 한다. 특히 역수(逆水)를 수관(收關)해야 길격이다. 그리고 혈(穴)과 안산(案山)은 너무 가까우면 내당이 협착하여 기(氣)를 모으기 어려우니 불길하고, 안산(案山)이 너무 멀면 원진수(元辰水)나 바람을 거두기 어려우니 혈장(穴場) 안의 살풍이 염려된다.

안조산(案朝山)은 옥궤(玉几)·횡금(橫琴)·면궁(眠弓)·아미(蛾眉)·옥대(玉帶)·관모(官帽)·삼태(三台)·천마(天馬)·구사(龜蛇)·금상(金箱)·옥인(玉印)·필가(筆架) 등의 형상이 길격이다. 또 이러한 형상에 관계없이 귀인문성(貴人文星)만 단정하고 수려하여 다정하게 혈장(穴場)을 향해 조배(朝拜)하면 조배사(朝拜砂)라 하는데 길격이다.

안산(案山)이 순수하거나 너무 비탈지거나 배주(背走)하거나 뾰족한 능선이나 곡살(谷煞)이 혈(穴)을 향해 직사(直射)하면 매우 흉하다. 이 외에도 안산(案山)이 파쇄되었거나 참암(巉巖)하거나 추악하거나 주찬(走竄)하거나 무정반배하거나 부스럼이나 종기가 심한 피부처럼 조잡하고 거칠면 재화를 면할 수 없는 흉격이다.

안산(案山)은 혈(穴) 중에서 가장 중요한 사(砂)이므로, 기봉(起峰) 개면(開面)하여 영혈(迎穴)이면 만산의 조공보다 귀하다. 안산(案山) 중에서 가장 아름다운 것은 면궁일안(眠弓一案)이나 일자문성(一字文星)이다. 또 안(案) 밖에 조공귀인(朝拱貴人)이 천리운소(千里雲宵)하여 나타나면 장원필이고, 근조문성(近朝文星) 즉 관성(官星)이 나타나면 재상필안두출(宰相筆案頭出)이라 한다. 또 고축안(誥軸案) 외에 삽일필문봉(插一筆文峰)이면 한 번에 등과하고, 고축(誥軸) 안에 소포(小泡)가 많으면 고축개화안(誥軸開花案)이니 남혼공주(男婚公主) 여작궁비(女作宮妃)한다.

5. 조산(朝山)

조산(朝山)은 안산(案山) 뒤에 열립한 산들을 말하는데, 혈산(穴山)을 향해 다정하게 조응(照應)해야 길하다. 조산(朝山)은 혈산(穴山)과 정대(正對)하며 위용이 대등해야 합격이다. 안산(案山)만 있고 조산(朝山)이 없는 경우가 있고, 안산(案山)과 조산(朝山)이 모두 있는 경우도 있고, 모두 없는 경우도 있다.

그러나 사(砂)는 혈(穴)과 가까울수록 영향력이 크므로 안산(案山)이 더 중요하고 조산(朝山)은 그 다음이다. 주산(主山)과 안조산(案朝山)은 주인과 빈객과의 관계와 같으니, 귀객이 많이 모여들면 주인 역시 고귀하다. 조안(朝案)이 혈(穴)에게 유정하며 단정하고 수려해야 길격이다. 그렇지 않고 한쪽으로 비뚤어졌거나 거칠거나 추악하면 불길하다.

안산(案山)은 낮고 조산(朝山)은 높아야 길하다. 안산(案山)이 높으면 혈(穴)을 압박하여 살(煞)이 되고, 조산(朝山)이 낮으면 안산(案山)에 가려 혈(穴)에 조응(照應)하지 못한다. 따라서 안산(案山)이 높으면 혈(穴)도 높게 재혈(裁穴)해야 하나, 조산(朝山)은 높아도 상관 없다. 조산(朝山)이 없을 때는 멀리 대강수가 있으면 좋고, 안산(案山)이 없을 때는 혈(穴) 가까이 내당수(內堂水)나 외당수(外堂水)가 둘러싸야 좋다.

6. 흉사(凶砂)

산봉우리가 단정하며 굴곡하여 환요포회(環遶抱回)해야 길격이고, 수사(水砂)도 굴곡환포(屈曲環抱)해야 길수(吉水)이다. 내수(來水) 역시 굴곡하고, 거수(去水)도 곡절하여 소수(消水)해야 길수(吉水)이다. 그러나 성봉(星峰)이 사측파쇄주(斜側破碎走)이면 흉하고, 첨사(尖砂)로 전(箭)과 같이 충혈하면 대흉하고, 첨수(尖水) 역시 혈(穴)을 직사(直射)하면 대흉하고, 혈(穴) 뒤의 산 머리가 마치 도적이 기웃거리는 것같이 규봉(窺峰)이 있으면 대흉하고, 용호(龍虎) 양변 밖에서 기봉(起峰)하는 것이 사측(斜側)의 산두(山頭)이면 탐두산(探頭山)이 나타난 것이니 주출도적(主出盜賊)하여 대흉하고, 안사(案砂)의 개각(開脚)이 흔군(掀裙) 모양이면 흉하고, 세곡풍취혈(細谷風吹穴)이면 역시 크게 흉하다.

7. 군사가(群砂歌) ― 도선결(道銑訣)

어아세상지사(於我世上地師)들아 팔방사격(八方砂格) 볼나거든 군사가(群砂歌)를 들어보고 대강(大綱)이나 알아두소.

1. 청룡길(靑龍吉)

명당(明堂)의 좌입사(左入砂)는 자손창성 징조요

명당(明堂)의 우입사(右入砂)는 합가(闔家)멸망 형상일세

지각(地角)은 산지여기(山之餘氣)나 강약으로 끌어내어

좌양방(左陽方) 우음방(右陰方)은 그 난 응당 들었으나

우사강(右砂强) 좌사약(左砂弱)은 음성양미(陰盛陽微) 흉산이요

좌사강(左砂强) 우사약(右砂弱)은 양성음미(陽盛陰微) 길산이라

이러므로 전고(前古)부터 호강용약(虎强龍弱) 꺼리나니

청룡사(靑龍砂)는 많아야 좋고 백호사(白虎砂)는 없어도 좋네

청룡변(靑龍邊) 고봉암석이 고견(顧見)하여 서 있으면

수구봉(水口峰) 평타사라 현재생출하나리라

청룡이 유기하고 그 끝에 태양석(太陽石)이

슬그머니 서 있으면 그도 대인 나나리라

청룡의 회고고봉(回顧高峰)이 사오간(巳午間)에 서 있으면

차봉(此峰)은 좌독현사(左毒縣砂)라 대장군이 나나리라

청룡산의 사각(砂角)이 명당(明堂)에 근관(近觀)하면

차(此)는 태식사(胎息砂)라 백자천손하나리라

청룡이 혈전(穴前)에 지축(地縮)하여 건삼련(乾三連)했으면

대대로 번성하고 구십향수 사나리라

청룡 끝이 개구(開口)하면 농서사(弄書砂)가 이 아니냐

자손들의 문장재사 대대로 연출하나리라

청룡 끝에 일원봉(一圓峰)이 슬하에 은현(隱見)하면

차봉(此峰)은 병부사(兵符砂)라 자손이 대길하나리라

청룡과 명당(明堂) 옆에 세사인석(細砂印石) 있게 되면

차사(此砂)는 인완사(印綬砂)라 요패인완(腰佩印綬)하나리라

청룡의 이 세사는 팅견사 팅표사라

자손이 영귀하고 장수재사 나나리라

선빈후부 무삼일고 내저외고 청룡이라

생선수(生鮮水) 대택수(大澤水)를 청룡 끝에 살펴보소

자손이 부귀하여 일국에 유명하고

진술축미(辰戌丑未) 삼조산(三朝山)에 3봉이 수출(秀出)하면

삼조봉(三朝峰) 삼조사(三朝砂)라 대대 충신나나리라

청룡의 특립석(特立石)과 수구한문반석(水口捍門盤石)은

금은배장(錦殷排帳) 더욱 좋고 문무과갑 연출하네

청룡에 중돌(中突)하는 양변의 우각사(牛角砂)는

좌듀휴봉 고파개요 숙정폐후 절전사(節錢砂)라

명당(明堂)도 광평하고 주안(主案)이 상응(相應)하면

대사마(大司馬) 대장군이 분명히 나나리라

명당(明堂)이 불순하고 좌독현(左毒縣)도 역수(逆水)하면

대장군이 날지라도 형륙(刑戮)을 어이할꼬

역기수(逆氣水) 없고 보면 누대장원 바래리라

청룡상(靑龍上) 고봉하(高峰下)에 세사나열(細砂羅列)했으면

차사(此砂)는 장부사라 여손이 대귀하여

남손이 매덕(妹德)으로 관작(官爵)을 얻으리라

연맥지출(連脈支出) 중환조(重還助)는 장원하는 길지로다

석(夕)자형도 좋거니와 다(多)자형이 더욱 좋다

2. 청룡흉(靑龍凶)

청룡사(靑龍砂) 모다 길타 해도 흉처도 많이 있네

묘문근고(墓門近高) 청룡곡은 벽기사(壓氣砂) 악형사(惡形砂)라

이신벌군(以臣伐君) 역패멸망(逆賊滅亡) 어이하여 면할거냐

부자불화(父子不和) 숙질불화(叔姪不和) 세찰(細察)하고 무삼연고

차사(此砂)는 각강사(却强砂)라 간부(間夫) 살인 슬프도다

백호(白虎)가 웅압(雄壓)하고 청룡(靑龍)이 회장(回長)하며

청룡 진방(震方) 세사각(細砂角)이 좌혈(坐穴)을 충사(沖射)하면

주망급사(酒亡急死) 종신치질 손봉고압(巽峰高壓) 탓이로다

간방규방(艮方亥方) 규산(窺山)말소 난신적자 패가로다

차사(此砂)는 횡탈사(橫奪砂)라 노중입사(路中入射) 횡탈하네

청룡내(靑龍內) 세사(細砂) 끝이 바람같이 들어오면

차사(此砂)는 강도사(强刀砂)라 길반위흉(吉反爲凶) 되나리라

견부종음허화종황달이며 냉달주달병이 연속하여 이러나니

몰라볼 자 있을소냐.

청룡내 혈하사(穴下砂)가 전원후고중요(前圓后高中凹)하면

황천반(黃泉方)의 도복사(刀伏砂)라 장자손 사지(死地)로다

부부동사(夫婦同死)도 일장(一場)이요

독자계성명(獨子繼姓名)하나리라

청룡 중 세사각(細砂角)이 명당하류수구(明堂下流水口)로

외삼면(外三面) 유거(流去)하면 차사(此砂)는 멸망사(滅亡砂)라

인착(人着)이 재회(財賄)없고 가택(家宅)이 구허(俱虛)하리라

청룡(靑龍)이 세단(細斷)하여 명당(明堂)에 불급(不及)하면

자손이 이향(離鄕)하여 고총(古塚)과 일체로다

청룡(靑龍)이 저잔(低殘)하여 명당(明堂)이 강등(降等)하고

원견수(遠見水)가 충혈(沖穴)하면 차사(此砂)는 망시사(亡尸砂)라

오작(烏鵲)이 총시(塚尸)하고 자손이 멸망한다

청룡 내 흔군사(掀裙砂)는 남녀호색 끝이 없네

청룡 내 태방사각(兌方砂角)이 인묘방(寅卯方)에 충파(沖破)하면

부녀의 음란도망을 뉘라서 막을소냐

신태방(辛兌方)이 충파(沖破)하면 강보자식 다 죽였네

축인방(丑寅方) 호로사(葫蘆砂)는 괴로울 손 고역풍잔(苦疫風殘)

청룡 내 반군사각(反群砂角)이 수구(水口)로 배면(背面)하면

차사(此砂)는 회거사(回去砂)라 청년부녀 변상(變喪)나고

배부유자(背負幼子) 통곡하며 본친가(本親家)로 돌아간다

청룡이 저잔(低殘)하여 유형무형한 듯 하면

자손이 빈한하여 종종 이사 지리(支離)한다

청룡이 전절(前絶)하고 일암석(一岩石)이 은현(隱見)하면

일목이 실명하니 이 탓이 아니런가

아미사(蛾眉砂) 어데두고 양안청맹(兩眼靑盲) 슬프도다

청룡에 암석이 종종 파(破)하면 이이름은 절각사(折脚砂)라

자손의 절각병(折脚病)이 과연 이 일로 그러하나

슬하합곡(膝下合谷) 유수급(流水急)은 각병사(各病砂)이 아닌가

단독병(丹毒病) 삼리창(三里瘡)과 한족각병(寒足脚病) 뉴사로다

청룡이 배면(背面)하면 이배사(離背砂)이 아닌가

부부의리불화하여 생이별하리로다

청룡 내 인오방(寅午方)에 득수사법병행(得水師法竝行)하고

기중(其中)에 대로(大路)있어 임해(壬亥)로 유파(流破)하면

호로수(葫蘆水) 호로사(葫蘆砂)라 온질절사(瘟疾絶死)하나리라

청룡 내 태방(兌方)이 허하면 자손장수 길조로다

태방(兌方)이 허타하고 축장(築墻)하여 막다가는

십오남매 성(盛)한 중에 삼형제가 남을런가

청룡이 환갓하여 내수(內水)로 동류(同流)하면

자손이 빈한하여 처가에 의택(依宅)하고

청룡이 부지(不持)하여 과수(過水)가 되었으면

자손이 분대(墳垈)를 버리고 타도타관이거(他道他官移去)하네

그 끝이 끊어지고 돌기봉(突起峰)되였으면

자손이 객사함이 그 탓이 아닐런가

청룡이 그만가고 돌기봉(突起峰)되였으면

차(此)난 세청룡두대(細靑龍頭大)라 장손이 실패하네

3. 백호길(白虎吉)

백호사(白虎砂) 좋은 것이 순복(順伏)하고 수려하여

난격(蘭格) 하격(荷格) 귀격(貴格)이라야 자손이 영귀필연하네.

백호사(白虎砂) 순복(順伏)하여 후세전원개면(後細前圓開面)하여

용승천문길격(龍升天門吉格)이라서 남관작직(南官爵職) 연출하네

백호안대동문(白虎案對同門)하고 수화병행내입(水火竝行內入)하면

자손이 번성하고 십남매격이로다

백호가 원거(遠居)하고 안대(案對)가 첨고(尖高)하면

백세를 향수하고 사혼례(四婚禮)를 지내리라.

그 앞에 인홀석(印忽石)은 귀격이 더욱 좋다.

곤방(坤方) 중첩 놓인 창고 누대부귀(累代富貴)하리로다

백호 변 광평석(廣平石)은 남방수령 지내리라

백호 변 수삼사각(數三砂角)이 횡충용사전무(橫沖龍思專無)하고

백호사(白虎砂) 순복(順伏)하여 깃너문 듯 그쳐스면

차(此)난 경의사(敬義砂)라 직외손이 다 성(盛)하네

백호가 원개(遠開)하고 내산이 중중하여 외산이 산란하면

군마가 주합사(走合砂)라 중군(中軍)이 합도(合道)할 제

백인장(百人將) 뿐이로다

4. 백호흉(白虎凶)

백호의 날인 사각(砂角)이 목형(木形)으로 경직하여

명당(明堂)을 횡충(橫沖)하여 좌혈(坐穴)을 지나가면

직룡정혈(直龍正穴) 높이 있고 슬하에 다 닫으면

나부리란 형장이라 위권은 높거니와

종시살기(終始殺氣)많아서 촉처생재(觸處生災) 두렵거늘

하물며 허화결작(虛花結作) 직룡정혈(直龍正穴) 못 되고서

높거나 제등(齊等)커나 좌혈(坐穴)을 능편(凌遍)하여

이 진실 형장사(刑杖砂)이라 사불전신(死不全身)할세로다

저소(低小)하고 숭타하여 헤쳐놓은 배 같으면

이것은 산장사(山杖砂)라 보배도 여지없고

명당충입양두사(明堂沖入兩頭砂)는 백호서방 살펴보소

난질풍질광질(亂疾風疾狂疾)이며 체머리도 흔드나니

용양두(龍兩頭)도 엇잔하니 호양두(虎兩頭)는 더이러라

백호 끝 세각사(細脚砂)는 이름이 죽장사(竹杖砂)라

자손이 막대집고 애걸하는 사각(砂角)이요.

백호 끝이 붓같으면 그 이름은 황천사(黃泉砂)라

재산이 소회(消灰)하여 타인물이 되고난다

백호 끝에 봉시사각(奉尸砂角) 수변(水邊)으로 내다르면

요망참상(夭亡慘喪) 자조보고 고총공곡(古塚空谷) 끝이 없네

곤방슬하노인석은 걸식통곡과부나네

미방슬하노인석(未方膝下老人石)은 도적 흉언응당(凶言應當) 듣고

미방슬하(未方膝下) 흉한 암석 혹대혹소특립(或大或小特立)하면

아동의 낙영사(落零砂)요 가장의 익수사(溺水砂)라

백호 끝이 절두(折頭)하면 자손의 절두형륙(折頭刑戮)을 면할소냐

백호 끝에 양장사각(兩杖砂角)이 명당(明堂)으로 들어오면

차사(此砂)는 상여사(喪輿砂)라 결항치사(結項致死)할세로다

낙영 끝에 달린 암석대소를 부지마소 음란결정 이 탓이네.

일금내(一衾內) 이간부(二間夫)를 종욕탐음(從慾耽淫)이 아닌가.

들키어 결항치사(結項致死) 앞 길이 전혀 없네

백호요간(白虎腰間) 규산봉(窺山峰)이 내변으로 개면(開面)하면

노비도망 처자이별 각각이 분산하네

내당횡충사(內堂橫沖砂)라 그 끝에 일돈부(一墩阜)는

차사(此砂)는 고독사(孤獨砂)라 장녀가 잔인하네

신부가 수축(受逐)당해 본친가로 돌아가네

백호에 대로를 살펴보소 선흥후망을 면할소냐

적환과사(賊患過死) 엇전일고 자방세로(子方細路) 그 아닌가

백호맥이 늘어져서 수구(水口)로 동류(同流)하면

이 난 또한 난수사라 자손 주타우심(走他尤甚)하네

백호수봉(白虎水峰) 일고봉(一高峰)은 차(此)난 결객사라

가장이나 가모없어 지표애걸생리(持瓢哀乞生離)로다

백호사(白虎砂)가 역수(逆水)하여 외변으로 상응(相應)하면

가장이 노중객사하고 과부가 여지없네

백호사(白虎砂)가 웅엄하여 살기등천하면

가련타 연소상부(年少喪婦) 수가(誰家)에 의탁할꼬

치자(稚子)를 부배(負背)하고 타가(他家)로 나가니라

백호 내에 횡충사(橫沖砂)는 타인 손에 살사(殺死)하네.

구형(鉤形)은 구사(鉤砂)하고 시형(尸形)은 시사(尸死)하네.

백호 내에 동방사각(東方砂角) 양지(兩枝)로 첨사(尖射)하면

명왈(名曰) 패악사(悖惡砂)라 타인재물 조심하소.

산형(山形)이 여구(如狗)이면 호겁(虎劫)을 미면(未免)하고

백호사(白虎砂)가 개구(開口)하면 기역호사(其亦虎死) 하리로다

백호외사(白虎外砂) 범 같으면 사오차상처(四五次喪妻)하리라

원기백호(遠起白虎) 부성(富盛)하고 기문(其間)에 쌍두(雙頭)하면

부부난 불화하되 귀자생출하리로다

백호 외 간격수(間隔水)난 음양(陰陽)이 부정하고

그 같이 음둔(淫鈍)하면 적역자손(賊役子孫) 가련하네.

당당한 가괴사각(可怪砂角) 탈미사(奪美砂) 어이할고.

팔남이 동침하난 노비소생 뿐이로다

백호 외 원견봉(遠見峰)은 걸객사(乞客砂)와 동형사(同形砂)라

승필사(僧筆砂) 이아닌가 중거사(僧居士)가 나나리라

백호두(白虎頭)가 고기(高氣)하면 명일(名曰) 양두사(兩頭砂)라

백호두(白虎頭)가 대절(大絶)하면 번권사(繁拳砂)라

외손(外孫)은 패악(悖惡)하고 친손(親孫)은 침능(侵凌)하네.

백호사(白虎砂) 혈전(穴前)을 지내서 상탁같이 고기(高起)하고

기상(其上) 둥근사가 마람푼 듯 했으면

기명(其名)이 헌화사(獻花砂)라 음취(淫臭)하기가 짝이 없네.

용호내(龍虎內)에 안긴 봉은 입양방음사각(立陽妨淫砂角)이라

청룡내(靑龍內) 좋은 사각(砂角) 형륙(刑戮) 자손 없으리라

백호 내 조음사(助淫砂)는 음취풍성훤전(淫臭豊盛喧傳)하네.

백호사(白虎砂) 좋은 것이 맥순(脉順)하고 성순(星順)한게라

수삼절(數三節)이 화립(華立)하여 중중하고 수려하면

기이타 허기세요 무수히 작용하여

일어서고 다시 서서 감추고 고쳐 감추어

용활동(龍活動)은 쓰려니와 호활동(虎活動)은 부질없다

용다자(龍多者)는 좋거니와 호다자(虎多者)는 부질없다

5. 안산길(案山吉)

계화인(桂花人)의 농복사(弄伏砂)는 대대로 과갑나고

손사방위(巽巳方位) 마봉(馬峰)은 연대사마(連代司馬) 나나리라

마봉하(馬峰下) 제사각(諸砂角)이 후고전미(後高前美)하면

용인사(龍印砂)이 아닌가 대대로 영귀하리라

일자문성(一字文星) 역수사(逆水砂)는 문인재사 다출하고

사병방(巳丙方) 창고사(倉庫砂)는 옥록(玉錄)이 연출한다

곤신방(坤申方) 창고사(倉庫砂)는 대과만문(大科滿門)하리로다

경태신봉(庚兌辛峰) 수출(秀出)하면 무과발신(武科發身)하리로다

손신봉(巽辛峰)이 구현(俱見)하면 문장재사 다출하네

6. 안산흉(案山凶)

산객(山名)이 호복사(虎伏砂)면 차객(此名)은 신복사(臣伏砂)라

이 사각(砂角) 안대(案對)마소 합가멸망(闔家滅亡)할세로다

원수(遠水)를 고사(顧思)하고 슬하를 상충(相沖)하면

차사(此砂)는 신복사(臣伏砂)라

내종냉질고역병출(內瘇令疾苦疫病出)이라

안산(案山)이 돌같이 서 있으면 참두사(斬頭砂) 흉사(凶砂)로다

지사(地師)도 재혈(裁穴)마소 풍수죽난 사각(砂角)이라

안산(案山)이 휘어지고 요고사(腰高砂)가 곡류하면

입장(入葬)의 삼삭내(三朔內)에 중부난 간 곳 없네

삼년내 우환상멸(憂患喪滅) 자손이 멸망하고

역수문성사각(逆水文星砂角) 끝이 베인 듯 했으면

지저사(地低砂)이 아닌가 오년내 멸망하네

범사(凡砂)가 전(前)을 둘러 있어 고장방(庫藏方)을 충(沖)하면

명왈(名曰) 좌범사(座凡砂)라 재물이 풍성하네

화산열누사각(火山列累砂角)이 양처곡입분산(兩處谷入分散)하면

쟁전사(爭戰砂)이 아닌가 부부 의리불합하네

흔군사(焮裙砂)보다 무서워라 남녀호색 가소롭다

반각중사각(反脚中砂角) 끝이 벼인 듯 충혈(沖穴)하면

방혹사가 이 아닌가 음란패가할지로다

방각중(放脚中)에 수출(水出)하면 그 명(名)은 비각사(飛脚砂)라

초대발복할지라도 골육상쟁하게 된다

허다한 음취사각(淫臭砂角) 입더러워 못다하네

나는 이방기션창이요 성기느니 부분이다

차처에 오점하면 남도할게다 이러는가

더구나 옥녀음혈(玉女淫穴) 경직사(直射砂)가 쏘아오네

더구나 애다롭다 이러한데 몰라볼가

태수(胎水)가 인방(寅方)에서 장류하면 신부 음주(淫走) 더무섭다

안산(案山)이 저함(低陷)하면 맹인자손 가련하네

안요(案腰)의 광석상(廣石上)에 녹수(綠水)가 반류(班流)하면

차사(此砂)는 맹목사(盲目砂)라 청맹(靑盲)이 나나리라

식루사(拭淚砂) 살펴보소

안산(案山)에 양곡(兩谷)이 세류(細流)하면

부자가 동일사(同日死)하니 고부의 혈루로다

낙안사(落鞍死)와 낙목사(落木死)며 주망횡사(酒亡橫死) 가련하다

안대(案對)가 도면(倒面)하면 자손이 사곡(邪曲)한다

안대(案對)가 번잡하면 체백(體魄)이 상하리라

반신불수 전신불수 어이하여 면할손가

안대수구(案對水口) 이향사(離鄕砂)는 자손이 유리(流離)한다

안대수구(案對水口) 복발사(伏鉢砂)는 승니애걸 가련하다

안대산(案對山)의 세산요(細山腰)에 수색(水色)이 분명하면

지하황천 이 아닌가 음종병이 나나리라

안대(案對)에 망사형은 지중(地中)에 사입(蛇入)하고

자손의 음불통은 남녀를 믿지마소

안대하(案對下)에 대택(大澤) 있고 대택중(大澤中)의 고돈(高墩)은

어두사(魚頭砂) 이 아닌가 지중(地中)에 어염(魚鹽)드네

팔요방(八曜方) 걸인사(乞人砂)는 노상기사(路上飢死) 가련하다

황천방(黃泉方) 와시형(臥尸形)은 소년횡사 가련하네

오호라 개연사(改緣砂)는 어찌그리 음란한고

인근이 상장부(上丈夫)요 이름이 삼장 남자로다

진손사수(辰巽巳水)가 삼련하면 구둔언눌(口鈍言訥) 분명하고

건순노치(乾脣露齒) 결순녀(缺脣女)는

오방치석(午方齒石) 탓이로다

산두주(山豆株)로 안대(案對)마소 고자활자 어이할고

내사 홀로 피하려든 산증광란(山症狂亂) 가련하다

진방암석(辰方岩石) 살펴보소 일목실명(一目失明) 아까웁네

오방사순(午方蛾眉) 넘어보면 맹목작목천지목(盲目雀目天地目)이라

황천방(黃泉方)에 중중석(重重石)은

유자강보요사(幼子襁褓夭死)하네

곤신방(坤申方)의 중중석(重重石)은 만신증증(滿身症症) 더러워라

악질이질해수증(惡疾痢疾咳嗽症)은 곤방허결(坤方虛決)버려되고

건오방(乾午方)의 세곡사(細谷砂)는 청춘과부 가련하다

자오규산(子午窺山) 살펴보소 난적오형가경(亂賊五刑可驚)하네

묘유규산(卯酉窺山) 너는 어찌 과윤질절관재로다

7. 주산론(主山論)

-탐거무형체(貪巨武形體)는 삼길(三吉)이라

원목(元目)은 주산(主山)인데 주산(主山) 의논하고 싶네

득지생왕위길(得地生旺爲吉)이요 실지형상(失地形象) 못쓰니라

목산(木山)은 탐랑주(貪狼主)요 금산(金山)은 무곡주(武曲主)라

토산(土山)에 거문주(巨門主)라 왕룡왕혈결작(旺龍旺穴結作)하여

대인재 배출하고 공명사업 끝이 없네

기왕은 못하여도 장생(長生)은 기차(其次)로다

목화산(木火山)은 탐랑주(貪狼主)요

수토산(水土山)은 무곡주(武曲主)라

목금산(木金山) 거문주(巨門主)는 주혈(主穴)이 상생(相生)하니

사수(砂水)를 잘 만나면 자손번성부귀하네

궁흉(窮凶)코 극악하면 상극(相剋)이 구수로다

토산(土山)에 탐랑주(貪狼主)와 목산(木山)에 무곡주(武曲主)와

수산(水山)에 거문주(巨門主)는 삼길(三吉)이 삼흉(三凶)이라

체백(體魄)이 산란하고 자손이 멸망하네

탐랑주(貪狼主)에 금좌(金坐)에나

무곡주(武曲主)에 화좌(火坐)에나

거문주(巨門主)에 목좌(木坐)이면 그도 그리하리로다

이기(理氣)도 이러하고 형체(形體)에도 또 있나니

단엄차직(端嚴遮直)함은 군자의 위용이요

경사(傾斜)의 의측(欹側)은 소인의 경태(輕態)로다

삼재(三才)의 일리(一理)는 차역연야(此亦然也)로다

당국(當局)이 명려(明麗)하고 만산(萬山)이 공읍(拱揖)하면

진령결작(眞靈結作)이요 알아보기 거의 쉽다

낙혈(落穴)이 옹색하여 단아한 길토(吉土) 같고

기두(起頭)가 경사(傾斜)하면 기두측면(起頭側面)이 부정하네

지각(枝脚)이 피요(披撓)하며 낙혈(落穴)이 경위(驚危)하고

당국(當局)이 은음(隱陰)하여 개랑의사(開朗意思) 전혀 없네

저기 친견 있난이야 여허처(如許處)의 음부인가

용혈형세자세(龍穴形勢仔細)하면

토지길흉가지(土地吉凶可知)로다

용혈(龍穴)이 근본이요 사족(四足)이 여사(餘事)로다

선착용혈(先着龍穴)이 길하면 차론사족(次論四足)하라

주산(主山)이 엄립(嚴立)하여 좌혈(坐穴)이 비립(備立)하며

좌혈(坐穴)은 거전(擧前)하고 주산(主山)이 상응(相應)하며

의법(依法)이 분명하여 길산(吉山)이 개연(皆然)이라

주산(主山)은 자처지고 좌혈(坐穴)은 그저 빠저

상하가 불응하여 만취의사전무(滿取意思全無)하면

어쩌다 진혈결작(眞穴結作) 이러한데 있단말고

주산(主山)이 제등(齊等)하여 주객이 균편하여

산리(山理)가 순평하면 현역호의(見亦好意)로다

일고(一高)하고 일저(一低)하며 강약이 상련(相連)하며

산리(山理)가 불평하면 현역하호(見亦何好)리요

주산(主山)이 고어안(高於案)이면 주강객약(主强客弱)이요

안산(案山)이 고어주산(高於主山)이면 객강주약(客强主弱)이로다

오직 북향산(北向山)에 주저무해(主低無害)로다

주산(主山)이 요함(凹陷)하여 곡풍곡수(谷風谷水)에

야색(野色)이 월현(越見)하면 혈후공흉(穴後空凶) 아닐런가

해중(海中)에 부화초(浮華草)요 풍중(風中)에 버섯이라

표표양양(飄飄洋洋)하여 계박무지(繫泊無地)로다

차지(此地)에 점혈하면 앙패(殃敗)를 난언(難言)이라

요단(凹端)할지라도 뒤뭉치를 원견(遠見)하라

외산(外山)이 고대(高大)하고 직혈(直穴)이 회포(回抱)하여

이런 데 결작(結作)할테면 좋은 데만 하리라

주산(主山)이 붕파하여 상룡파혈(傷龍破穴) 가이 없다

진기(眞氣)가 소산(消散)하면 길응(吉應)이 가망 없네

주산(主山)이 암흑하고 불용암석참암(不用岩石嶄巖)하여

각시(却是)를 미파(未破)하면 입장생화(入葬生禍)하리로다

주산(主山)에 삼각봉은 좋기로 다 일너라

삼장급제형제연방(三章及第兄弟連榜) 귀하고 또 귀하네

용호(龍虎) 밖 외산(外山) 밖에 삼각봉은 다 길하다

청룡외산(靑龍外山)도 좋으니 평장사(平章士)가 나리로다

안산(案山) 외화화성(外火華星)은 추응화재(秋應火災) 어이할고

주산(主山) 외 측면 규봉(窺峰)은 무녀화랑생출하고

건방규산(乾方窺山) 저두석(猪頭石)은

대풍창질(大風瘡疾) 무서워라

백호 내 입장석(立長石)은 무과귀인 날 것이다

귀배곡배곡곡배(龜背曲背曲曲背)는 총후곡암(塚後曲岩) 탓이로다

주산(主山)의 목성봉(木星峰)은 상중하격(上中下格)이로다

청룡의 목성봉(木星峰)은 양태삼태(兩胎三胎) 자손이요

백호 외 목성봉(木星峰)은 귀비미인출지(貴妃美人出之)로다

주산(主山) 밖 입마봉(立馬峰)은 귀사마응출(貴司馬應出)하고

안산(案山)의 인마봉(印馬峰)은 어마영인형세(御馬令人形勢)로다

청룡 외 인마봉(印馬峰)은 남손영귀(男孫榮貴) 하리로다

백호 외 인마봉(印馬峰)은 외손영귀(外孫榮貴) 하리로다

청룡 제등기세상쟁(齊等其勢相爭)하면 골육이 구수로다

백호 제등기세상쟁(齊等其勢相爭)하면 형륙(刑戮)으로 멸망하리라

사산(四山)이 웅장제등(雄壯齊等)하고

좌혈(坐穴)이 거중저미(居中低微)하면

천옥(天獄)이 이 아닌가 옥(獄)을 불면(不免) 탓이로다

기세만 취하고 보면 매몽차 하기 쉽네

이르고 고쳐 일러 그러한 줄 알 것이네

8. 조산론(照山論)

건곤간손(乾坤艮巽) 사신봉이 운소(雲霄)받게 고수(高秀)하면

삼길겸장생위(三吉兼長生位)하사 관작고환(官爵高宦) 뉘 당할고

사비(四備)하면 극귀(極貴)하고 삼비(三備)라도 상길(上吉)이라

일이방(一二方)만 용발(聳拔)해도 좋은 응험 다 나시네

고수용발(高秀聳拔) 못 되어도 제봉중첩원영(諸峰重疊圓盈)하면

천승만호부귀(千乘萬戶富貴)되어 권중허리(權重處理) 하리로다.

만일에 흑석이 어스러니 점철하면

차명(此名)은 오적사(烏跡砂)라 가도(家道)가 소삭(消削)되네

사산요함(四山凹陷)했으면 입산공부 할지로다

금수(錦繡)와 주옥(珠玉)을 얻고 귀갑공명무쌍이라

손방일봉(巽方一峰)이 고수(高秀)하면 일자등과(一子登科)하고

거기다 양봉(兩峰)이 고수(高秀)하면

형제연방귀실(兄弟連榜歸實)하네

간봉(艮峰)이 독수(獨秀)하면 황갑기괴(黃甲氣魁)하고

저(底)해도 영도(盈圖)하면 금은산적(金銀山積)하리로다.

곤방(坤方)에 기치사(旗幟砂)는

남대장(男大將) 여궁비(女后妃) 날 것이다

단연(端然)이 일봉(一峰)이 여규(如窺)하면

금방제명귀(金榜題名貴) 할지라

건임(乾壬)이 요함(凹陷)하면 천수(天水)가 부입이라

부호혹야(富豪或也)라도 관록(冠祿)이야 믿을소냐

간병(艮丙)이 요함(凹陷)하면 천록(天祿)이 소산(消散)이라

창고(倉庫)가 함공(陷空)하며 저적(儲積)을 난구(難求)로다

곤방(坤方)이 요함(凹陷)하면 지모(地母)가 유실(遺失)이라

사금(四金)으로 용행(龍行)하면 승니(僧尼)라도 많이 나고

손신(巽辛)이 요함(凹陷)하면 문필(文筆)이 간데 없네

문학이 노장(魯葬)하여 현달할 길 전무하네

손신양봉(巽辛兩峰)이 병고(並高)하면 세세문장필출하고

초로옥사문벌(楚魯玉謝門閥)이라

공명사업진장(功名事業震壯)하여

일봉(一峰)만 뽑혀내도 성명차지출(姓名次之出)이로다

손수손파조읍(巽水巽破朝揖)하면

여자경성미색(女子傾城美色)이라

반급지고선(半及之高善)이요 외손이 정귀하리로다

손사병(巽巳丙) 삼양방에 구유기봉여립(俱有起峰如立)하면

차명(此名)은 보고사(寶庫砂)라 금백은전산적(金帛銀錢山積)이다

사유(四維)는 막론하고 사정(四正)은 받지운다

사유봉(四維峰)이 제기첨수(齊起尖秀)하면 부하기 끝이 없네

묘갑지자임계(卯甲之子壬癸)는 목수성대왕지(木水星帶旺地)라

사정봉(四正峰)이 제기첨수(齊起尖秀)하면 귀하기 측량없고

각기형체활동하여 좌혈(坐穴)을 공읍(拱揖)하고

용호(龍虎)가 입위(立爲)하면 공경(公卿)이 날 것이라

무격(武格)이 종시 많고 문명이 부족하네

진봉(震峰)이 너무 높아 천궁(天宮)이 나자시면

삼화봉제기(三火峰齊起)하고 일여고용(一如高聳)하면

천개지축입작(天開地縮入爵)이라 귀인다출할지로다

삼화봉하(三火峰下) 약여사(藥如砂)는

집병(執病)이 가외(可畏)로다

일이(一二)순만 첨(尖)하여도 화재소관 가이 없네

삼화봉(三火峰) 충압(沖壓)하고

목변화성(目邊火星) 또 성(盛)하여

전후(前後)가 도조(道阻)하면 화재몰사 없을손가

화봉(火峰)이 불기하면 위권을 못부리고

화봉(火峰)이 저함(低陷)하면 성명이 아주 없네

간병방(艮丙方) 문장봉(文章峰)은 삼태필(三台筆)이 이 아닌가

옥당(玉堂)에 연혼(連婚)하여 식록부귀무한하네

백호 밖 승니필(僧尼筆)은 더 쓸데 없을 게라

임감계(壬坎癸)는 아는 파태사(破胎砂)라

만삭생산(滿朔生産) 가이 없네

대형(袋形)은 일음진데 금어대(金魚袋)가 제일이라

길수위(吉水位)로 승시하면 관작(官爵)의 의기(意氣)로다

동방(東方)의 목어대(木魚袋)는 승니(僧尼)도 다출하고

남방(南方)의 화어대(火魚袋)는 여색이 다출하고

북방(北方)의 수어대(水魚袋)는 기명(其名)이 횡시사(橫尸砂)라

감계(坎癸)는 부수시(浮水尸)요 사묘(巳卯)는 소시사(消尸砂)라

용혈(龍穴)이 고용(高聳)하고 인도(刃刀)가 외면하면

내가 쓰는 보도(寶刀)라 위엄이 자출(自出)이라

사금방(四金方)이 렵보면 위도(衛刀)라도 살인도(殺人刀)라

태양을 더디 보네 초년건체(初年健滯)하기쉽다

진봉(震峰)으로 결혈(結穴)하고 좋은 사수(砂水) 만났으면

사중장인 내달아서 안변입공(鴈邊立功) 하리로다

감룡(坎龍)이 청순하면 융성이 심성(心星)같고

오방사수(午方砂水) 사면에 만나면 대관(大官)이 나나리라

진방(震方) 뇌고사(雷鼓砂)는 장자손은 다 죽였네

진봉(震峰)이 좌가 저함하여

을진요풍(乙辰凹風)이 사입(射入)하고

진봉(震峰)이 우가 저함하면 인갑요풍(寅甲凹風) 무섭도다

곤방(坎方)의 부수사(浮水砂)는 익수사(溺水死)가 분명하고

감방(坎方)에 어수사(魚水砂)는 자손이 객사하리로다

경태신(庚兌辛) 삼금방(三金方)은 무곡성대왕지(武曲星帶旺地)라

도무도극웅장(刀武刀戟雄壯)하면 위무명장(威武名將) 나나리다

인홀성군아미사(印笏星軍蛾眉砂)는

이삼방(二三方)이 극귀(極貴)하니라

인형(印形)이 옥인사(玉印砂)요 홀형(笏形)이 위홀사(衛笏砂)라

대형(袋形)의 금어대(金魚袋)는 필형(筆形)이 판필(判筆)이라

서방아미(西方蛾眉) 더 일어라 후비(后妃)가 나나리라

육수(六秀)로 행도(行道)하여 삼길(三吉)로 결혈(結穴)하면

문무공명혁혁(文武公明赫赫)하여 조정에 대대출하리라

순음(順陰)하고 안녕하여 남방화성왕지(南方火星旺地)로다

임계사수조읍(壬癸砂水朝揖)하고 용호(龍虎)가 유정코져하면

낭묘송사연출(廊廟訟事連出)하여

성지치한유관다(聖地治漢有觀多)라

충(沖)하면 형륙(刑戮)이요 경(輕)하면 도패(刀佩)로다

도사(刀砂)가 생혈(生穴)이면 살도변위위도(殺刀變爲衛刀)로다

도사(刀砂)가 극혈(克穴)이면 위도(衛刀)가

변위살도(變爲殺刀)로다

손방(巽方)에 도사(刀砂)를 징험하여

기일반삼(氣一反三)하게 하리

화산(火山)에 상생리(相生理)요 토산(土山)에는 상극(相剋)이로다

위도(衛刀)의 살도(殺刀)를 상극(相剋)으로 알아보소.

신(辛)사는 화극금(火剋金)이요 병(丙)사는 수극토(水克土)라

차제로 추구하여 타출의 개여시(皆如是)라

아미사(蛾眉砂)는 금체(金體)라사 금지(金地)에 득왕(得旺)하여

여중(女中)에 귀하기야 후비외하유(后妃外何有)리요

진궁(震宮)의 아미사(蛾眉砂)는 금련 귀인출이로다

금목(金木)이 상저(相這)하면 공구처도 만하리라

손궁(巽宮)의 아미사(蛾眉砂)는 절대가인출이라

금목(金木)이 상극(相剋)이라사

경국경성가이(傾國傾城可易)이로다

감궁(坎宮)의 아미사(蛾眉砂)는 차(此)난 어부사(漁父砂)라

어부야 어쩌다가 객사가 가련하다

오궁(午宮)의 아미사(蛾眉砂)는 화금(火金)의 상극(相剋)이라

고운체 너무하야 양목실명(兩目失明) 가련하도다

건궁(乾宮)의 아미사(蛾眉砂)는 명일(名曰) 탈기사(奪氣砂)라

노부소처(老父少妻) 부질없다 배호(配好)하야 상명(傷命)이라

곤궁(坤宮)의 아미사(蛾眉砂)는 백수충욕하사(白首充欲何事)요

혈기가 비정(非正)하니 신병안질가외(身病眼疾可畏)로다

육수방(六秀方)에 섯난 위홀(衛笏) 명왈(名曰) 저계사(低階砂)라

어상전찬필(御上殿讚筆)수종 금마옥당내환(金馬玉堂內宦)일세

삼길방(三吉方)의 괘방사(掛榜砂)는 금방사차차야(金榜砂此此耶)

용문기(龍門旗) 쓰인 성명 전가계첩 절로 되네

병오방(丙午方) 잠풍사(蠶豊砂)는

만상(萬箱)의 금백(金帛)을 쓸까

사형길흉무정(砂形吉凶無定)하야 득실지립(得失地立) 아니기로

형식(形息)의 찰상(察像)은 불가불견(不可不見)이로다

득지(得地)하야 생왕(生旺)하면 흉사(凶砂)를 무용(無用)하고

실지(失地)하야 극성(克星)하면 길사(吉事)를 무신(無信)이라

후형전형괴악대사(後形前形怪惡對砂)

수지길방위흉(誰知吉方爲凶)이라

감인감홀준역용수(或印或笏峻拔龍秀)

수지흉방반길가(誰知凶方反吉可)요

궁통차변(窮通治變)이라야 피차개지(彼此皆知)하리로다

소경세상지사(笑旻世上地士)들은 형상만 논증하고

용발무비문필(聳拔無非文筆)하고

첨수무비위도(尖秀無非衛刀)로다

인형무비옥인(印形無非玉印)하고

대형무비어대(袋形無非魚袋)로다

아미(蛾眉)도 아홀(牙笏)이요 편칭호의(遍稱好矣)하고

단운등화개사도(但云等華蓋砂刀) 음행난다 배척하고

청룡내 안긴 봉(峰)은 양자 아니면 외손봉사

청룡 두사(頭砂) 호타사(虎他砂)를 경위경계(更爲警戒)하며

백호내 안긴 봉(峰)은 부녀사정 무수(無數)하고

호양두(虎兩頭)에 재혈(裁穴)하면 악질 고질 광질나네

후에도 일렀으되 또 다시 조심하소

괴강사가 고응(高應)하면 도적 애걸 생출하고

괴강방적기사는 대당귀두목출(大黨魁首日出)하네

축미(丑未)가 저현(低見)하면 사금살가외(四金殺可畏)로다

흉악은 사금(四金)이요 위도위살도(衛刀爲殺刀)로다

적기사(賊旗砂)는 적산(賊山)이요

천병사(天兵砂)는 좌독현(左毒縣)이라

사금요풍(四金凹風)이 사입(射入)하면

번관천시참위(翻棺遷尸慘威)하도다

계축풍정미풍(癸丑風丁未風)은 우저작격(憂怚作擊)이로다

지중추패무상(地中秋敗無雙)하고

휴백안온무처(休魄安穩無處)리라

종비사금방(從非四金方)에 요풍(凹風)이 개흉(皆凶)하고

손신방요풍(巽辛方凹風)이 입하면 안연(顏淵)이 조사(早死)하고

간병방요풍(艮丙方凹風)이 입하면 원헌절식(原憲絶食)이로다

축간(丑艮)은 생성이요 간천시길견(艮天市吉見)이라

자이축간요풍(慈以丑艮凹風)이면 흉패득명(凶敗得名) 아니하야

천록(天祿)이 소산(消散)하며 그난 어이 좋을손가

인오술요풍(寅午戌凹風)이 사입(射入)하면

화혈(火穴)이라 소골(消骨)되네

신자진요풍(申子辰凹風)이 사입(射入)하면

목관(木根)이 전관(纏棺)하고

사유축요풍(巳酉丑凹風)이 사입(射入)하면

수화(水火)를 어이하리요

해묘미요풍(亥卯未凹風)이 射入하면

화렴(火廉)이 가외(可畏)로다

곤임을요풍(坤壬乙凹風)이 취입(吹入)하면

혈(穴) 중충생(穴中蟲生)하고

건갑정요풍(乾甲丁凹風)이 취입(吹入)하면

혈중(穴中)에 사입(蛇入)하고

손경계요풍(巽庚癸凹風)이 취입(吹入)하면 난데없는 금준나네

삼남방(三男方)이 공함(空陷)하면 여손만 번성하고

삼남방(三男方)에 공함(空陷)이 없으면 여손이 아주 없네

명당(明堂)가에 구복사(狗伏砂)와 좌혈처(坐穴處)의

부복암(腐伏岩)도 노중(路中)에 객사하고

자손들이 상패(相敗)하네

목표맹발(木瓢盂鉢) 너는 어이 금불도애걸(念佛道士哀乞)이랴

곤방조산괴악사(坤方照山怪惡砂)는 두발을 벗트난 듯

가내(家內)에 풍질고질(風疾痼疾)이 하시(何時)에 지제(止齊)리요

황천방팔요방(黃泉方八曜方)에 흉사(凶事)를 더 살피고

부자불화 골육상쟁 합가상망부처분산(闔家喪亡夫妻分散)

두루다 그래쓰니 하불외(何不畏) 호(乎)아

태양방입태사(太陽方立胎砂)는 생산이 지리(支離)하고

중절(中折)하야 이분하면 일복이남(一腹二男) 분명하네

재절(再折)하야 삼분하면 일복삼남(一腹三男) 분명하네

자축고석일척고(子丑高石一尺高)면

가내적환(家內賊患) 빈빈(頻頻)하고

인방암석이척점(寅方岩石二尺黑)은 자손요절가련하다

진사방삼척암석(辰巳方三尺岩石) 장자손불길하고

오마방와우석(午馬方臥牛石)은 장녀방중(長女房中) 호하고

신유방암석규(辛酉方岩石窺)는 불과 삼년내 도적출이라

손방(巽方)에 아두사는 음행다출이로다

조산(朝山)은 그만하고 수구(水口)를 이루리라

9. 수구론(水口論)

수구(水口)에 일월이 한산(捍山)하면 귀성(貴星) 상징상이요

수구(水口)에 귀문(鬼門)이 한문(捍門)하면

수복출(壽福出) 상징이요

누정창고병장(樓亭倉庫屛帳) 뉴방 부귀가 장원하고

도일창(刀釖創)의 비시(非是) 협침하면 혈향(穴向)하야

충사(沖射)하여 초운은 호의오나 말운이 참혹하다

수구(水口)가 긴밀하야 난산(亂山) 중첩하고

거수(去水)를 관쇄(關鎖)하야 거처(去處)를 부지(不知)하며

기내결작(其內結作)이 월견야색(越見野色)하고

거수(去水)가 노현(露顯)하야 권렴세립직주(捲簾勢立直走)하고

기내도시허화(其內都是虛花)하면 하유결작이(何有結作耳)

수구중비마봉(水口中飛馬峰)은 무과출신 다출이요

수구중양인봉(水口中兩印峰)은 일월이 조임파(照臨破)라

총명남자 출생하야 고관대작 혁혁하고 ·

수구중(水口中) 부룡사형(浮龍砂形)은 대대로 부귀하고

수구중(水口中) 양대석(兩大石)은 대대 충신나나니라

수구중(水口中) 양소석(兩小石)은 명인재상 다출이라

수구중(水口中) 오공석(蜈蚣石)은 장질고질치사(長疾痼疾致死)하고

수구중(水口中) 호두석(虎頭石)은 호랑사미면(虎狼死未免)이라

수구중(水口中) 찬수반석(讚水盤石)은 문장득명하리로다

수구중(水口中) 방석(方石)은 흉요통을 어이할고

수구중(水口中) 태탁수(大澤水)는 부귀번성 무쌍하고

수구중(水口中) 소탁수(小澤水)는 득처성가 길지로다

수구유수(水口流水) 건삼련(乾三連)은 문무과갑 병출이라

수구류수(水口流水) 합류산(合流散)은 차명(此名)이 비탕사(砂)라

중세아손(中世兒孫)이 요절하야 하이면호(何以免乎)아

수구중(水口中)에 재견수(再見水)는 부부동일 동사(同死)하네

수구류수(水口流水) 합우합(合又合)은 명일(名曰) 결연수라

자손의 개부개처(改夫改妻)가 이것이 아닐런가

수구중(水口中) 횡침수(橫浸水)는 부자 부부 생이별이라

수구중(水口中) 풍마석은 백서음행 가소롭다

청룡백호수외(靑龍白虎 水外)에 원견야색(遠見野色) 괴이하다

청룡방사곡수(靑龍方四曲水)는 누대세업병성(累代世業幷成)이라

백호방굴곡수(白虎方屈曲水)는 자손멸망 가련하다

청룡방삼태수(靑龍方三胎水)는 삼자등과(三子登科) 연출하고

청룡방대탁수(靑龍方大澤水)는 누대부절(累代不絶) 부귀하고

청룡방합중수(靑龍方合中水)는 연대(連代)로 연발(連發)하고

백호방슬하수(白虎方膝下水)는 선빈후부(先貧後富) 분명하고

백호방구취수(白虎方口飮水)는 속발횡재 부귀하네

절각수(絶脚水) 살펴보소 결항참두(結項斬頭) 흉지로다

을진방교류수(乙辰方交流水)는 가련이 익수사(溺水砂)라

음행(淫行)이 세출(世出)하고 흉하진언이(凶何盡言耳)

묘방교류수(卯方交流水)가 충(沖射)하면

주색으로 가경(可驚)이라

병갑입어곤신(丙甲入於坤申)이면 장질악질 가외로다

진사수(辰巳水)가 합곤갑(合坤申)이면

가모(家母) 음란 가참淫亂可慘)하고

오수(午水)가 내충가제곡(內沖可察谷)이면 백주도망 참괴하다

팔자수(八字水)를 물취(勿取)하라

고과빈천차유(孤寡貧賤此由)로다

천자수(天字水)가 직거(直去)하면 가산이 패망하고

문자수(文字水)는 모산(耗散)하고 인자수(人字水)는 소년상망이라

학혈고 수구사(水口砂)이라 보내는 요원하다

휘도파경장하야 불상탄성한듯한데

풍기유통(風氣流通)하야 정신혈맥 쏘이기로

저 상경안이 종종상응(種種相應)하난 줄을

소경같은 범철(凡鐵)되야 어찌 능히 알손가

사인(死人)의 계·관계함이 저렇듯이 중요하고

상인(喪人)의 계·발응함이 이러타시 진힐(眞詰)하니

혹진사(或眞專) 부지(不知)하고 무지망작천혈(無知忘作穿穴)하면

부신입화(負薪入火) 모양이요 자손 패망(敗殃) 무궁이라

자사(自思)도 범홀(凡忽)이야 오입하고 오신 건

복록이 아니오면 재화가 없을손가

괴이한 일종의론(一種議論) 지리(地理)없다 하는 말이

이조선체백(二祖先體魄)을 하처(何處)에 장매(葬埋)를 할 것인고

이(理)업난 원(元)날 업고 이(理)업난 만물없다

고인(古人)의 입장(入葬)이야 풍수말을 아니하되

그 총기(塚基) 보고드면 모두가 범안이 아닐네라

7장. 수법(水法)과 향법론(向法論)

1. 포태기법(胞胎起法)

포태기법(胞胎起法)이란 팔괘기법(八卦起法)이며, 십이궁(十二宮) 즉 십이방위(十二方位)를 알아보는 방법이다. 천지만상의 생로병사의 질서정연한 순환과정이며 순서는 다음과 같다.

포(胞 : 絶), 태(胎), 양(養), 생(生), 욕(浴), 대(帶),
관(官), 왕(旺), 쇠(衰), 병(病), 사(死), 장(葬 : 墓).

용(龍)이나 수(水)가 좌선(左旋)할 때는 금인수토사(金寅水土巳) 목신화해당(木申火亥當)하고, 용(龍)이나 수(水)가 우선(右旋)할 때는 금묘수토오(金卯水土午) 목유화자기(木酉火子起)한다.

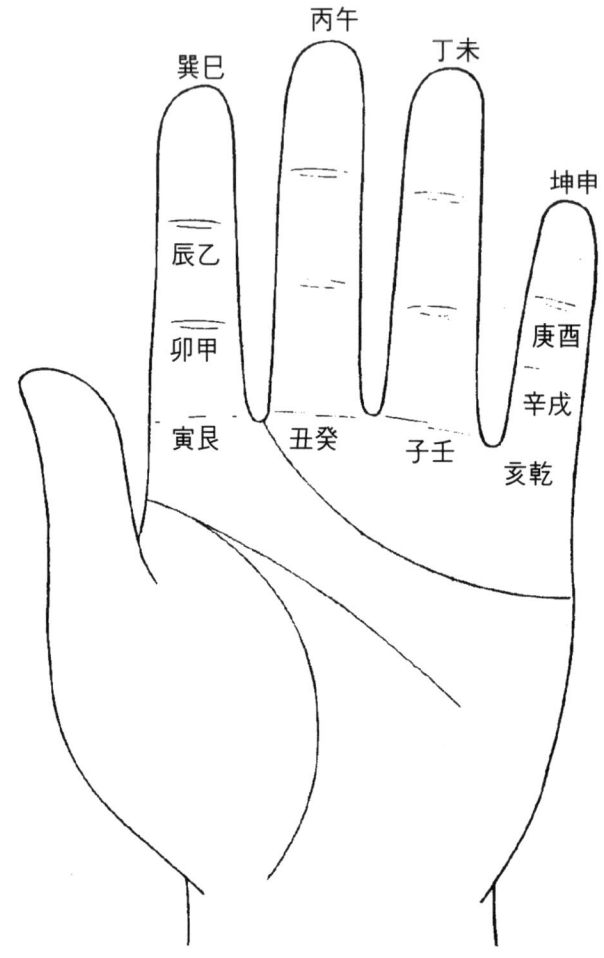

1. 사대국(四大局) 수구법(水口法)

이 법은 용(龍)과 파(破)만 본다. 용(龍)은 입수(入首), 파(破)는
수구(水口)를 말하고, 용(龍)은 생(生)・왕(旺)・관대(冠帶) 등이
귀룡(貴龍)이고, 파(破)는 포(胞)・욕(浴)・쇠(衰)・병(病)・사

(死)·묘(墓)이다.

① 신술(辛戌) 건해(乾亥) 임자(壬子) 수구(水口)는
  을병교이추술화국을룡(乙丙交而趨戌 火局乙龍)

② 계축(癸丑) 간인(艮寅) 갑묘(甲卯) 수구(水口)는
  두우납정경지기금국정룡(斗牛納丁庚之氣 金局丁龍)

③ 을진(乙辰) 손사(巽巳) 병오(丙午) 수구(水口)는
  신임회이취진수국신룡(辛壬會而聚辰 水局辛龍)

④ 정미(丁未) 곤신(坤申) 경유(庚酉) 수구(水口)는
  금양수계갑지령목국계룡(金洋收癸甲之靈 木局癸龍)

  용(龍)을 볼 때 수구(水口)가 신술(辛戌) 건해(乾亥) 임자(壬子)
로 나가면 모두 을병(乙丙) 화국(火局)의 을룡(乙龍)이다. 그러므
로 을목(乙木) 장생(長生)은 병오(丙午)가 되어 병오(丙午) 입수
(入首) 이면 생룡(生龍), 을진(乙辰) 입수(入首)이면 관대룡(冠帶
龍), 갑묘(甲卯) 입수(入首)이면 임관룡(臨官龍), 간인(艮寅) 입수
(入首)이면 왕룡(旺龍), 임자(壬子) 입수(入首)이면 병룡(病龍), 건
해(乾亥) 입수(入首)이면 사룡(死龍), 경유(庚酉) 입수(入首)이면
절룡(絶龍)이 된다.

4대국(四大局) 입향(立向) 수구포법(水口胞法)

	甲癸木局		乙丙火局		辛壬水局		丁庚金局	
	左旋 陽 甲木水法	右旋 陰 癸水龍法	左旋 陽 丙火水法	右旋 陰 乙木龍法	左旋 陽 壬水水法	右旋 陰 辛金龍法	左旋 陽 庚金水法	右旋 陰 丁火龍法
胞 (絶)	坤申	丙午	乾亥	庚酉	巽巳	甲卯	艮寅	壬子
胎	庚酉	巽巳	壬子	坤申	丙午	艮寅	甲卯	乾亥
養	辛戌	乙辰	癸丑	丁未	丁未	癸丑	乙辰	辛戌
生	乾亥	甲卯	艮寅	丙午	坤申	壬子	巽巳	庚酉
浴	壬子	艮寅	甲卯	巽巳	庚酉	乾亥	丙午	坤申
帶	癸丑	癸丑	乙辰	乙辰	辛戌	辛戌	丁未	丁未
官	艮寅	壬子	巽巳	甲卯	乾亥	庚酉	坤申	丙午
旺	甲卯	乾亥	丙午	艮寅	壬子	坤申	庚酉	巽巳
衰	乙辰	辛戌	丁未	癸丑	癸丑	丁未	辛戌	乙辰
病	巽巳	庚酉	坤申	壬子	艮寅	丙午	乾亥	甲卯
死	丙午	坤申	庚酉	乾亥	甲卯	巽巳	壬子	艮寅
墓 (葬)	丁未	丁未	辛戌	辛戌	乙辰	乙辰	癸丑	癸丑

2 쌍싼오행(雙山五行)

이 법은 수(水)의 득파(得破)만 보는데, 득수(得水)가 더 중요하다. 양생왕관대(養生旺官帶) 득수(得水)는 가하고, 파(破)인 포욕쇠병사묘(胞浴衰病死墓) 등이 가하다. 이 향상(向上) 포태법(胞胎法)은 혈전수(穴前水) 즉 골육수의 득파(得破)를 보며, 순수기법(順水起法)이다.

① 건갑정해묘미(乾甲丁亥卯未) 향(向)은 목(木)
② 간병신인오술(艮丙辛寅午戌) 향(向)은 화(火)
③ 곤임을신자진(坤壬乙申子辰) 향(向)은 수(水)
④ 손경계사유축(巽庚癸巳酉丑) 향(向)은 금(金)

2 나경(羅經)

나경(羅經)은 지리풍수에서는 필수 도구이다. 산봉의 높음은 천성의 강림(降臨)이고, 사수(砂水)의 만남은 성진(星辰)의 조응(照應)이며, 혈(穴)의 국세는 대우주의 순환생성하는 이치로, 천상성신의 운행하는 이치를 혈(穴)에 적용하여 혈장(穴場)을 소우주로 본다. 어느 땅 어느 위치에 있는 혈(穴)이라도 국세가 정해지면 거기에 따르는 대우주의 이치를 혈(穴)이라는 소우주에 적용시키고, 혈(穴)이 생성되면 우주의 이치를 담은 사수(砂水)들이 천연자재하게 되어 있다. 나경(羅經)으로 용혈(龍穴) 사수(砂水)를 간별하는 일은 대우주를 헤아리는 것이다.

나경(羅經)은 포라만상(包羅萬象) 경륜천지(經綸天地)의 나(羅)와 경(經)으로, 우주의 모든 이치를 말한다. 나경(羅經)의 원리와 근원은 태극(太極)에 있고, 구조와 바탕은 낙서(洛書)의 후천도(後天圖)에 있는데, 태극(太極)의 음양(陰陽), 양의(兩儀)를 사상(四象)으로 나누고, 다시 팔괘방(八卦方)으로 나눈다. 이를 다시 24방위로 나눈 것이 기본 구조이다.

나경(羅經)의 지반정침(地盤正針)은 주공(周公)이 선천지지(先天地支) 12위를 분정 배치했다. 여기에다 한나라 적송자(赤松子)가 사유팔간(四維八干)을 상배(相配)하여 24 기본정위를 설정했다. 천반봉침(天盤縫針)은 당나라 양균송이 천간(天干)과 지지(地支)의 쌍산(雙山)을 봉합하여 획정했고, 인반중침(人盤中針)은 송나라 뇌문준(賴文俊)이 이십팔성수(二十八星宿)의 위치에 대응한 인반중침(人盤中針)을 획정하여 비로소 천지인(天地人) 삼위의 정확한 위치와 방위를 정했다. 이를 실용에 적용하려고 천지인(天地人)을 기준으로 다시 5층 72지기(地氣)와 7층 60천기(天氣)를 나누어 120분금과 360도로 나누었다.

이것이 나경(羅經)의 기본구조이기는 하나 실제 사용할 때는 더 복잡하며 다양하다. 우선 우주의 정확한 위치를 측정하고, 길흉의 방위를 판별하고, 격룡(格龍)과 정혈(定穴)을 하고, 사수(砂水)의 소납(消納) 등으로 음양택(陰陽宅)을 선별하게 했다. 이것이 나경

(羅經)의 기능이다.

제1층. 용상팔살(龍上八殺)

감룡곤토진산후(坎龍坤兎震山猴) 손계건마태사두(巽鷄乾馬兌蛇
頭) 간호이저위살요(艮虎離猪爲殺曜) 묘택봉지일단휴(墓宅逢之一
旦休).

감룡(坎龍)은 양수(陽水)이고, 진(辰)은 토(土)이니 토극수(土剋
水), 곤룡(坤龍)은 양토(陽土), 묘(卯)는 음목(陰木)이니 목극토(木
剋土), 진(震)은 음목룡(陰木龍), 신(申)은 양금(陽金)이니 금극목
(金剋木), 손(巽)은 음목룡(陰木龍) 유(酉)는 음금(陰金)이니 금극
목(金剋木), 건(乾)은 양금(陽金) 오(午)는 양화(陽火)이니 화극금
(火剋金), 태(兌)는 음금(陰金) 사(巳)는 음화(陰火)이니 화극금
(火剋金), 간(艮)은 토(土) 인(寅)은 양목(陽木)이니 목극토(木剋
土) 리(離)는 양화(陽火) 해(亥)는 음수(陰水)이니 수극화(水剋
火).

예를 들어 오룡(午龍) 입수(入首)에 해향(亥向)이거나, 감룡(坎
龍) 입수(入首)할 때 진향(辰向)이면 용상팔살(龍上八殺)을 범하
는 것이니 매우 신중해야 한다.

제2층. 황천대살(黃泉大殺)

① 계갑향중(癸甲向中) 우견간(憂見艮) : 간방(艮方)으로 수(水)
가 나가면 목국(木局)에서 황천(黃泉)이 된다. 목국(木局)의 간
파(艮破)는 정생향(正生向)·정왕향(正旺向)·양향(養向)·묘

향(墓向)·자생향(自生向)·자왕향(自旺向) 어디서나 퇴신수법(退神水法)이니 흉하여 패절절사한다. 계갑(癸甲) 목국(木局)에서는 간방출수(艮方出水)를 매우 꺼린다. 화국(火局)·수국(水局)·금국(金局)도 마찬가지이다.

② 을병수방(乙丙須防) 손수선(巽水先) : 손방(巽方)으로 수(水)가 나가면 화국(火局)의 황천(黃泉)이 된다.

③ 정경곤상(丁庚坤上) 시황천(是黃泉) : 곤방(坤方)으로 수(水)가 흘러가면 금국(金局)의 황천(黃泉)이 된다.

④ 신임수로(辛壬水路) 파당건(怕當乾) : 건방(乾方)으로 수(水)가 흘러가면 수국(水局)의 황천(黃泉)이 된다.

제3층. 24산의 오행(五行)

제4층. 지반정침(地盤正針)

하도(河圖)의 선천(先天)을 체(體)로 삼고, 낙서(洛書)의 후천팔괘(後天八卦)로 남북 오자(午子)의 정위를 나타낸 24개 방위이다. 행룡(行龍)의 측정과 양택(陽宅)의 입향(立向)과 음양(陰陽) 배합의 원리를 측정한다. 양택(陽宅)에서는 주로 8방위만을 쓰고, 세밀해야 할 음택(陰宅)에서는 24방위를 쓴다.

지반정침(地盤正針)의 구조는 오행(五行)의 사정(四正)인 자오묘유(子午卯酉)와 사생(四生)인 인신사해(寅申巳亥), 사장(四藏)인 진술축미(辰戌丑未)의 12위를 30도 간격으로 배정하고, 여기에다 갑경병임을신정계(甲庚丙壬乙辛丁癸) 팔간(八干)과 건곤간손(乾坤艮巽) 사유(四維)를 천간(天干)으로 동음동양(同陰同陽)끼리 각각 짝지어 쌍산(雙山)·생왕묘(生旺墓)·삼합(三合) 오행(五行)으로 정침 24위를 후천팔괘(後天八卦) 방위의 배치 순서대로 각각 15도 씩 360도 균등하게 배열했다.

용맥(龍脈)이 내려와 멈출쯤이면 혈성(穴星)을 일으키며 혈장(穴場)을 만든다. 이렇게 혈장(穴場)을 형성하는 힘의 근원은 오로지 내룡(來龍)에 있다. 따라서 혈장(穴場)을 사용하는 것은 후천(後天)의 용(用)이나, 혈장(穴場)을 이룬 용맥(龍脈)은 선천(先天)의 체(體)이다.

제5층. 내지반분금(內地盤分金)

천산칠십이룡(穿山七十二龍) : 용(龍)의 출맥(出脈)을 결정하는 것으로, 명당(名堂)에 내려진 입수(入首) 뒷면의 내맥(來脈)을 결정한다.

제6층. 사격(砂格)

제7층. 투지육십룡(透地六十龍)

천산칠십이룡(穿山七十二龍)으로 도두입수(到頭入首)한 용맥(龍脈) 중에서 화갱살요공망맥(火坑煞曜空亡脈)은 피하고 왕상맥(旺

相脈)만을 정확하게 입맥(入脈)할 때 재혈(裁穴)을 올바르게 한다.

제8층. 천반봉침(天盤縫針) : 납수(納水), 음택입향(陰宅立向)

지반정침(地盤正針)은 선천(先天)의 하도(河圖)를 체(體)로 삼은 것이고, 천반봉침(天盤縫針)은 후천(後天)의 낙서(洛書)로 용(用)을 삼은 것이다. 선천(先天)은 진북(眞北)으로 정(靜)하여 산맥을 격정(格定)하고, 후천(後天)은 자북(磁北)으로 동(動)하여 납수(納水)를 간정(看定)한다. 정침(正針) 24산으로는 격룡(格龍)을 하고, 봉침(縫針) 24방위로는 납수(納水)와 향(向)을 정한다. 납수(納水)와 향(向)은 불가분의 관계로 수(水)와 용(龍)을 견주어 향(向)을 정한다.

양공구빈수법(楊公救貧水法)의 생왕(生旺)은 진신수법(進神水法)을 적용한다. 산수의 음양(陰陽)과 국세, 수구(水口)를 잘 판별하는 일이 중요하다. 양공구빈수법(楊公救貧水法)은 당나라 때 국사를 지낸 양균송이 청랑경(靑囊經)을 쓰면서 산형적인 풍수학을 음양(陰陽)의 이론으로 정리하고, 그 중에서 수(水)의 흐름을 장생법(長生法)의 구궁(九宮) 수법(水法)으로 정립한 이론이다. 이것을 적용한 결과 모두 금방 발복하여 가난을 구제했다고 해서 구빈수법(救貧水法)이라 하며, 조빈모부법(朝貧暮富法)이라고도 한다.

제9층. 외반봉침(外盤縫針) : 입향(立向)의 분금(分金)이다.

3. 향상구궁수법(向上九宮水法)

용(龍)·혈(穴)·수(水)는 항상 밀접한 관계가 있으므로 일체가 될 때 완전한 혈(穴)의 발복을 예약할 수 있다. 혈(穴)은 정(靜)이고 향(向)과 수(水)는 동(動)이니 변화무쌍하고, 혈(穴)은 음(陰)에 속하고 향(向)과 수(水)는 양(陽)에 속한다. 향(向)과 수(水)는 향상(向上)을 기준으로 수(水)의 내거(來去)를 관찰하여 결정한다. 이에 의하여 향상수(向上水)의 내거(來去) 방위에 따라 입향(立向)을 하고, 이를 9개로 나눈 것을 구궁수(九宮水 : 九星水)라고 하는 것이다.

이를 포태법(胞胎法)으로 구분하면 다음과 같다. 포태(胞胎)는 녹존(祿存 : 土), 양생(養生)은 탐랑(貪狼 : 木), 욕(浴)은 문곡(文曲 : 水), 대(帶)는 문창(文昌 : 水), 관(官)은 무곡(武曲 : 金), 왕(旺)은 무곡(武曲 : 金), 쇠(衰)는 거문(巨門 : 土), 병사(病死)는 염정(廉貞 : 火), 묘(葬)은 파군(破軍 : 金)이다.

① 양생수(養生水 : 貪狼) : 탐랑수(貪狼水)라고도 하며, 양생방(養生方)으로 물이 들어오면 장남장손이 부귀하며 충성하고 현량하다. 큰 물이 구불구불 굽어서 들어오면 관직이 높아지고, 작은 물이라도 싸고돌면 복을 누리며 장수한다.

② 목욕수(沐浴水 : 文曲) : 목욕방(沐浴方)으로 물이 들어오면

여자가 음란하다. 강물에 투신 하거나 목을 매 자살하는 일이 있고, 유혹에 빠지기도 한다. 중병과 관재로 집안이 망한다. 물이 목욕방(沐浴方)에서 들어와 생방(生方)으로 나가면 살림이 망하고, 색정으로 파탄과 수감생활을 면하기 어렵다. 목욕방(沐浴方)의 물은 가만히 있거나 흘러나가면 좋다. 만일 지지(地支)로 나가면 부끄러움을 모를 정도로 음란하다.

③ 관대수(冠帶水 : 文昌) : 관대방(冠帶方)으로 물이 들어오면 자손이 총명하며 풍류를 좋아하나 도박과 사치도 좋아한다. 7세의 어린아이가 시를 지을 정도로 똑똑하며 문장을 자랑한다. 만약 물이 흘러나가면 어린아이가 죽거나 부녀자가 피해를 입는 등 매우 흉하다. 관대방(冠帶方)의 물은 흘러나가지 않고 머무르는 것이 길하다. 관대수(冠帶水)는 본래 길하나 병사방(病死方)에서 흘러와 충하면 주색으로 음탕하여 노부모의 애간장을 끊이는 등 매우 흉하다. 그러나 용진혈적(龍眞穴的)하면 무방하며 발복한다. 이 방위에 수축(水畜)이면 가상(佳祥)하다.

④ 임관수(臨官水 : 武曲) : 임관방(臨官方)으로 물이 들어오면 녹마(祿馬)가 되니 기쁨이 새롭다. 젊은 나이에 청운의 길을 가고, 임금을 보필하는 어진 재상이 된다. 그러나 임관방(臨官方)으로 산과 물이 함께 나가면 장성한 자손이 저승길로 행하고, 과부의 곡소리가 끊이지 않으며, 재물은 텅빈다. 황천대살(黃泉

大殺)을 범한 것이다.

⑤ 제왕수(帝旺水 : 武曲) : 제왕방(帝旺方)으로 물이 들어오면
재물을 모으고, 벼슬과 이름이 높아지며, 곡식과 돈이 쌓인다.
그러나 사절방(死絶方)에서 물이 들어와서 왕방(旺方)으로 나
가면 석숭 같은 부자라도 몇 해 가지 못하고, 먹을 식량조차 없
어 하늘을 원망한다. 그러나 갑경병임(甲庚丙壬) 방위에서 들어
오면 자손이 모두 다 잘 된다.

⑥ 쇠수(衰水 : 巨門) : 쇠방(衰方)은 거문방(巨門方)이라고 하며
학당(學堂)이다. 쇠방(衰方)으로 물이 들어오면 총명한 자손이
나온다. 소년급제하고 문장가가 나온다. 장수의 성(星)이기도
하며 금전도 가득하다. 전용 말을 타고 조정을 드나들며, 연회
장의 즐거움을 더한다. 왕방(旺方)에서 물이 들어오면 나가도
좋고 들어와도 좋다. 구불구불 굽어 들어오거나 고여 있는 것이
가장 길하다.

⑧ 병사수(病死水 : 廉貞) : 병사방(病死方)으로는 물이 절대로
들어오지 말아야 하나 묘향(墓向)이면 무방하다. 풍병이 따르기
는 하나 부귀는 든든하다. 이것은 앞에 학당수(學堂水)와 제왕
수(帝旺水)가 있기 때문이다.

⑨ 묘수(墓水 : 破軍) : 묘방(墓方)은 물이 들어오는 것은 좋지 않으나 나가는 것은 길하다. 전쟁 중에도 이름을 날리며 문무의 귀를 누린다. 이곳에 못이나 웅덩이가 있으면 갑부가 나오나, 탕연하게 흘러나가면 부채로 명을 다하지 못한다.

⑩ 절태수(絶胎水 : 祿存) : 절태방(絶胎方)으로 물이 들어오면 임신 방위가 충(沖)되는 것이니 후손이 끊긴다. 아이가 있어도 기르기 어렵고 부자간이나 부부간에 이별한다. 많은 물이면 사람들이 도망갈 정도로 음란하고, 작은 물이면 은근히 음란하다. 그러나 절태방(絶胎方)으로 물이 나가면 벼슬을 한다.

4. 현관동규(玄關同窺)

현(玄)은 향(向), 관(關)은 용(龍), 규(窺)는 수구(水口)를 말한다. 현관규(玄關窺)는 향(向)과 용(龍)과 수구(水口)의 묘법을 반드시 숙지해야 한다. 우선 수(水)의 좌선(左旋)과 우선(右旋)을 관찰하여 수구(水口)가 어느 방위에 있는가를 찾아야 한다. 용(龍)과 향(向)은 수구(水口)로 인하여 조화가 무궁하다. 그리고 수구(水口)는 내수구(內水口)와 외수구(外水口)가 있는데, 이 두 가지가 용(龍)과 향(向)에 맞으면 부귀가 오래간다.

5. 수법(水法)의 생왕묘(生旺墓)

수법(水法)은 매우 중요하다. 제아무리 용진혈적(龍眞穴的)했어도 수법(水法)의 진수를 알지 못하면 입향(立向)에 착오를 일으켜 화를 초래하거나 발복하지 못하는 경우가 많다. 고금의 명묘를 답사해보면 용진혈적(龍眞穴的)하고 입향(立向)이 합법으로 되었으면서 크게 발복하지 않은 경우는 없다. 그러나 용진혈적(龍眞穴的)을 하고도 수법(水法) 입향(立向)이 잘못되어 화를 당한 경우도 많고, 용진혈적(龍眞穴的)을 못했어도 수법(水法) 입향(立向)이 합법으로 되어 해를 당하지 않은 경우도 많다.

입향(立向)은 수세(水勢)에 의한다. 우선(右旋) 음룡(陰龍)은 대개 좌선(左旋) 양수(陽水)와 배합하여 같은 묘고방(墓庫方)으로 소수(消水)하고, 좌선(左旋) 양룡(陽龍)은 우선(右旋) 음수(陰水)와 상배(相配)하여 같은 묘고방(墓庫方)으로 소수(消水)한다. 이것을 현관통규(玄關通竅)라 하며 크게 발복할 징조이다.

그러나 현관불통규(玄關不通竅), 즉 향(向)과 용(龍)이 수구(水口)와 합법을 이루지 못하면 귀룡(貴龍)이라도 불발하여 화를 초래한다. 이같이 현(玄) 즉 향(向)이 불통규(不通竅)이면 수(水)는 반역하여 화를 초래한다. 이는 마치 사람이 변이 통하지 않으면 병들고 변이 잘 통하면 건강해지는 것과 같은 이치이다. 용(龍)과 향(向)과 수구(水口)의 합법은 수세(水勢)에 의하여 결정된다. 이는 변화무쌍하며, 용(龍)과 향(向)과 수구(水口)가 완전하게 합법을 이루어야만 대지대발 소지소발한다.

6. 생래회왕(生來會旺) 왕거영생(旺去迎生)

생래회왕(生來會旺)이란 자오묘유(子午卯酉) 갑경병임(甲庚丙壬)이 4제왕향(帝王向)을 했을 때 좌변의 향상오행(向上五行) 장생수(長生水)가 상당(上堂)하여 제왕향(帝王向)과 상배(相配)하여 사묘고(四墓庫)로 소수(消水)하거나 향상(向上) 쇠방(衰方)으로 소수(消水)하는 것을 말한다.

왕거영생(旺去迎生)이란 건곤간손(乾坤艮巽) 인신사해(寅申巳亥)가 4장생향(長生向)을 했을 때 우변 향상(向上) 제왕수(帝王水)가 상당(上堂)하여 장생향(長生向)과 배합하여 좌변 진술축미(辰戌丑未) 정고(正庫)로 소수(消水)하거나 좌변 양방(養方)으로 소수(消水)하는 것을 말한다.

예를 들어 자좌오향(子坐午向)을 했을 때 오(午)는 향상오행(向上五行) 인오술(寅午戌)이니, 화국(火局) 장생(長生) 간인수(艮寅水)가 상당(上堂)하여 오향(午向)과 배합한 후 신술(辛戌)의 화국(火局) 정고(正庫)로 소수(消水)하거나 차고로 소수(消水)한다. 다시 말해 향상(向上) 쇠방(衰方) 정미방(丁未方)으로 소수(消水)하는 것을 말한다.

또 건좌손향(乾坐巽向) 장생향(長生向)을 했을 때 손(巽)은 사유축(巳酉丑) 금국(金局)의 장생방(長生方)이고 유(酉)는 금국(金

局)의 제왕방(帝旺方)이니, 우변 경유(庚酉) 제왕수(帝王水)가 상당(上堂)하여 금국(金局) 정고(正庫)인 계축(癸丑)으로 소수(消水)하거나, 향상(向上) 양방(養方)인 을진(乙辰) 방위로 소수(消水)한다.

7. 생래파왕(生來破旺) 왕거충생(旺去沖生)

용진혈적(龍眞穴的)하고도 입향(立向)을 잘못하여 화를 초래하는 경우가 비일비재하다. 입향(立向)할 때 가장 중요한 것은 수구(水口) 즉 내수구(內水口) 입향(立向)이다. 만일 외수구(外水口) 입향(立向)을 하면 크게 실패하니 주의해야 한다. 흔히 안산(案山)만 보고 입향(立向)하는 경우가 있는데 이것은 수법(水法)을 전혀 모르는 소리이다. 그러므로 우선 수(水)의 내거(來去)를 살펴 내수구(內水口)를 근간으로 하는 것이 중요하다.

예를 들어 간인(艮寅) 화국(火局) 장생향(長生向)을 했을 때 우수도좌(右水倒左)하여 병오(丙午) 제왕수(帝王水), 손사(巽巳) 임관수(臨官水), 을진(乙辰) 관대수(冠帶水) 등이 상당(上堂)하여 신술(辛戌) 정고(正庫) 묘방(墓方)이나 계축(癸丑) 양방(養方)으로 소수(消水)하면 합법입향(合法立向)으로 크게 발전한다.

그러나 좌수도우(左水倒右)하여 향상(向上)으로 신술(辛戌) 묘수(墓水), 건해(乾亥) 임자(壬子) 절태수(絶胎水) 등이 상당(上堂)하여 간인(艮寅) 장생향(長生向)과 상배(相配)하지 못하고 충상생위

(沖傷生位)하면 자손이 패망한다. 또 좌변 묘절태수(墓絶胎水)가 상당(上堂)하여 우변 병오(丙午) 왕위(旺位)로 소수(消水)하면 왕위(旺位)를 충파(沖破)하는 것이니 재산이 파한다. 이를 충생파왕(沖生破旺)이라 한다. 그러나 향상(向上) 양위(養位) 계축(癸丑) 방위에서 내수(來水)하여 향상(向上) 목욕방(沐浴方) 갑방(甲方)으로 소수(消水)하는 합법이다.

또한 자좌오향(子坐午向)이나 임좌병향(壬坐丙向), 즉 병오(丙午) 제왕향(帝王向)을 했을 때 병오(丙午)는 화(火)이니 화국(火局) 장생수(長生水), 갑묘(甲卯) 귀인수(貴人水), 을진(乙辰) 관대수(冠帶水) 손사(巽巳) 임관수(臨官水) 등이 상당(上堂)하여 병사수(病死水)와 합류하여 신술(辛戌) 화국(火局) 정고(正庫)로 소수(消水)하면 천하의 대격이고, 향상(向上) 쇠방(衰方) 정미방(丁未方)으로 소수(消水)해도 합법입향(合法立向)이다.

그러나 우수도좌(右水倒左)하여 향상(向上) 병위(病位) 곤신수(坤申水) 사위(死位) 경유수(庚酉水) 묘위(墓位) 신술수(辛戌水)가 상당(上堂)하여 병오(丙午) 왕향(旺向)과 만나면 충파(沖破)하여 재록(財祿)이 공허하다. 이 수(水)가 좌변 간인(艮寅) 장생방(長生方)으로 소수(消水)하면 충상생위(沖上生位)하여 왕거충생(旺去沖生)하면 부귀가 공허하다. 그러나 향상(向上) 우선수(右旋水)가 상당(上堂)하여 좌변 목욕(沐浴) 갑묘(甲卯) 방위로 소수(消水)하면 합법이다.

8. 24진신(進神)

24진신(進神)이란 하나의 국(局)에는 24길향이 있는데, 이 24향이 모두 생(生)·왕(旺)·관록수 등이 상당(上堂)하여 같은 국국 묘고(墓庫)로 소수(消水)하는 것을 말한다.

예를 들어 계축간인갑묘(癸丑艮寅甲卯) 6개 방위로 소수(消水)하면 금국(金局)이라 하는데, 정고(正庫)는 계축(癸丑)이다. 금국(金局)의 생왕묘방(生旺墓方)은 손사(巽巳)가 장생(長生), 경유(庚酉)가 제왕(帝王), 계축(癸丑)이 묘고(墓庫)이다. 계축(癸丑) 정고(正庫)로 소수(消水)한다면 손사(巽巳) 장생향(長生向), 경유(庚酉) 제왕향(帝王向), 계축(癸丑) 묘향(墓向), 을진(乙辰) 양향(養向) 변국(變局) 자왕향(自旺向)으로 임자(壬子) 제왕향(帝王向) 변국(變局) 자왕향(自旺向)으로 갑묘(甲卯) 제왕향(帝王向), 변국(變局) 자생향(自生向)인 간인향(艮寅向), 재변국(再變局) 자생향(自生向)인 문고소수(文庫消水), 변국(變局) 자생향(自生向)인 절향절류(絶向絶流) 등 쌍산(雙山) 24개 향이다.

이는 모두 생왕(生旺)·관대(冠帶)·양(養)·쇠(衰) 등이 상당(上堂)하여 축고(丑庫)로 소수(消水)하므로 이 24향은 길향이다. 이것을 24진신수법(進神水法)이라 한다. 이를 포태법(胞胎法) 순서로 말하면 절(絶)·양(養)·생(生)·왕(旺)·사(死)·묘(墓) 등 12개의 방위향은 24개 진신방위이다. 이는 4국인 수국(水局)·목국(木局)·화국(火局)·금국(金局)이 모두 같다.

9. 12퇴신(退神)

12퇴신(退神)이란 하나의 국(局)에 12개의 불입향(不立向)을 말한다. 이 6개 향(向)은 생(生)·왕(旺)·대(帶)·양(養) 등의 수(水)가 상당(上堂)하지 않고 반하여 절(絶)·태(胎)·병(病)·사(死)·묘(墓) 수(水) 등이 상당(上堂)하여 충생파왕(沖生破旺)하여 불입향(不立向)한 것이다.

예를 들어 금국(金局)은 계축(癸丑)이 정고(正庫)이고, 간인(艮寅) 갑묘(甲卯) 방위 소수(消水)도 금국(金局)이다. 병오(丙午) 목욕향(沐浴向), 정미(丁未) 관대향(冠帶向), 곤신(坤申) 임관향(臨官向), 신술(辛戌) 거문향(巨門向) 등 12개는 불입향(不立向)이다. 병오향(丙午向)은 금국(金局)의 목욕방(沐浴方)이다. 우수도좌(右水倒左)하여 충파왕위(沖破旺位)하고, 축고(丑庫)는 병오(丙午) 화국(火局)의 양위(養位)이니 축고(丑庫) 소수(消水)이면 충파양위(沖破養位)가 된다. 그러므로 현규불통(玄竅不通)이 되어 자손이 패절한다.

정미향(丁未向)은 우변 절태수(絶胎水)가 상당(上堂)하여 충파(沖破) 관대위(冠帶位) 하고, 축고(丑庫)는 향상(向上) 관대위(冠帶位) 현규불통(玄竅不通)한다.

신술향(辛戌向)은 좌수가 상당(上堂)하여 비록 좌변 병오(丙午) 향상(向上) 왕위(旺位)와 정미(丁未) 쇠방수(衰方水)가 상당(上堂)했어도 축고(丑庫)는 향상(向上) 양위(養位)이니 소수(消水)하면 현규불통(玄竅不通)이 되어 불입향(不立向)이다.

건해향(乾亥向)은 좌변 절태수(絶胎水)가 상당(上堂)하여 향상(向上) 관대위(冠帶位)인 축고(丑庫)이면 소수(消水)이니 현규불통(玄竅不通)이 되어 불입향(不立向)이다. 그러나 용진혈적(龍眞穴的)하면 무방하다. 이를 포태(胞胎) 순위로 말하면 태(胎)·욕(浴)·대(帶)·관(官)·쇠(衰)·병(病) 12개 향은 12퇴신향(退神向)이니 불입향(不立向)이다.

※ 6불입향(不立向) : 정고(正庫) 소수(消水)에서만 해당한다.

6불입향(不立向)은 태향(胎向)·목욕향(沐浴向)·관대향(冠帶向)·임관향(臨官向)·쇠향(衰向)·병향(病向) 6가지를 말하고, 정고(正庫) 소수(消水)에만 해당한다. 태향(胎向)·쇠향(衰向)을 입향(立向)하고도 정고(正庫)가 아닌 곳으로 소수(消水)하는 변국(變局) 입향(立向)인 태향태류(胎向胎流)와 쇠향태류(衰向胎流)는 여기에 구애받지 않는다.

10. 88향

1. 정국향(正局向)

① 물이 을신정계(乙辛丁癸) 4고장위(四庫藏位)로 유거하고, 갑묘(甲卯)·경유(庚酉)·병오(丙午)·임자(壬子) 방위와 건해(乾

亥)·곤신(坤申)·간인(艮寅)·손사(巽巳) 방위로 입향(立向)하는
정생향(正生向)과 정왕향(正旺向)·자생향(自生向)·자왕향(自旺
向)의 32향과

② 건곤간손(乾坤艮巽)으로 유거하고 을진(乙辰)·신술(辛戌)·정
미(丁未)·계축(癸丑) 방위로 입향(立向)하는 정양향(正養向)
과 정묘향(正墓向)의 16향을 합하면 48향이 되는데, 이를 정국
향(正局向)이라 한다.

2 변국향(變局向)

① 물이 갑경병임(甲庚丙壬) 방위로 유거(內破)하고, 갑묘(甲卯)·
경유(庚酉)·병오(丙午)·임자(壬子) 방위로 입향(立向)하는
목욕(沐浴) 소수법(消水法)과

② 건해(乾亥)·곤신(坤申)·간인(艮寅)·손사(巽巳) 방위로 입향
(立向)하는 문고(文庫) 소수법(消水法)이 있다.

③ 물이 갑경병임(甲庚丙壬) 방위인 당문파(堂門破)로 흐르고, 역
시 갑묘(甲卯)·경유(庚酉)·병오(丙午)·임자(壬子) 태방위
(兌方位)로 입향(立向)하는 태향태류법(胎向胎流法)이 있다.

④ 물이 건곤간손(乾坤艮巽) 방위로 흐르고, 역시 건해(乾亥)·곤
신(坤申)·간인(艮寅)·손사(巽巳) 방위로 입향(立向)하는 절
향절류(絶向絶流)의 당면출살법(當面出殺法)이 있다.

⑤ 끝으로 을신정계(乙辛丁癸) 방위로 입향(立向)하고, 물이 갑경

병임(甲庚丙壬) 위로 흐르는 쇠향태류법(衰向胎流法)도 있다.

이것을 모두 합하면 40가지인데 변국향(變局向)이라 한다. 그리고 정국향(正局向) 48가지와 변국향(變局向) 40가지를 합하여 88향이라고 한다.

3. 입향(立向)과 불입향(不立向)

향법(向法)에는 을진(乙辰)·신술(辛戌)·정미(丁未)·계축(癸丑) 정고(正庫)와 차고(借庫)로 출수(出水)하고, 입향(立向)할 수 있는 정생향(正生向)·정왕향(正旺向)·정양향(養向)·정묘향(墓向)과 자생향(自生向)·자왕향(自旺向) 등 입향(立向)이 가능한 6가지와 입향(立向)할 수 없는 태향(胎向)·목욕향(沐浴向)·관대향(冠帶向)·임관향(臨官向)·쇠향(衰向),·병향(病向) 6가지가 있다. 이를 6불입향(不立向)이라 한다. 그러나 변국입향(變局立向)인 쇠향태류(衰向胎流)나 태향태류(胎向胎流)는 불입향(不立向)에 구애받지 않는다. 만약 입향(立向)할 수 없는 6궁(六宮)에 입향(立向)하면 집안이 망하고 자손이 상한다. 비록 용진혈적(龍眞穴的)이라도 입향(立向)이 맞지 않으면 그에 상응하는 재앙을 받는다.

88향(向)

	水	向
正局向 48向	乙辛丁癸水口 (右旋水)	立向에 합당하면 乾亥·坤申·艮寅·巽巳 長生方 立向(正生向), 立向에 합당하지 않거나 龍上八殺 등에 해당하면 乾亥·坤申·艮寅·巽巳 絶方으로 立向(自生向)
	乙辛丁癸水口 (左旋水)	甲卯·庚酉·壬子·丙午 旺方 立向(正旺向)
	乾坤艮巽水口 (左旋水)	乙辰·辛戌·丁未·癸丑 庫葬向 立向(正墓向)
	乾坤艮巽水口 (右旋水)	乙辰·辛戌·丁未·癸丑 養位 立向(正養向)
變局向 40向	甲庚丙壬方消水 (右旋水)	甲卯·庚酉·丙午·壬子 立向(沐浴消水)
	甲庚丙壬方消水 (左旋水)	乾亥·坤申·艮寅·巽巳 立向(文庫消水)
	甲庚丙壬方消水 (左旋水)	乙辰·辛戌·丁未 癸丑向 立向(衰向胎流)
	甲庚丙壬方消水 (右旋水)	甲卯·庚酉·丙午·壬子 胎向 立向(胎向胎流 當面出殺法)
	乾坤艮巽水口 (右旋水)	乾亥·坤申·艮寅·巽巳向 立向(絶向絶流 當面出殺法)

24진신(二四進神) 가업흥(家業興)

	向 · 水口(破)	
正生向(右旋水)	艮寅向(辛戌破)	巽巳向(癸丑破)
	坤申向(乙辰破)	乾亥向(丁未破)
正旺向(左旋水)	丙午向(辛戌破)	庚酉向(癸丑破)
	壬子向(乙辰破)	甲卯向(丁未破)
正養向(右旋水)	丁未向(巽巳破)	辛戌向(坤申破)
	癸丑向(乾亥破)	乙辰向(艮寅破)
正墓向(左旋水)	癸丑向(艮寅破)	乙辰向(巽巳破)
	丁未向(坤申破)	辛戌向(乾亥破)
自生向(右旋水)	艮寅向(癸丑破)	巽巳向(乙辰破)
	坤申向(丁未破)	乾亥向(辛戌破)
自旺向(左旋水)	壬子向(癸丑破)	甲卯向(乙辰破)
	丙午向(丁未破)	庚酉向(辛戌破)
文庫消水(左旋水)	艮寅向(甲卯破)	巽巳向(丙午破)
	坤申向(庚酉破)	乾亥向(壬子破)
沐浴消水(右旋水)	丙午向(甲卯破)	甲卯向(壬子破)
	壬子向(庚酉破)	庚酉向(丙午破)
胎向胎流(右旋水) 當門破	丙午向(丙午破)	庚酉向(庚酉破)
	壬子向(壬子破)	甲卯向(甲卯破)
絶向絶流(右旋水) 當門破	巽巳向(巽巳破)	坤申向(坤申破)
	乾亥向(乾亥破)	艮寅向(艮寅破)
衰向胎流 (左旋水)	癸丑向(丙午破)	乙辰向(庚酉破)
	丁未向(壬子破)	辛戌向(甲卯破)
墓向當門破 (左旋水)	癸丑向(癸丑破)	乙辰向(乙辰破)
	丁未向(丁未破)	辛戌向(辛戌破)

向・水口 조견표(金局)

水口	向(左旋水)		向(右旋水)	
	壬子	自旺向	艮寅	自生向
	乾亥	病不立向	甲卯	沖破冠帶 胎不立向
	辛戌	衰不立向	乙辰	衰方沖破
癸丑破	庚酉	正旺向	巽巳	正生向
	坤申	臨官不立向	丙午	沐浴不立向
	丁未	沖破冠帶 不立冠帶向	癸丑	墓庫(倒沖)黃泉
	癸丑	墓向當門破		
	癸丑	正墓向	艮寅	絶向絶流
	壬子	短命寡宿水	甲卯	大黃泉 官祿沖破
	乾亥	臨官沖破	乙辰	正養向
艮寅破	辛戌	向上・墓絶生位 沖殺	巽巳	交如不及
			丙午	旺去沖生
	庚酉	過宮水	丁未	沖破臨官
			坤申	過宮水
	艮寅	文庫消水	甲卯	胎向胎流
	癸丑	過宮水	乙辰	小黃泉・祿位沖破
	壬子	交如不及	巽巳	胎神沖破
甲卯破	乾亥	生來破旺	丙午	沐浴消水
	辛戌	衰向胎流	丁未	向上旺位 墓絶破旺
	庚酉	沖破胎神	坤申	過宮水

向·水口 조견표(水局)

水口		向(左旋水)		向(右旋水)	
乙辰破	甲卯	自旺向	乙辰	倒沖墓庫黃泉	
	艮寅	病不立向	巽巳	自生向	
	癸丑	衰不立向	丙午	沖破冠帶 胎不立向	
	壬子	正旺向	丁未	衰方沖破	
	乾亥	臨官不立向	坤申	正生向	
	辛戌	沖破冠帶 不立冠帶向	庚酉	沐浴不立向	
	乙辰	墓向 當門破			
巽巳破	乙辰	正墓向	巽巳	絶向絶流	
	甲卯	短命寡宿水	丙午	大黃泉 官祿沖破	
	艮寅	臨官沖破	丁未	正養向	
	癸丑	墓絶生位沖殺	坤申	交如不及	
	壬子	過宮水	庚酉	旺去沖生	
			辛戌	沖破臨官	
			乾亥	過宮水	
丙午破	巽巳	文庫消水	丙午	胎向胎流	
	乙辰	過宮水	丁未	小黃泉·祿位沖破	
	甲卯	交如不及	坤申	胎神沖破	
	艮寅	生來破旺	庚酉	沐浴消水	
	癸丑	衰向胎流	辛戌	墓絶破旺	
	壬子	沖破胎神	乾亥	過宮水	

向・水口 조견표(木局)

水口		向(左旋水)		向(右旋水)
	丙午	自旺向	丁未	倒沖墓庫黃泉
	巽巳	病不立向	坤申	自生向
	乙辰	衰不立向	庚酉	胎不立向
丁未破	甲卯	正旺向	辛戌	衰方沖破
	艮寅	臨官不立向	乾亥	正生向
	癸丑	不立冠帶向	壬子	沐浴不立向
	丁未	墓向當門破		
	丁未	正墓向	坤申	絶向絶流
	丙午	短命寡宿水	庚酉	大黃泉 官祿沖破
	巽巳	臨官沖破	辛戌	正養向
坤申破	乙辰	墓絶生位沖破	乾亥	交如不及
	甲卯	過宮水	壬子	旺去沖生
			癸丑	沖破臨官
			艮寅	過宮水
	坤申	文庫消水	庚酉	胎向胎流
	丁未	過宮水	辛戌	小黃泉 祿位沖破
	丙午	交如不及	乾亥	胎神沖破
庚酉破	巽巳	生來破旺	壬子	沐浴消水
	乙辰	衰向胎流	癸丑	墓絶破旺
	甲卯	沖破胎神	艮寅	過宮水

向 · 水口 조견표(火局)

水口	向(左旋水)		向(右旋水)	
	庚酉	自旺向	辛戌	倒沖墓庫黃泉
	坤申	病不立向	乾亥	自生向
	丁未	衰不立向	壬子	胎不立向
辛戌破	丙午	正旺向	癸丑	衰方沖破
	巽巳	臨官不立向	艮寅	正生向
	乙辰	不立冠帶向	甲卯	沐浴不立向
	辛戌	墓向當門破		
	辛戌	正墓向	乾亥	絶向絶流
	庚酉	短命寡宿水	壬子	大黃泉 官祿沖破
	坤申	臨官沖破	癸丑	正養向
乾亥破	丁未	墓絶生位沖殺	艮寅	交如不及
	丙午	過宮水	甲卯	旺去沖生
			乙辰	沖破臨官
			巽巳	過宮水
	乾亥	文庫消水	壬子	胎向胎流
	辛戌	過宮水	癸丑	小黃泉 · 祿位沖破
	庚酉	交如不及	艮寅	胎神沖破
壬子破	坤申	生來破旺	甲卯	沐浴消水
	丁未	衰向胎流	乙辰	墓絶位破旺
	丙午	沖破胎神	巽巳	過宮水

8장. 대살론(大煞論)

1. 살인대황천수(煞人大黃泉水)

득혈(得穴)했을 때 가장 두려운 것은 살인황천수(煞人黃泉水)와 용상팔살(龍上八煞)이다. 만일 이 두 가지를 범하면 자손이 즉절한다. 이때는 용진혈적(龍眞穴的) 여부에 관계 없이 화를 당하니 주의해야 한다. 나경론(羅經論) 제2층 참조하기 바란다.

① 정경곤상(丁庚坤上) 시황천(是黃泉) : 곤방(坤方)으로 수(水)가 나가면 금국(金局)의 대황천(黃泉)이 된다. 금국(金局)의 곤파(坤破)는 정생향(正生向)·정왕향(正旺向)·양향(養向)·묘향(墓向)·자생향(自生向)·자왕향(自旺向) 어디서든 퇴신수법(退神水法)이 되어 흉하며 패절절사한다. 금국(金局)에서는 곤방(坤方) 출수(出水)는 절대로 안 된다. 화국(火局)·목국(木

局)・수국(水局)도 마찬가지이다.

② 을병수방(乙丙須防) 손수선(巽水先) : 손방(巽方)으로 수(水)
가 나가면 화국(火局)의 대황천(黃泉)을 범한 것이다.

③ 계갑향중(癸甲向中) 우견간(憂見艮) : 간방(艮方)으로 수(水)
가 나가면 목국(木局)의 대황천(黃泉)을 범한 것이다.

④ 신임수로(辛壬水路) 파당건(怕當乾) : 건방(乾方)으로 수(水)
가 나가면 수국(水局)의 대황천(黃泉)을 범한 것이다.

합국합법(合局合法) 입향(立向)은 용신(龍神)을 부조하여 생기를
발하여 대왕상(大旺相)을 이루는 것이다. 예를 들어 생왕수(生旺
水) 상당(上堂) 입향(立向)은 용(龍)의 혈맥이 생왕(生旺)에 있으
니 화명지령(化命之靈)으로 자손이 평안하다. 또 병사절태수(病死
絶胎水) 상당(上堂) 입향(立向)은 용(龍)의 혈맥이 병사절(病死
絶)에 있으니 자손이 불안하며 화가 따른다. 따라서 입향(立向)에
서는 수구(水口)와 내수(來水)가 중요하다. 이것이 향(向)과 상합
하여 현관규상통(玄關竅相通)이면 흉수(凶水)가 길수(吉水)로 변
하나 그렇지 못할 때는 길수(吉水)가 흉수(凶水)로 변하며 생사화
복이 변한다.

갑경병임(甲庚丙壬) 자오묘유(子午卯酉) 제왕향(帝王向)을 했을
때 좌변 향상(向上) 장생파(長生破)이면 왕거충생(旺去沖生)이니
역시 황천(黃泉)이 되어 재물이 있어도 자손은 없다. 예를 들어 임
좌병향(壬坐丙向)이나 자좌오향(子坐午向)을 했을 때 향상(向上)

간인(艮寅)이 장생방(長生方)이니, 간인파(艮寅破)이면 황천(黃泉)을 범한 것이다.

또 건곤간손(乾坤艮巽) 인신사해(寅申巳亥) 장생향(長生向) 했을 때 우변 향상(向上) 왕파(旺破)이면 역시 황천(黃泉)을 범했으니 손은 있으나 극빈하다. 예를 들어 간인(艮寅) 장생향(長生向)인데 우변 병오파(丙午破)이면 향상(向上) 왕파(旺破)이니 황천(黃泉)을 범하여 불길하다.

2. 소황천살(小黃泉煞)

소황천살(小黃泉煞)은 주로 양향(養向)에서 성립된다. 계축(癸丑)·을진(乙辰)·정미(丁未)·신술(辛戌)의 4국양향(養向)을 했을 때 태파(胎破)를 말한다. 예를 들어 계록(癸祿)은 재자(在子), 을록(乙祿)은 재묘(在卯), 정록(丁祿)은 재오(在午), 신록(辛祿)은 재유(在酉)이니 4국양향(養向)의 녹위(祿位)는 자오묘유(子午卯酉)이다. 4국양향(養向)을 했을 때 녹방(祿方) 소수(消水)이면 소황천살(小黃泉煞)이 된다.

3. 용상팔살(龍上八煞)

용상팔살(龍上八煞)은 많은 살 중에서도 가장 두렵다. 이 살은 범하기만 하면 그 시간부터 재화가 일어나기 시작해 결국 문중이 멸망한다. 나경론(羅經論) 제1층 참조하기 바란다.

① 감룡곤토(坎龍坤兎) 진산후(震山猴) : 임감입수(壬坎入首)에 을진향(乙辰向)과 곤신입수(坤申入首)에 갑묘향(甲卯向)을 하면 안 되고, 진입수(震入首)에 곤신향(坤申向)은 용상팔살(龍上八煞)이 된다.

② 손계건마(巽鷄乾馬) 태사두(兌蛇頭) : 손사입수(巽巳入首)에 경유향(庚酉向)과 건해입수(乾亥入首)에 병오향(丙午向)은 안 되고, 경태입수(庚兌入首)에 손사향(巽巳向)은 용상팔살(龍上八煞)이다.

③ 간호이저(艮虎離猪) 위살요(爲煞曜) : 간인입수(艮寅入首)에 간인향(艮寅向)은 안 되고, 병오입수(丙午入首)에 건해향(乾亥向)은 용상팔살(龍上八煞)이 된다. 이상 8가지를 용상팔살(龍上八煞)이라 한다.

④ 총택봉지(塚宅逢之) 일단휴(一旦休) : 이상과 같이 용상팔살(龍上八煞)을 범하며 묘를 쓰거나 집을 지으면 백이면 백, 천이면 천 최대의 재난을 당한다.

4. 묘고대황천(墓庫大黃泉)

묘고황천살(墓庫黃泉煞)은 4국묘향(墓向)을 했을 때 일어나는데, 수(水)의 좌우선(左右旋)으로 결정된다. 묘향(墓向)은 반드시 좌선

수(左旋水)가 상당(上堂)해야 합법입향(合法立向)이 성립된다. 만일 우선수(右旋水)가 상당(上堂)하여 입향(立向)하면 대황천살(大黃泉殺)이 된다.

예를 들어 목국(木局)의 고장(庫藏)은 정미(丁未)이니 계좌정향(癸坐丁向)이나 축좌미향(丑坐未向)하면 좌변의 관왕쇠방수(官旺衰方水)가 상당(上堂)하여 합법입향(合法立向)이 된다. 그러나 우선수(右旋水)가 상당(上堂)하면 제일 먼저 곤신절수(坤申絶水), 경태수(庚兌水)가 상당(上堂)하니, 절태수(絶胎水)가 상당(上堂)하여 묘위(墓位)를 충파(沖破)하여 대황천살(大黃泉殺)이 된다. 이상 4국도 같다. 언제나 당문파(堂門破) 입향(立向)은 혈(穴) 앞의 양수(兩水)는 합금(合襟)하여 백보 이내에서 소수(消水)해야 한다. 만일 길게 흘러가면 재패(財敗)한다.

※ 절태수(絶胎水) 상당(上堂) 충생파왕(沖生破旺)

절태수(絶胎水)가 상당(上堂)하여 충생파왕(沖生破旺)하면 황천대살(黃泉大殺)이나 용상팔살(龍上八煞)에 못지 않게 두렵다.

(1) 충생(沖生)

예를 들어 간좌곤향(艮坐坤向)이나 인좌신향(寅坐申向)인데 신향(申向)이면 신자진(申子辰) 수국(水局)이다. 포태법(胞胎法)에서 곤신(坤申)은 수국(水局)의 장생향(長生向)이다. 그러므로 손수(巽水)가 절방(絶方), 병오(丙午)가 태방(胎方)이다. 간좌곤향(艮坐坤向)이나 인좌신향(寅坐申向)인데 손사(巽巳) 병오(丙午) 수수가 상당(上堂)하여 곤신파(坤申破)가 되면 향상(向上) 절태수(絶胎水)가 상당(上堂)하여 충파생위(沖破生位)를 한 것이다. 이상과 같이 입향(立向)했으면 그 집안은 만사휴가 되어 인패재패의 참상을 면하기 어렵다. 4국장생향(長生向)도 마찬가지이다.

(2) 파왕(破旺)

예를 들어 임좌병향(壬坐丙向)이나 자좌오향(子坐午向)인데, 좌선수(左旋水)가 상당(上堂)하여 병오방(丙午方)으로 소수(消水)하면 충파왕위(沖破旺位)하여 대살을 범하니 조심해야 한다. 이상과 같이 4국이 동일하다. 기타 산곡수 평지의 세수가 혈(穴) 앞으로 직충(直沖)하면 살수(煞水)가 된다.

부록 | 청오경

청오경(靑烏經)

풍수(風水)라는 말이 장풍득수(藏風得水)에서 나왔다는 이야기는 널리 알려져 있으니 새삼스럽게 설명하지는 않겠다. 장풍(藏風)이란 바람을 감추거나 간직한다는 말이다. 바람이 직접 통과하거나 바람을 일으키는 동(動)의 상태가 아닌, 고요하게 머물거나 막아주는 정(靜)의 상태를 말한다. 병풍이나 가리개로 가린 것처럼 완충된 상태에서 대기의 정(精)을 받도록 하는 것이 풍수론이다. 풍수지리학의 효시인 청오경(靑烏經)의 내용은 다음과 같다.

선생한시인야(先生漢時人也) 정지리음양지술(精地理陰陽之術) 이사실기명(而史失其名) 진곽박장서인경왈(晉郭璞葬書引經曰) 위증자즉차서야(爲證者卽此書也) 선생지서간이엄약이당(先生之書簡而嚴約而當) 성후세음양(陰陽)가서지조야(誠後世陰陽家書之祖也)

청오(靑烏) 선생은 한나라 때 사람으로, 지리와 음양(陰陽) 술법에 정통했으나 역사 기록에는 전해지지 않는다. 진(晉)의 곽박(276~324)이 쓴 장서(葬書)에서 증거로 인용하는 것이 바로 이 책이다. 선생의 글은 간략하며 엄밀하고, 요약되어 있으면서도 타당하여 후세 음양가(陰陽家)들의 저서의 시조가 되었다.

반고혼론(盤古渾淪) 기맹대박(氣萌大朴) 분음분양(分陰分陽) 위청위탁(爲淸爲濁) 생로병사(生老病死) 수실주지(誰實主之) 무기(戊己)시야(無其始也) 무유의언(無有議焉) 불능무야(不能無也) 길흉형언(吉凶形焉)

태고의 혼돈상태에서 기(氣)가 생겨나 크게 밑바탕이 되면서 음양(陰陽)으로 나뉘고, 청탁이 이루어져 생로병사가 생겨났다. 이런 일들을 누가 진실로 주관했겠는가. 그 처음이란 것은 없다. 처음이 있었는지 없었는지를 군이 따져본다면 없었다고도 할 수 없다. 길흉도 그렇게 나타난 것이다.

위태시지세(謂太始之世) 무음양지설(無陰陽之說) 즉역무화복지가의(則亦無禍福之可議) 급기유야길흉감응(及其有也吉凶感應) 여영수형역불가득이도야(如影隨形亦不可得而逃也)

태초에는 음양설(陰陽設)이라는 것이 없었고, 화복이란 것도 말할 수가 없었다. 그러나 음양(陰陽)이 생기자 길흉의 감응이 마치 그림자가 몸체를 따라다니는 것과 같이 사람들은 길흉을 선택하여 가질 수도, 그것을 피할 수도 없게 되었다.

갈여기무 하오기유(曷如其無 何惡其有)

길흉을 어찌 없다고 하겠으며, 또한 어찌 있다고 하겠는가.

언후세니음양지학(言後世泥陰陽之學)　갈여상고무지위(曷如上古無
之爲)　유기불능무언(愈旣不能無焉)　즉역하오지유(則亦何惡之有)

　즉 후세의 음양설(陰陽設)로 어찌 태고에는 없던 만물이 만들어
졌다고 할 수 있고, 없었다거나 있었다고 어찌 단언을 할 수 있단
말인가.

장어묘명실관휴구(藏於杳冥實關休咎)　이언유인사약비시(以言諭人
似若非是)　기어말야일무외차(其於末也一無外此)

　깊고 어두운 곳에 장(葬)하는 것은 길흉과 관계되는 일인데, 말로
써 사람들을 깨우쳐 줌에 있어서 그것이 마치 남을 속이는 것 같
지만 그 결과를 보면 조금도 틀리지 않는다.

이지리화복유인(以地理禍福諭人)　사약휼사기망(似若譎詐欺罔)　급
기종지효험(及其終之效驗)　무호발지소차언(無毫髮之少差焉)

　풍수지리의 화복설로 사람들을 깨우침에 있어서, 그것이 마치 남
을 속이고 거짓말하는 것 같지만, 마침내는 그 효험이 조금의 차이
도 없음을 알게 된다.

기약가홀하가어여(其若可忽何假於予)　사지우의이무월사(辭之尤矣理無越斯)

그것이 가볍게 여겨도 되는 것이라면 내가 어찌 오해받을 일을 하겠는가. 그것을 말로는 할 수 없는 것이고, 또한 이치는 언어를 뛰어 넘지 못한다.

※ 베르너 하이젠베르그(W. Heisenberg)와 닐스 보어(N. Bohr)

닐스 보어 등은 20세기 초 양자역학 이론을 발견하고는 처음에는 그것을 설명할 수 있는 언어를 찾지 못하여 제대로 설명하지 못했지만, 많은 고생 끝에 유명한 불확정 원리를 완성 시켰다. 이 원리는 원자 세계의 반쪽을 알면 알수록 나머지 반쪽은 더욱더 모르게 된다는 것이다.

모든 과학적 모형과 이론들은 근사치 밖에 안 되고 그것의 언어적인 해석도 우리의 언어가 지닌 애매 모호성 때문에 곤란을 겪는다는 생각은 20세기 초 새롭고 전혀 예기치 않던 발전이 이루어지면서 과학자들에 의해 이미 널리 받아들여졌다. 원자의 세계를 연구하면서 과학자들은 일상 언어가 애매 모호할 뿐만 아니라 원자와 아원자적인 실체를 기술하는 데 전적으로 적절하지 못하다는 것을 깨닫지 않을 수 없었다. 현대 물리학의 두 기반인 양자론(量子論)과 상대성 이론은 이 실체가 고전적 논리를 초월하며, 그것은 일상 언어를 통해서는 말해질 수 없다는 점을 분명히 했다. 하이젠베르크는 이렇게 말하고 있다.

언어의 문제는 여기에서 정말 심각한 것이다. 우리는 원자의 구조에 관하여 어떤 방식으로든 말하려고 하지만 -- 그러나 일상의 언어로써는 아무래도 이야기할 수 없다. 나는 밤늦도록 장시간을 보어와 더불어 토론했으나 거의 절망 상태로 끝났던 걸 기억한다.

토론을 끝내고 나는 혼자 근처의 공원으로 산책을 나가 속으로 몇 번이고 거듭거듭 다음과 같은 질문을 되풀이 했다: 자연이란 것이 원자 실험에서 우리에게 보이는 것과 같이 그렇게도 불합리한 것인가. 예나 지금이나 차원을 다른 것을 설명하려면 그것을 설명할 언어를 찾지 못한다.

만일음양지학가홀(萬一陰陽之學可忽) 즉우하취어여지언야(則又何取於予之言也) 연여지사약췌우(然予之辭若贅■) 이즉무월어차(理則無越於此)

만약 음양설(陰陽設)을 가벼이 여긴다면, 어찌 나의 말을 취할 수 있을 것인가. 나의 말이 무용지물이라 할지라도 이치는 즉 말(辭)을 뛰어 넘지 못한다.

산천융결(山川融結) 치류부절(峙流不絶) 쌍모약무(雙眸若無) 오호기별(烏乎其別) 복후지지(福厚之地) 옹용불박(雍容不迫) 사합주고(四合周顧) 변기주객(卞其主客)

산천이 응결하여 산이 솟고 물의 흐름에 그침이 없으니 두 눈이 없다면 어찌 그것을 분별할 수 있겠는가. 복되고 후한 땅은 너그러워 답답하지 않고, 주위 사방의 산수가 두루 싸안은 듯하니 주객이 법도에 맞도다.

옹용불박(雍容不迫) 언기상지관대(言氣象之寬大) 사합주고(四合周顧) 언좌우전후무공결(言左右前後無空缺)

너그럽고 답답하지 않다함은 그 기상이 관대함을 말하는 것이고, 주위 사방의 산수가 두루 싸안은 듯하다함은 전후좌우에 비거나 빠진 것이 없음을 말한다.

산욕기영수욕기징(山欲其迎水欲其澄) 산본정이욕기동(山本靜而欲其動) 수본동이욕기정야水本動而欲其靜也)

산은 나아가려 하고, 물은 그대로 있으려 한다. 산은 본래 안정된 것이라 움직임이 필요하고, 물은 본래 움직이는 것이라 안정이 필요하다.

산래수회핍귀풍재(山來水回逼貴豊財) 산휴수류노왕멸후(山囚水流虜王滅侯)

산이 다가들고 물이 돌아들면 곧 귀하게 되고, 재물도 풍족하다. 산은 갇히고 물은 빠르게 빠져 나간다면 왕은 붙잡히고 제후는 멸망한다.

핍귀자언귀래지속야(逼貴者言貴來之速也)
곽박인증언수귀이재(郭璞引證言壽貴而財)
자수소이이의즉초동(字雖少異而意則稍同)

곧 귀하게 된다함은 귀가 빨리 옴을 말함이고, 곽박이 인증한 장수와 부귀라는 말도 그 글자는 비록 약간의 차이가 있으나 그 뜻은 거의 같다.

산돈수곡 자손천억(山頓水曲 子孫千億)
산주수직 종인기식(山走水直 從人寄食)
수과서동 재보무궁(水過西東 財寶無窮)
삼횡사직 관직미숭(三橫四直 官職彌崇)
구곡위사 준의사제(九曲委蛇 準擬沙堤)
중중교쇄 극품관자(重重交鎖 極品官資)
기승풍산 맥우수지(氣乘風散 脈遇水止)
장은완연 부귀지지(藏隱蜿蜒富貴之地)

산이 모여 있고 물이 감아돌면 자손이 번창하고, 산이 달아나고 물이 빠르고 세차게 흘러나가면 종이 되어 남에게 의지하여 생활하게 되며, 물이 서쪽을 지나 동쪽으로 가면 재보가 무궁할 것이고, 세 번 휘돌고 나가면 관직은 더욱 오를 것이며, 굽이굽이 굴곡함이 마치 물가의 모래톱처럼 겹겹이 서로 감싸안으면 가장 높은 관직을 얻게 된다. 기(氣)는 바람을 타면 흩어지고 용맥(龍脈)은 물을 만나면 머무르니, 곡절번신(曲折翻身)하면서 행룡(行龍)하여 오는 용맥(龍脈)의 진처(盡處)가 부귀지지이다.

박운계수즉지 의즉일야(璞云界水則止 意則一也)

곽박이 말한 기(氣)는 물을 만나면 멈춘다는 것과 한가지 뜻이다.

불축지혈 시위부골(不蓄之穴 是爲腐骨)
불급지혈 생인절멸(不及之穴 生人絶滅)
등루지혈 번관패곽(騰漏之穴 翻棺敗槨)
배수지혈 한천적력(背囚之穴 寒泉滴瀝)
기위가외 가불신호(其爲可畏 可不愼乎)

기(氣)가 모이지 못하는 혈(穴)은 뼈가 썩을 것이요, 기(氣)가 이르지 못하는 혈(穴)은 살아 있는 사람도 모두 죽을 것이요, 기(氣)가 날아가고 새는 혈(穴)은 관곽(棺槨)이 뒤집히고 삭아 없어질 것이고, 기(氣)가 돌아서고 꽉 막힌 혈(穴)은 한천(寒泉)의 물이

방울방울 떨어져 내릴 것이니, 이것이 바로 두려운 일이다. 어찌
신중하지 않을 수 있겠는가.

불축자언산지무포장야(不蓄者言山之無包藏也)

불급자언산지무조대야(不及者言山之無朝對也)

등루자언기공결(騰漏者言其空缺)

배수자언기유음(背囚者言其幽陰)

차등지혈불가장야(此等之穴不可葬也)

　기(氣)가 모이지 못한다는 것은 산이 감싸안아주는 것이 없다는
말이고, 기(氣)가 이르지 못한다는 것은 산이 마주 대하는 조대산
(朝對山 : 案·朝山)이 없다는 말이며, 기(氣)가 날아가고 샌다는
것은 혈(穴)에 공결(空缺)이 있다는 말이고, 기(氣)가 돌아서고 꽉
막혔다는 것은 어둡고 음냉하다는 것이니, 이런 혈(穴)들에는 장사
를 치를 수 없다.

백년환화 이형귀진(百年幻化 離形歸眞)

정신입문 골해반근(精神入門 骨骸反根)

길기감응 누복급인(吉氣感應 累福及人)

　사람이 백년을 살다가 죽게 되면 형체를 벗어나 본래로 돌아가며,
정신은 입문하고 뼈는 원래의 뿌리인 땅으로 돌아가는데 그 뼈가

길한 기운에 감응하면 많은 복이 사람에게 미친다.

누자다야 언수다복(累者多也 言受多福)

곽박이위귀복 귀자오야(郭璞以爲鬼福 鬼字誤也)

　계자(累者)란 많다는 뜻이니 많은 복을 받는다는 말이다. 곽박의 이위귀복(以爲鬼福)에서 귀(鬼)자는 귀(歸)의 잘못이다.

동산토염 서산기운(東山吐燄 西山起雲)

혈길이온 부귀연면(穴吉而溫 富貴延綿)

기혹반시 자손고빈(其或反是 子孫孤貧)

　동쪽 산에 화염이 솟으면 서쪽 산에 구름이 일어나는 것이니, 혈(穴)이 길하고 온화하면 부귀가 끊임없을 것이나, 그렇지 못하면 자손은 외롭고 가난해질 것이다.

서산운기지융결자(西山雲氣之融結者)

이동산연염지분충연야(以東山煙燄之奔衝然也)

생인부귀지장구자(生人富貴之長久者)

이망혼혈길음주연야(以亡魂穴吉蔭注然也)

구부득기지 즉자손능체(苟不得其地 則子孫陵替)

필지어고독빈천이후이(必至於孤獨貧賤而後已)

서쪽 산에 구름이 모여드는 것은 동쪽 산에서 연기와 불꽃이 어지러이 일어나는 때문이며, 살아 있는 사람으로 부귀가 길게 이어지는 자는 돌아가신 선조가 길혈(吉穴)에 장사되어 그 발음(發蔭)으로 인한 것이며, 만약 그런 땅을 얻지 못한다면 그 자손은 점점 쇠퇴하여 반드시 후손들이 고독과 빈천 속에 있게 된다.

동단여석과독핍측(童斷與石過獨逼側)
능생신흉능소이복(能生新凶能消已福)

동산(童山) 단산(斷山) 석산(石山) 과산(過山) 탁산(獨山) 핍산(逼山) 측산(側山) 등은 새로이 재앙을 불러들일 수도 있고, 이미 있던 복도 소멸시킬 수 있다.

불생초목위동(不生草木爲童) 붕함갱참위단(崩陷坑塹爲斷) 동산즉무의 단산즉무기(童山則無衣 斷山則無氣) 석산즉토부자(石山則土不滋) 과산즉세부주(過山則勢不住) 독즉무자웅(獨則無雌雄) 핍즉무명당(逼則無明堂) 측즉사의이부정(側則斜欹而不正) 곽박인증계차오자(郭璞引證戒此五者) 역절문야(亦節文也)

초목이 자랄 수 없는 곳이 동산(童山)이고, 허물어지고 움푹 꺼진 곳이 단산(斷山)이며, 동산(童山)이란 옷을 벗은 산이고, 단산(斷山)이란 기(氣)가 없는 산이다. 석산(石山)은 흙이 없는 산을 말하고 과산(過山)은 세(勢)가 머물지 못하는 산이며, 독산(獨山)은 자웅(雌雄)이 없는 산이며, 핍산(逼山)은 명당(明堂)이 없는 산이며, 측산(側山)은 기울어져 바르지 못한 산이다. 곽박이 증명하여 인용하면서 경계한 다섯 가지 산이 그것이며, 역시 적절한 말이다.

귀기상자 본원불탈(貴氣相資 本原不脫)
전후구위 유주유객(前後區衛 有主有客)

 귀한 기운이 서로 돕는 자리란 본래의 근원으로부터 이탈하지 않고, 명당(名堂)의 구역을 전후에서 호위하며, 주객이 각각 있는 것이다.

본원이탈(本原不脫)　이기맥지(以氣脈之)　상련상접야(相連相接也)
유주유객자(有主有客者)　이구혈지전후유위호야以區穴之前後有衛護也)

 본래의 근원으로부터 이탈하지 않은 것은 산의 기맥(氣脈)이 서로 연결되어 있는 것이고, 주객이 각각 있는 것은 혈산(穴山)을 앞뒤에서 호위해 주는 산이 있는 곳이란 뜻이다.

수행불류 외협내활(水行不流 外狹內闊)
대지평양 묘망막측(大地平洋 杳茫莫測)

소지지호 진룡게식(沼沚池湖 眞龍憩息)

정당내구 신막외멱(情當內求 愼莫外覓)

형세만추 향용오복(形勢彎趨 享用五福)

물은 움직임은 있으나 세차고 빠르게 흐르는 것도 아니고, 명당(明堂)의 바깥은 좁으나 안은 넓고, 대지평양(大地平洋)은 그 아득하고 망망함을 헤아릴 길이 없으며, 늪과 물가, 연못과 호수는 진룡(眞龍)이 쉬는 곳이니 진실로 그 안에서 구할 것이며, 밖에서 찾는 일은 없어야 한다. 형세가 만곡하게 굽어져 있고 적당히 내밀고 있으면 오복을 누리게 된다.

범평양대지(凡平洋大地) 무좌우용호자(無左右龍虎者) 단우지호(但遇池湖) 편가천혈(便可遷穴) 이지호위명당(以池湖爲明堂) 즉수행불류(則水行不流) 이생인향복야(而生人享福也)

크고 넓으며 평평한 땅에서는 명당(名堂)의 좌우에 청룡 백호가 없는데, 다만 연못이나 호수를 만나는 때는 가히 혈(穴)을 옮길 수 있다. 지호(池湖)로써 명당(明堂)을 삼았기 때문에 물은 움직임은 있으나 빠르고 세차게 흐르는 것은 없으므로 살아 있는 사람들이 복을 누리게 된다.

세지형앙(勢止形昻) 전간후강(前澗後岡) 위지후왕(位至侯王)

형지세축(形止勢縮) 전안회곡(前案回曲) 금곡벽옥(金穀璧玉)

　세(勢)는 멈추는데 형(形)은 우뚝하고, 앞에서는 물이 흐르고 뒤에서는 산이 받쳐주면 그 지위가 왕이나 제후에 이를 것이고, 형(形)은 멈추고 세(勢)가 유순해지며 앞으로는 안산(案山)이 돌아들면 돈과 곡식과 보물을 손에 넣게 된다.

세지롱지주야(勢止龍之住也)　형앙기지성야(形昂氣之盛也)　전즉우수이지前則遇水而止)　후즉지롱상련(後則支隴相連)　여차지지(如此之地)　가치귀야(可致貴也)　형지세축(形止勢縮)　기상지국촉야(氣象之局促也)　전안회곡(前案回曲)　빈주지천근야(賓主之淺近也)　여차지지(如此之地)　가치부야(可致富也)　귀미문야(貴未聞也)

　세(勢)가 멈춘다는 것은 용(龍)이 자리를 잡았다는 것이고, 형(形)이 우뚝하다는 것은 기(氣)가 성하다는 것이다. 용(龍)이 앞으로는 물을 만나 멈추고 뒤에서는 지롱(枝龍)들이 서로 연접하여 있는 그런 땅이라면 가히 높이 됨을 바랄 수 있다. 형(形)은 멈추고 세(勢)는 유순해진다는 것은 그 기상이 줄어든다는 것이고, 앞으로 안산(案山)이 돌아든다는 것은 주산(主山)과 안조산(案朝山)이 너무 가까이 있으면 재물은 가능하나 귀하게 되었다는 말은 듣지 못할 것이다.

산수수저초초래로(山隨水著迢迢來路)
읍이주지혈수회고(挹而注之穴須回顧)

산이 따르고 물이 있는 땅에서 멀리서 오는 산세가 잡아당기듯이
모여들면 혈(穴)은 반드시 고개를 돌려 조산(祖山) 쪽을 바라볼
것이다.

차산곡회룡고조지지야(此山谷回龍顧祖之地也)

이것은 산 속에서의 回龍顧祖혈(穴)을 말한다.

천광하림 백천동귀(天光下臨 百川同歸)
진룡소박 숙변현미(眞龍所泊 孰卞玄微)

천광(天光)이 하림(下臨)하고 모든 하천이 한 곳으로 모여 돌아
오는 곳에 진룡(眞龍)이 머무르는 곳이니, 누가 그 깊고 현묘함을
분별할 수 있겠는가. 마치 예산 신양면의 해복혈이나 광시면의 반
룡형을 설명하는 것 같다.

차근강영접호수지지야(此近江迎接湖水之地也)

이것은 강 근처 즉 저수지나 호수에 인접한 곳을 말한다.

계명견폐 료시연촌(鷄鳴犬吠 鬧市煙村)
융릉은은 숙탐기원(隆隆隱隱 孰探其原)

 닭이 울고 개가 짖고 번잡한 시장이 있고 밥짓는 연기가 나는 마을에 은은융릉)하게 다가오니 누가 그 본원처를 찾아 보겠는가.

차향정평양기맥지지야(此鄕井平洋氣脈之地也)

 이것은 마을의 넓고 평평한 땅의 기맥(氣脈)을 말한 것이다.

약내단이부속 거이부류(若乃斷而復續 去而復留)
기형이상 천금난구(奇形異相 千金難求)
절우관주 진기낙막(折藕貫珠 眞機落莫)
임혈탄연 성난문막(臨穴坦然 誠難捫摸)
장공보결 천조지설(障空補缺 天造地設)
유여지인 선현난설(留與至人 先賢難說)

 끊어진 듯하다가 다시 이어지고, 가는 듯하다가 다시 머무는 기이한 형상의 터는 천금을 주고도 얻기 어려운 곳이다. 연뿌리를 꺾었으나 그 속은 구슬을 꿴 듯하고, 진기(眞機)가 내려와 혈(穴)에 임하여 평탄한 모양으로 되니 헤아려 찾기가 매우 어렵다. 빈 곳을 막아주고 결함이 있는 곳을 보완하여 하늘이 만들고 땅이 설치하는 곳이라 선하고 효심이 있는 적덕군자에게 남겨 주었으니 선현이라도 설명하기가 어렵다.

부귀천이로(夫貴賤異路) 빈부양도(貧富兩塗) 지지선야(地之善耶) 연이귀지지상소(然而貴之地常少) 이위부지지상다하야(而爲富之地常多何耶) 우이위부지이해(愚以爲富地利害) 경인득이식지고상다(輕人得而識之故常多) 귀지소계대조물(貴地所係大造物) 불영인식지고상소(不令人識之故常少) 언중인지소불희자(言衆人之所不喜者) 즉위대귀지지(則爲大貴之地) 차기형이상소이(此奇形異相所以) 천금난구야(千金難求也)

 귀천은 서로 다른 행로와 빈부라는 두 갈래 길이 다른 것은 따의 좋고 나쁨 때문이지만, 그러나 귀하게 되는 땅은 언제나 적고, 부유하게 되는 땅은 언제나 많은 것은 어찌 된 일인가. 나의 우둔한 생각으로는, 부유하게 되는 땅은 그 이해가 사람들이 쉽게 알 수 있는 까닭에 언제나 많은 것이고, 귀하게 되는 땅은 창조주가 특별히 관리함으로 사람들이 쉽게 알지 못하니 언제나 적은 것이다. 여러 사람들이 좋아하지 않는 터가 대귀의 땅이 된다고 하는 것은, 이처럼 형상이 기이한 땅은 천금을 주고도 얻기 어려운 것이다.

초목울무 길기상수(草木鬱茂 吉氣相隨)
내외표리 혹영혹위(內外表裏 或然或爲)

초목이 울창무성하고 길한 기운이 따르는 이러한 내외표리(內外
表裏)는 혹 자연적인 것일 수도 있고, 인위적인 것일 수도 있다.

좌우안대(左右案對) 혹자연이성(或自然而成) 혹인력이위지(或人力
而爲之)

명당(名堂) 좌우의 청룡 백호와 안산(案山) 등은 자연적으로 이
루어진 것일 수도 있고, 인위적으로 이루어진 것일 수도 있다.

삼강전기 팔방회세(三岡全氣 八方會勢)
전차후옹 제상필지(前遮後擁 諸祥畢至)
지귀평이 토귀유지(地貴平夷 土貴有支)
혈취안지 수취초체(穴取安止 水取迢遞)

명당(名堂) 주위의 현무 청룡 백호의 기(氣)가 온전하면 8방의
세(勢)가 모여들고 앞산은 가려주고 뒷산은 감싸주니 모든 상서로
운 일들이 다 모이게 된다. 땅이 귀한 것은 평탄하며, 흙이 귀한
것은 가지지가 있으며, 혈은 안정되게 멈춘 곳에서 취해야 하며,
물은 멀리서 굽이굽이 굴곡하면서 오는 것을 취해야 한다.

기전즉용맥불탈(氣全卽龍脈不脫)
세회즉산수유정(勢會則山水有情)

전차즉유객(前遮則有客) 후옹즉유주(後擁則有主)

안지즉혈법무의험(安止則穴法無欹嶮)

초체즉수래유원류(迢遞則水來有源流)

기(氣)가 온전하다는 것은 용맥(龍脈)이 벗어남이 없다는 것이며, 세(勢)가 모인다는 것은 유정한 것이다. 앞산이 가려준다는 것은 객이 있다는 것이고, 뒷산이 감싸준다는 것은 주인이 있다는 말이다. 안정되게 멈춘다는 것은 혈법(穴法)에 기울거나 험함이 없다는 것이며, 멀리서 굽이굽이 굴곡하면서 흘러온다는 것은 그 원류가 있다는 것이다.

향정음양 절막괴려(向定陰陽 切莫乖戾)

차이호리 류이천리(差以毫釐 繆以千里)

음양(陰陽)으로 좌향(坐向)을 정함에 있어 결코 사리에 어긋나게 하지 말라 털끝만한 차이라도 그 결과는 천리나 차이가 난다.

음양자당 이좌우취지(陰陽者當 以左右取之) 혈좌위양 혈우위음(穴左爲陽 穴右爲陰) 좌혈이양향 우혈이음향(左穴以陽向 右穴以陰向) 불가차야(不可差也)

음양(陰陽)이라는 것은 좌우로 취하는 것인데, 혈(穴)의 좌는 양

(陽)이 되고 혈(穴)의 우는 음(陰)이 된다. 좌혈(左穴)은 양향(陽向)으로 하고 우혈(右穴)은 음향(陰向)으로 해야 되는 것이니 차이가 나서는 안 된다.

택술진선 봉도입현(擇術盡善 封都立縣)

일혹비의 법주빈천(一或非宜 法主貧賤)

공후지지 용마등기(公侯之地 龍馬騰起)

면대옥규 소이수예(面對玉圭 小而首銳)

경우본방 불학이지(更遇本方 不學而至)

재상지지 수교이이(宰相之地 繡嫩伊邇)

대수양조 무상지귀(大水洋潮 無上至貴)

외대지지 한문고지(外臺之地 捍門高峙)

둔답배영 주위수리(屯踏排迎 周圍數里)

필대횡연 시명판사(筆大橫椽 是名判死)

차앙피저 성난추의(此昻彼低 誠難推擬)

 땅을 선택하는 술법에 최선을 다하면 나라를 세우고 고을을 다스릴 수 있지만, 만약 한 가지라도 합당하지 않으면 그 주인은 가난하고 천한 처지에 떨어지는 법이다. 공후(公侯)가 나는 땅이란 좌우의 산세가 뛰어 오르는 듯 날아 오르는 듯하고 면대한 옥규봉(玉圭峰)이 작지만 봉우리는 날렵하고 방위가 제대로 되어 있으면 배움이 없어도 그에 이르게 된다.

재상이 되는 땅이란 수(繡)를 놓은 듯 얽혀 있는 봉우리가 있고 큰 물이 밀려드는 곳으로 이러한 곳은 더 이상 귀할 수가 없다. 높은 벼슬자리에 오를 땅이란 한문(捍門)이 높이 서있고 군사들이 여기저기 진을 치고 배치되어 주위 수리를 둘러싸고 있는 땅이다. 큰 필봉(筆峰)이 옆으로 가로지른 서까래 같은 것은 반사필(判死筆)이라 하는데 이곳은 높고 저곳은 낮으니 짐작하여 생각하기가 어렵다.

본방자이마요재남방위득지(本方者以馬要在南方爲得地) 규홀산재동방위정위(圭忽山在東方爲正位) 유수교산주출재집오부지귀(有綉嫩山主出宰執五府之貴) 한문기산취기용발(捍門旗山取其聳拔) 둔군답절배아영종귀기주차우반(屯軍踏節排衙迎從貴其周遮右畔) 유산재저처횡열즉위판사(有山在低處橫列則爲判死) 필수시혈법진정앙연독존(筆須是穴法眞正昂然獨尊) 불연즉암도시산(不然則暗刀屍山) 고왈성난추의(故曰誠難推擬)

제대로 된 방위란 마(馬 : 午)가 반드시 남방에 있으므로써 터를 얻을 수 있는 것이다. 규홀산은 동방에 있으므로써 정방이 된다. 수교산이 있다면 재상이 나와 권부를 장악하는 귀한 땅이 되며 한문기산(捍門旗山)이 있는 곳은 그 빼어나게 우뚝함을 취하며, 군사가 주둔한 듯, 우뚝한 곳을 밟고 서있는 듯, 관아가 있는 듯, 귀함을 따라 맞이하는 듯, 그 주위는 가려져 있고, 오른쪽으로는 밭

둔덕이 있다. 산이 있고 그 낮은 곳이 가로로 줄지어 있는 것이 반사(判死)가 된다. 필봉(筆峰)은 그 혈법(穴法)이 진정(眞正)하려면 앙연(昻然)하며 독존해야 하는 것인데 그렇지 못하면 숨겨놓은 칼 아래 시체가 산같이 쌓인 꼴이 되니, 그런고로 짐작하여 생각하기가 어렵다고 한 것이다.

관귀지지 문필삽이(官貴之地 文筆揷耳)

어대쌍련 경금지위(魚袋雙聯 庚金之位)

남화동목 북수비기(南火東木 北水鄙伎)

양원봉상련 시위어대(兩圓峯相連 是爲魚袋)

서방출즉위금어대주관귀(西方出則爲金魚袋主官貴)

남방출위화어주의가(南方出爲火魚主醫家)

동방출위목어주승도(東方出爲木魚主僧道)

북방출위수어주어인(北方出爲水魚主漁人)

　두 개의 둥그스럼한 봉우리가 서로 이어져 있는 것을 어대봉(魚袋峰)이라고 한다. 이것이 서쪽에 나타나면 금어대(金魚袋)니 그 주인은 관귀(官貴)를 얻고, 남쪽에 나타나면 화어대(火魚袋)니 그 주인은 의가(醫家)를 하고, 동쪽에 나타나면 목어대(木魚袋)이니 그 주인은 승도(僧道)를 따르고, 북쪽에 나타나면 수어대(水魚袋)이니 그 주인은 수산업을 한다.

지유가기 수토소기(地有佳氣 隨土所起)
산유길기 인방소주(山有吉氣 因方所主)
문필지지 필첨이세(文筆之地 筆尖以細)
제복불수 허치재예(諸福不隨 虛馳才藝)

　땅에는 좋은 기운이 있는데 이는 흙을 따라 일어나고, 산에는 길한 기운이 있는데 이는 방위로 인하여 그 주인을 맡는다. 문필봉(文筆峰)이 있는 땅에서 그 봉우리가 가늘면서 뾰족하면 모든 복이 따르지 않고 재능이 헛되이 스쳐 지나간다.

문필산주총준(文筆山主聰俊)
약무길산협종불성명(若無吉山夾從不成名)

　문필봉(文筆峰)은 총명과 준걸을 주관하는데 만약 길한 산이 곁에 따르지 않는다면 이름을 이루지 못한다.

대부지지 원봉금궤(大富之地 圓峯金櫃)
패보답래 여천지지(貝寶沓來 如川之至)
빈천지지 난여산의(貧賤之地 亂如散蟻)
달인대관 여시제지(達人大觀 如示諸指)
유음지궁 신령소주(幽陰之宮 神靈所主)
장불참초 명왈도장(葬不斬草 名曰盜葬)

큰 부자가 되는 땅은 둥그스럼한 봉우리가 금궤처럼 생긴 것으로 재물이 몰려 들어옴이 마치 냇물이 흘러 들어옴과 같다. 빈천한 땅은 주위의 산이 난잡함이 마치 개미떼가 흩어지는 것 같다. 통달한 사람이 크게 보여줌이 마치 손가락을 모아 가르쳐주는 것과 같으나, 단음지궁(幽陰之宮)은 신령의 주관하는 바이기 때문에 장사를 지냄에 있어 참초(斬草)를 하지 않는다는 것은 몰래 장사를 치르는 일이나 마찬가지이다.

참초자언당작주고어지지(斬草者言當酌酒告於地祇)

참초(斬草)라는 것은 땅에 술을 부어 권하며 공경함을 고한다는 말이다.

장근조분 앙급아손(葬近祖墳 殃及兒孫)
일분영성 일분고빈(一墳榮盛 一墳孤貧)
혈길장흉 여기시동(穴吉葬凶 與棄屍同)

조상의 산소 근처에 장사를 지내면 재앙이 어린 손자에게까지 미친다. 어떤 산소는 번영하고 융성하는데 어떤 산소는 고독하고 빈한하다. 혈처(穴處)는 비록 잘 잡았으나 장사를 잘못지내면 시체를 버리는 것과 같다.

혈수길이장부득기년월역흉(穴雖吉而葬不得其年月亦凶)

　혈처(穴處)를 비록 잘 잡았다 하더라도 장사지내는 때를 잘못 잡으면 흉하다.

음양부합 천지교통(陰陽符合 天地交通)
내기맹생 외기성형(內氣萌生 外氣成形)
내외상승 풍수자성(內外相乘 風水自成)

　음양(陰陽)이 부합(符合)하고 천지가 서로 통할 때 내기(內氣)는 안에서 생명을 싹 티우고 외기(外氣)는 밖에서 형상을 이룬다. 이렇게 안과 밖이 서로 의지하는 곳에 풍수는 스스로 이루어 진다.

내기자언혈난이만물맹생야(內氣者言穴煖而萬物萌生也)
외기자언산천융결이성형상야(外氣者言山川融結而成形象也)

내기(內氣)란 혈이 따뜻하여 만물에 생명의 싹을 틔우는 것이고, 외기(外氣)는 산천이 융결하여 형상이 이루어지는 것을 말한다.

찰이안계 회이성정(察以眼界 會以性情)
약능오차 천하횡행(若能悟此 天下橫行)

눈으로 모양을 살피고 그 성질을 이해하여 만약 이를 깨달을 수
만 있다면 천하에 꺼릴 것이 없을 것이다.

찰이안계자형지어외(察以眼界者形之於外) 인개가관지(人皆可觀
之) 지어회이성정(至於會以性情) 비상지지사막능야(非上智之士莫
能也)

눈으로 살핀다는 때 그 형상은 밖에 있기 때문에 사람들이 모두
볼 수 있는 것이나, 성정을 이해한다는 문제에 이르르면 높은 지혜
에 이른 사람이 아니면 어찌 할 수가 없다.

음파메세지(氣) 성명학

신비한 동양철학 51

새로운 시대에 맞는 새로운 성명학

지금까지의 모든 성명학은 모순의 극치를 이루고 있다. 이제 새로운 시대에 맞는 음파메세지(氣) 성명학이 탄생했으니 차근차근 읽어보고 복을 계속 부르는 이름을 지어 사랑하는 자녀가 행복하고 아름다운 삶을 살아갈 수 있도록 하는데 도움이 되었으면 한다.

· 청암 박재현 저

정법사주

신비한 동양철학 49

독학과 강의용 겸용의 책

이 책은 사주추명학을 연구하고자 하는 분들에게 심오한 주역의 이해를 돕고자 하는 의도에서 시작되었다. 음양오행의 상생상극에서부터 육친법과 신살법을 기초로 하여 격국과 용신 그리고 유년판단법을 활용하여 운명판단에 첩경이 될 수 있도록 했고, 추리응용과 운명감정의 실례를 하나 하나 들어가면서 독학과 강의용 겸용으로 엮었다.

· 원각 김구현 저

찾기 쉬운 명당

신비한 동양철학 44

풍수지리의 모든 것!

이 책은 가능하면 쉽게 풀려고 노력했고, 실전에 도움이 되도록 했다. 특히 풍수지리에서 방향측정에 필수인 패철(佩鐵)사용과 나경(羅經) 9층을 각 층별로 간추려 설명했다. 그리고 이 책에 수록된 도설, 즉 오성도, 명산도, 명당 형세도 내거수 명당도, 지각(枝脚)형세도, 용의 과협출맥도, 사대혈형(穴形) 와겸유돌(窩鉗乳突) 형세도 등은 국립중앙도서관에 소장된 문헌자료인 만산도단, 만산영도, 이석당 은민산도의 원본을 참조했다.

· 호산 윤재우 저

명리입문

신비한 동양철학 41

명리학의 필독서!

이 책은 자연의 기후변화에 의한 운명법 외에 명리학도들이 궁금해 했던 인생의 제반사들에 대해서도 상세하게 기술했다. 따라서 초보자부터 심도있게 공부한 사람들까지 세심히 읽고 숙독해야 하는 책이다. 특히 격국이나 용신뿐 아니라 십신에 대한 자세한 설명, 조후용신에 대한 보충설명, 인간의 제반사에 대해서는 독보적인 해설이 들어 있다. 초보자들에게는 더할 수 없이 훌륭한 길잡이가 될 것이다.

· 동하 정지호 편역

사주대성

신비한 동양철학 33

초보에서 완성까지

이 책은 과거 현재 미래를 모두 알 수 있는 비결을 실었다. 그러나 모두 터득한다는 것은 어려울 것이다.역학은 수천 년간 동방의 석학들에 의해 갈고 닦은 철학이요 학문이며, 정신문화로서 영과학적인 상수문화로서 자랑할만한 위대한 학문이다.

ㆍ도관 박흥식 저

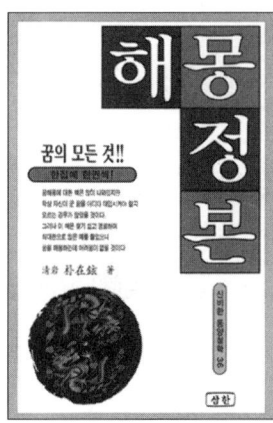

해몽정본

신비한 동양철학 36

꿈의 모든 것 !

막상 꿈해몽을 하려고 하면 내가 꾼 꿈을 어디다 대입시켜야 할지 모를 경우가 많았을 것이다. 그러나 이 책은 찾기 쉽고, 명료하며, 최대한으로 많은 갖가지 예를 들었으니 꿈해몽을 하는데 어려움이 없을 것이다.

ㆍ청암 박재현 저

기문둔갑옥경

신비한 동양철학 32

가장 권위있고 우수한 학문!

우리나라의 기문역사는 장구하지만 상세한 문헌은 전무한 상태라 이 책을 발간하기로 했다. 기문둔갑은 천문지리는 물론 인사명리 등 제반사에 관한 길흉을 판단함에 있어서 가장 우수한 학문이며 병법과 법술방면으로도 특징과 장점이 있다. 초학자는 포국편을 열심히 익혀 설국을 자유자재로 할 수 있도록 하고 개인의 이익보다는 보국안민에 일조하기 바란다.

· 도관 박흥식 저

정본·관상과 손금

신비한 동양철학 42

바로 알고 사람을 사귑시다

이 책은 관상과 손금은 인생을 행복으로 이끌기 위해 있다는 관점에서 다루었다. 그야말로 관상과 손금의 혁명이라고 할 수 있을 것이다. 여러분도 관상과 손금을 통한 예지력으로 인생의 참주인이 되기 바란다. 용기를 불어넣어 주고 행복을 찾게 하는 것이 참다운 관상과 손금술이다. 이 책으로 미래의 좋은 예지력을 한번쯤 발휘해 보기 바란다. 이 책이 일상사에 고민하는 분들에게 해결방법을 제시해 줄 것이다.

· 지창룡 감수

조화원약 평주

신비한 동양철학 35

명리학의 정통교본!

이 책은 자평진전, 난강망, 명리정종, 적천수 등과 함께 명리학의 교본에 해당하는 것으로 중국 청나라 때 나온 난강망이라는 책을 서낙오 선생께서 설명을 붙인 것이다. 기존의 많은 책들이 격국과 용신으로 감정하는 것과는 달리 십간십이지와 음양오행을 각각 자연의 이치와 춘하추동의 사계절의 흐름에 대입하여 인간의 길흉화복을 알 수 있게 했다.

· 동하 정지호 편역

龍의 穴 · 풍수지리 실기 100선

신비한 동양철학 30

실전에서 실감나게 적용하는 풍수지리의 길잡이!

이 책은 풍수지리 문헌인 조선조 고무엽(古務葉) 태구승(泰九升) 부집필(父輯筆)로 된 만두산법(巒頭山法), 채성우의 명산론(明山論), 금랑경(錦囊經) 등을 알기 쉬운 주제로 간추려 풍수지리의 길잡이가 되고자 했다. 그리고 인간의 뿌리와 한 사람의 고유한 이름의 중요성을 풍수지리와 연관하여 살펴보아야 하기 때문에 씨족의 시조와 본관, 작명론(作名論)을 같이 편집했다.

· 호산 윤재우 저

천직·사주팔자로 찾은 나의 직업

신비한 동양철학 34

역경없이 탄탄하게 성공할 수 있는 방법!

잘 되겠지 하는 막연한 생각으로 의욕만 갖고 도전하는 것과 나에게 맞는 직종은 무엇이고 때는 언제인가를 알고 도전하는 것은 근본적으로 다르고, 결과 또한 다르다. 더구나 요즈음은 I.M.F.시대라 하여 모든 사람들이 정신까지 위축되어 생기를 잃어가고 있다. 이런 때 의욕만으로 팔자에도 없는 사업을 시작했다고 하자, 결과는 불을 보듯 뻔하다. 그러므로 이런 때일수록 침착과 냉정을 찾아 내 그릇부터 알고, 생활에 대처하는 지혜로움을 발휘해야 한다.

· 백우 김봉준 저

통변술해법

신비한 동양철학 ㉑

가닥가닥 풀어내는 역학의 비법!

이 책은 역학에 대해 다 알면서도 밖으로 표출되지 않아 어려움을 겪는 사람들을 위한 실습서다. 특히 틀에 박힌 교과서적인 역술의 고정관념에서 벗어나, 한차원 높게 공부할 수 있도록 원리통달을 설명하는데 중점을 두었다. 실명감정과 이론강의라는 두 단락으로 나누어 역학의 진리를 설명했기 때문에 누구나 쉽게 이해할 수 있다. 역학계의 대가 김봉준 선생의 역서 「알기쉬운 해설·말하는 역학」의 후편이다.

· 백우 김봉준 저

주역육효 해설방법上·下

신비한 동양철학 38

한 번만 읽으면 주역을 활용할 수 있는 책!

이 책은 주역을 해설한 것으로, 될 수 있는 한 여러 가지 사설을 덧붙이지 않고 주역을 공부하고 활용하는데 필요한 요건만을 기록했다. 따라서 주역의 근원이나 하도낙서, 음양오행에 대해서도 많은 설명을 자제했다. 다만 누구나 이 책을 한 번 읽어서 주역을 이해하고 활용할 수 있도록 하는데 중점을 두었다.

· 원공선사 저

사주명리학의 핵심

신비한 동양철학 ⑲

맥을 잡아야 모든 것이 보인다!

이 책은 잡다한 설명을 배제하고 명리학자들에게 도움이 될 비법만을 모아 엮었기 때문에 초심자가 이해하기에는 다소 어려운 부분도 있겠지만 기초를 튼튼히 한 다음 정독한다면 충분히 이해할 것이다. 신살만 늘어놓으며 감정하는 사이비가 되지말기를 바란다.

· 도관 박흥식 저

동양철학전문출판 삼한

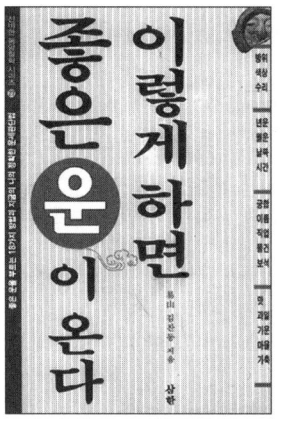

이렇게 하면 좋은 운이 온다

신비한 동양철학 ㉗

한 가정에 한 권씩 놓아두고 볼만한 책!

좋은 운을 부르는 방법은 방위·색상·수리·년운·월운·날짜·시간·궁합·이름·직업·물건·보석·맛·과일·기운·마을·가축·성격 등을 정확하게 파악하여 자신에게 길한 것은 취하고 흉한 것은 피하면 된다. 간혹 예외인 경우가 있지만 극소수에 불과하고 대부분은 적중하기 때문에 좋은 효과를 본다. 이 책의 저자는 신학대학을 졸업하고 역학계에 입문했다는 특별한 이력을 갖고 있기 때문에 더 많은 화제가 되고 있다.

· 역산 김찬동 저

말하는 역학

신비한 동양철학 ⓫

신수를 묻는 사람 앞에서 말문이 술술 열린다!

이 책은 그토록 어렵다는 사주통변술을 이해하기 쉽고 흥미롭게 고담과 덕담을 곁들여 사실적인 인물을 궁금해 하는 사람에게 생동감있게 통변하고 있다. 길흉작용을 어떻게 표현하느냐에 따라 상담자의 정곡을 찔러 핵심을 끄집어내고 여기에 대한 정답을 내려주는 것이 통변술이다. 역학계의 대가 김봉준 선생의 역작이다.

· 백우 김봉준 저

술술 읽다보면 통달하는 사주학

신비한 동양철학 ㉗

술술 읽다보면 나도 어느새 도사 !

당신은 당신 마음대로 모든 일이 이루어지던가. 지금까지 누구의 명령을 받지 않고 내 맘대로 살아왔다고, 운명 따위는 믿지도 않고 매달리지 않는다고, 이렇게 말하는 사람들이 많다. 그러나 그것은 우주법칙을 모르기 때문에 하는 소리다.

· 조철현 저

참역학은 이렇게 쉬운 것이다

신비한 동양철학 ㉔

음양오행의 이론으로 이루어진 참역학서 !

수학공식이 아무리 어렵다고 해도 1, 2, 3, 4, 5, 6, 7, 8, 9, 0의 10개의 숫자로 이루어졌듯이, 사주도 음양과 목, 화, 토, 금, 수의 오행으로 이루어졌을 뿐이다. 그러니 용신과 격국이라는 무거운 짐을 벗어버리고 음양오행의 법칙과 진리만 정확하게 파악하면 된다. 사주는 단지 음양오행의 변화일 뿐이고, 용신과 격국은 사주를 감정하는 한가지 방법에 지나지 않는다.

· 청암 박재현 저

동양철학전문출판 삼한

나의 천운 운세찾기

신비한 동양철학 ⑫

놀랍다는 몽골정통 토정비결!

이 책은 역학계의 대가 김봉준 선생이 놀랍다는 몽공토정비결을 연구 · 분석하여 우리의 인습 및 체질에 맞게 엮은 것이다. 운의 흐름을 알리고자 호운과 쇠운을 강조했으며, 현재의 나를 조명해보고 판단할 수 있도록 했다. 모쪼록 생활서나 안내서로 활용하기 바란다.

· 백우 김봉준 저

쉽게푼 역학

신비한 동양철학 ❷

쉽게 배워서 적용할 수 있는 생활역학서!

이 책에서는 좀더 많은 사람들이 역학의 근본인 우주의 오묘한 진리와 법칙을 깨달아 보다 나은 삶을 영위하는데 도움이 될 수 있도록 가장 쉬운 언어와 가장 쉬운 방법으로 풀이했다. 역학계의 대가 김봉준 선생의 역작이다.

· 백우 김봉준 저

역산성명학

신비한 동양철학 ㉕

이름은 제2의 자신이다 !

이름에는 각각 고유의 뜻과 기운이 있어서 그 기운이
성격을 만들고 그 성격이 운명을 만든다. 나쁜 이름은
부르면 부를수록 불행을 부르고 좋은 이름은 부르면
부를수록 행복을 부른다. 만일 이름이 거지 같다면 아
무리 운세를 잘 만나도 밥을 좀더 많이 얻어 먹을 수
있을 뿐이다. 이 책의 저자는 신학대학을 졸업하고 역
학계에 입문했다는 특별한 이력을 갖고 있기 때문에
더 많은 화제가 되고 있다.

· 역산 김찬동 저

작명해명

신비한 동양철학 ㉖

누구나 쉽게 배워서 활용할 수 있는 체계적인 작명법 !

일반적인 성명학으로는 알 수 없는 한자이름, 한글이
름, 영문이름, 예명, 회사명, 상호, 상품명 등의 작명방
법을 여러 사례를 들어 체계적으로 분석하여 누구나
쉽게 배워서 활용할 수 있도록 서술했다.

· 도관 박홍식 저

관상오행

신비한 동양철학 ⑳

한국인의 특성에 맞는 관상법 !

좋은 관상인 것 같으나 실제로는 나쁘거나 좋은 관상이 아닌데도 잘 사는 사람이 왕왕있어 관상법 연구에 흥미를 잃는 경우가 있다. 이것은 중국의 관상법만을 익히고, 우리의 독특한 환경적인 특징을 소홀히 다루었기 때문이다. 이에 우리 한국인에게 알맞는 관상법을 연구하여 누구나 관상을 쉽게 알아보고 해석할 수 있도록 자세하게 풀어놓았다.

·송파 정상기 저

물상활용비법

신비한 동양철학 31

물상을 활용하여 오행의 흐름을 파악한다 !

이 책은 물상을 통하여 오행의 흐름을 파악하고, 운명을 감정하는 방법을 연구한 책이다. 추명학의 해법을 연구하고 운명을 추리하여 오행에서 분류되는 물질의 운명 줄거리를 물상의 기물로 나들이 하는 활용법을 주제로 했다. 팔자풀이 및 운명해설에 관한 명리감정법의 체계를 세우는데 목적을 두고 초점을 맞추었다.

·해주 이학성 저

운세십진법·本大路

신비한 동양철학 ❶

운명을 알고 대처하는 것은 현대인의 지혜다!

타고난 운명은 분명히 있다. 그러니 자신의 운명을 알고 대처한다면 비록 운명을 바꿀 수는 없지만 충분히 향상시킬 수 있다. 이것이 사주학을 알아야 하는 이유다. 이 책에서는 자신이 타고난 숙명과 앞으로 펼쳐질 운명행로를 찾을 수 있도록 운명의 기초를 초연하게 설명하고 있다.

·백우 김봉준 저

국운·나라의 운세

신비한 동양철학 ㉒

역으로 풀어본 우리나라의 운명과 방향!

아무리 서구사상의 파고가 높다하기로 오천년을 한결같이 가꾸며 살아온 백두의 혼이 와르르 무너지는 지경에 왔어도 누구하나 입을 열어 말하는 사람이 없으니 답답하다. IMF라는 특수한 상황에서 불확실한 내일에 대한 해답을 이 책은 명쾌하게 제시하고 있다.

·백우 김봉준

명인재

신비한 동양철학 43

신기한 사주판단 비법!

살(殺)의 활용방법을 완벽하게 제시하는 책!

이 책은 오행보다는 주로 살을 이용하는 비법이다. 시중에 나온 책들을 보면 살에 대해 설명은 많이 하면서도 실제 응용에서는 무시하고 있다. 이것은 살을 알면서도 응용할 줄 모르기 때문이다. 그러나 이 책에서는 살의 활용방법을 완전히 터득해, 어떤 살과 어떤 살이 합하면 어떻게 작용하는지를 자세하게 설명하고 있다.

· 원공선사 지음

사주학의 방정식

신비한 동양철학 18

가장 간편하고 실질적인 역서!

이 책은 종전의 어려웠던 사주풀이의 응용과 한문을 쉬운 방법으로 터득할 수 있게 하는데 목적을 두었고 역학의 내용이 어떤 것이며 무엇이 어디에 속하는지를 알고자 하는데 있다.

· 김용오 저

원토정비결

신비한 동양철학 53

반쪽으로만 전해오는 토정비결의 완전한 해설판

지금 시중에 나와 있는 토정비결에 대한 책들을 보면 옛날부터 내려오는 완전한 비결이 아니라 반쪽의 책이다. 그러나 반쪽이라고 말하는 사람이 없다. 그것은 주역의 원리를 모르기 때문이다. 따라서 늦은 감이 없지 않으나 앞으로의 수많은 세월을 생각하면서 완전한 해설본을 내놓기로 한 것이다.

· 원공선사 저

내가 보고 내가 바꾸는 DIY사주

신비한 동양철학 40

내가 보고 내가 바꾸는 사주비결!

이 책은 기존의 책들과는 달리 한 사람의 사주를 체계적으로 도표화시켜 한 눈에 파악할 수 있고, DIY라는 책 제목에서 말하듯이 개운하는 방법을 제시하고 있다. 초심자는 물론 전문가도 자신의 이론을 새롭게 재조명해 볼 수 있는 케이스 스터디 북이다.

· 석오 전 광 지음

동양철학전문출판 삼한

남사고의 마지막 예언

신비한 동양철학 29

이 책으로 격암유록에 대한 논란이 끝나기 바란다

감히 이 책을 21세기의 성경이라고 말한다. 〈격암유록〉은 섭리가 우리민족에게 준 위대한 복음서이며, 선물이며, 꿈이며, 인류의 희망이다. 이 책에서는 〈격암유록〉이 전하고자 하는 바를 주제별로 정리하여 문답식으로 풀어갔다. 이 책으로 〈격암유록〉에 대한 논란은 끝나기 바란다.

· 석정 박순용 저

진짜부적 가짜부적

신비한 동양철학 7

부적의 실체와 정확한 제작방법

인쇄부적에서 가짜부적에 이르기까지 많게는 몇백만원에 팔리고 있다는 보도를 종종 듣는다. 그러나 부적은 정확한 제작방법에 따라 자신의 용도에 맞게 스스로 만들어 사용하면 훨씬 더 좋은 효과를 얻을 수 있다. 이 책은 중국에서 정통부적을 연구한 국내유일의 동양오술학자가 밝힌 부적의 실체와 정확한 제작방법을 소개하고 있다.

· 오상익 저

한눈에 보는 손금

신비한 동양철학 52

논리정연하며 바로미터적인 지침서

이 책은 수상학의 연원을 초월해서 동서합일의 이론으로 집필했다. 그야말로 완벽하리만치 논리정연한 수상학을 정리한 것이다. 그래서 운명적, 철학적, 동양적, 심리학적인 면을 예증과 방편에 이르기까지 아주 상세하게 기술했다. 이 책은 수상학이라기 보다 한 인간의 바로미터적인 지침서 역할을 해줄 것이다. 독자 여러분의 꾸준한 연구와 더불어 인생성공의 지침서가 될 수 있을 것이다.

· 정도명 저

사주학의 활용법

신비한 동양철학 17

가장 실질적인 역학서

우리가 생소한 지방을 여행할 때 제대로 된 지도가 있다면 편리하고 큰 도움이 되듯이 역학이란 이와같은 인생의 길잡이다. 예측불허의 인생을 살아가는데 올바른 안내자나 그 무엇이 있다면 그 이상 마음 든든하고 큰 재산은 없을 것이다.

· 학선 류래웅 저

동양철학전문출판 삼한

올바른 작명법

신비한 동양철학 61

세상의 부모들에게 가장 소중한 것이 무엇이냐고 물으면 누구든 자녀라고 할 것이다. 그런데 왜 평생을 좌우할 이름을 함부로 짓는가. 이름이 얼마나 소중한지를. 이름의 오행작용이 사람의 일생을 어떻게 좌우하는지를 모르기 때문이다. 세상만물은 음양오행의 영향을 받지 않는 것이 없다. 봄이 가면 여름이 오고, 여름이 가면 가을이 오고, 가을이 가면 겨울이 오고, 겨울이 가면 봄이 오는 것 또한 음양오행의 원리다.

· 이정재 저

신수대전

신비한 동양철학 62

흉함을 피하고 길함을 부르는 방법

신수를 보는 방법은 여러 가지가 있는데 대부분이 주역과 사주추명학에 근거를 둔다. 수많은 학설 중에서 몇 가지를 보면 사주명리, 자미두수, 관상, 점성학, 구성학, 육효, 토정비결, 매화역수, 대정수, 초씨역림, 황극책수, 하락리수, 범위수, 월영도, 현무발서, 철판신수, 육임신과, 기문둔갑, 태을신수 등이다. 역학에 정통한 고사가 아니면 제대로 추단하기 어려운데 엉터리 술사들이 넘쳐난다. 그래서 누구나 자신의 신수를 볼 수 있도록 몇 가지를 정리했다.

· 도관 박흥식

오행상극설과 진화론

신비한 동양철학 5

인간과 인생을 떠난 천리란 있을 수 없다

과학이 현대를 설정하여 설명하고 있으나 원리는 동양 철학에도 있기에 그 양면을 밝히고자 노력했다. 우주에서 일어나는 모든 일을 과학으로 설명될 수는 없다. 비과학적이라고 하기보다는 과학이 따라오지 못한다고 설명하는 것이 더 솔직하고 옳은 표현일 것이다. 특히 과학분야에 종사하는 신의사가 저술했다는데 더 큰 화제가 되고 있다.

· 김태진 저

만세력 | 사륙배판 · 신국판
사륙판 · 포켓판

신비한 동양철학 45

찾기 쉬운 만세력

이 책은 완벽한 만세력으로 만세력 보는 방법을 자세하게 설명했다. 그리고 역학에 대한 기본적인 내용과 결혼하기 좋은 나이 · 좋은 날 · 좋은 시간, 아들 · 딸 태아감별법, 이사하기 좋은 날 · 좋은 방향 등을 부록으로 실었다.

· 백우 김봉준 저

동양철학전문출판 삼한

쉽게 푼 주역

신비한 동양철학 10

귀신도 탄복한다는 주역을 쉽고 재미있게 풀어놓은 책

주역이라는 말 한마디면 귀신도 기겁을 하고 놀라 자빠진다는데, 운수와 일진이 문제가 될까. 8×8=64괘라는 주역을 한 괘에 23개씩의 회답으로 해설하여 1472괘의 신비한 해답을 수록했다. 당신이 당면한 문제라면 무엇이든 해결할 수 있는 열쇠가 이 한 권의 책 속에 있다.

· 정도명 저

핵심 관상과 손금

신비한 동양철학 54

사람을 볼 줄 아는 안목과 지혜를 알려주는 책

오늘과 내일을 예측할 수 없을만큼 복잡하게 펼쳐지는 현실에서 살아남기 위해서는 사람을 볼줄 아는 안목과 지혜가 필요하다. 시중에 관상학에 대한 책들이 많이 나와있지만 너무 형이상학적이라 전문가도 이해하기 어렵다. 이 책에서는 누구라도 쉽게 보고 이해할 수 있도록 핵심만을 파악해서 설명했다.

· 백우 김봉준 저

명리학연구

신비한 동양철학 59

체계적인 명확한 이론

이 책은 명리학 연구에 핵심적인 내용만을 모아 하나의 독립된 장을 만들었다. 명리학은 분야가 넓어 공부를 하다보면 주변에 머무르는 경우가 많아, 주요 내용을 잃고 헤매는 경우가 많다. 그러므로 뼈대를 잡는 것이 중요한데, 여기서는 「17장. 명리대요」에 핵심 내용만을 모아 학문의 체계를 잡는데 용이하게 하였다.

· 권중주 저

쉽게 푼 풍수

신비한 동양철학 60

현장에서 활용하는 풍수지리법

산도는 매우 광범위하고, 현장에서 알아보기 힘들다. 더구나 지금은 수목이 울창해 소조산 정상에 올라가도 나무에 가려 국세를 파악하는데 애를 먹는다. 그러므로 사진을 첨부하니 많은 도움이 되길 바란다. 물론 결록에 있고 산도가 눈에 익은 것은 혈 사진과 함께 소개하니 참고하기 바란다. 이 책을 열심히 정독하면서 답산하면 혈을 알아보고 용산도 할 수 있을 것이다.

· 전항수 · 주장관 편저

413

완벽 만세력

신비한 동양철학 58

착각하기 쉬운 썸머타임 2도 인쇄

시중에 많은 종류의 만세력이 나와있지만 이 책은 단순한 만세력이 아니라 완벽한 만세경전으로 만세력 보는 법 등을 실었기 때문에 처음 대하는 사람이라도 쉽게 볼 수 있도록 편집되었다. 또한 부록편에는 사주명리학, 신살종합해설, 결혼과 이사택일 및 이사방향, 길흉보는 법, 우주천기와 한국의 역사 등을 수록했다.

· 백우 김봉준 저

周易·토정비결

신비한 동양철학 40

토정비결의 놀라운 비결

지금 시중에 나와 있는 토정비결에 대한 책들을 보면 옛날부터 내려오는 완전한 비결이 아니라 반쪽의 책이다. 그러나 반쪽이라고 말하는 사람이 없다. 그것은 주역의 원리를 모르기 때문이다. 따라서 늦은 감이 없지 않으나 앞으로의 수많은 세월을 생각하면서 완전한 해설본을 내놓기로 했다.

· 원공선사 저

현장 지리풍수

신비한 동양철학 48

현장감을 살린 지리풍수법

풍수를 업으로 삼는 사람들이 진(眞)과 가(假)를 분별할 줄 모르면서 24산의 포태사묘의 법을 익히고는 많은 법을 알았다고 자부하며 뽐내고 있다. 그리고는 재물에 눈이 어두워 불길한 산을 길하다 하고, 선하지 못한 물(水)을 선하다 하면서 죄를 범하고 있다. 이는 분수 밖의 것을 망녕되게 바라기 때문이다. 마음 가짐을 바로하고 고대 원전에 공력을 바치면서 산간을 실사하며 적공을 쏟으면 정교롭고 세밀한 경지를 얻을 수 있을 것이다.

· 전항수 · 주관장 편저

완벽 사주와 관상

신비한 동양철학 55

사주와 관상의 핵심을 한 권에

자연과 인간, 음양(陰陽)오행과 인간, 사계와 절후, 인상(人相)과 자연, 신(神)들의 이야기 등등 우리들의 삶과 관계되는 사실적 관계로만 역(易)을 설명해 누구나 쉽게 이해할 수 있도록 썼으며 특히 역(易)에 대한 관심과 흥미를 갖게 하고자 인상학(人相學)을 추록했다. 여기에 추록된 인상학(人相學)은 시중에서 흔하게 볼 수 있는 상법(相法)이 아니라 생활상법(生活相法) 즉 삶의 지식과 상식을 드리고자 했으니 생활에 유익함이 있기를 바란다.

· 김봉준 · 유오준 공저

해몽·해몽법

신비한 동양철학 50

해몽법을 알기 쉽게 설명한 책

인생은 꿈이 예지한 시간적 한계에서 점점 소멸되어 가는 현존물이기 때문에 반드시 꿈의 뜻을 따라야 한다. 이것은 꿈을 먹고 살아가는 인간 즉 태몽의 끝장면인 죽음을 향해 달려가고 있는 인간이기 때문이다. 꿈은 우리의 삶을 이끌어가는 이정표와도 같기에 똑바로 가도록 노력해야 한다.

· 김종일 저

역점

신비한 동양철학 57

우리나라 전통 행운찾기

주역을 무조건 미신으로 치부해버리는 생각은 버려야 한다. 주역이 점치는 책에만 불과했다면 벌써 그 존재가 없어졌을 것이다. 그러나 오랫동안 많은 학자가 연구를 계속해왔고, 그 속에서 자연과학과 형이상학적인 우주론과 인생론을 밝혀, 정치·경제·사회 등 여러 방면에서 인간의 생활에 응용해왔고, 삶의 지침서로써 그 역할을 했다. 이 책은 한 번만 읽으면 누구나 역점가가 될 수 있으니 생활에 도움이 되길 바란다.

· 문명상 편저